中国职业发展指南丛书

CHINA CAREER DEVELOPMENT GUIDELINES

中国职业发展指南

·绿色职业卷·

中国职业发展指南丛书编委会　组织编写

中国人事出版社

图书在版编目（CIP）数据

中国职业发展指南．绿色职业卷 / 中国职业发展指南丛书编委会组织编写．-- 北京：中国人事出版社，2024. -- ISBN 978-7-5129-2085-9

Ⅰ．D669.2-62

中国国家版本馆 CIP 数据核字第 2024F0L567 号

中国人事出版社出版发行

（北京市惠新东街 1 号　邮政编码：100029）

*

北京利丰雅高长城印刷有限公司印刷装订　　新华书店经销

787 毫米 × 1092 毫米　16 开本　18.5 印张　273 千字

2024 年 11 月第 1 版　　2024 年 11 月第 1 次印刷

定价：98.00 元

营销中心电话：400-606-6496

出版社网址：https://www.class.com.cn

前 言

近年来，我国职业发展教育和就业创业指导方兴未艾、成效显著。目前全国各省区市普遍设立了学生职业体验中心，对学生进行职业引导、职业认知、职业规划和职业发展教育。从就业服务情况看，在全国公共就业服务机构和人力资源服务机构中，职业指导师、创业指导师专业化程度越来越高，在促进劳动者高质量就业方面的作用越发凸显。我国职业发展教育和就业创业指导工作起步较晚，特别是有关国家职业分类体系和职业类型的图书品种不多，社会迫切需要一套解读权威、系统地介绍我国职业结构和职业类型的参考书籍。

中国职业发展指南丛书（以下简称《指南》）是对《中华人民共和国职业分类大典（2022 年版）》（以下简称《大典》）的再创作、科普化，总体遵循《大典》分类原则及其基本的职业信息描述，通过信息补充采集、整理、挖掘，进一步丰富有关劳动者职业角色特征和劳动力市场特征的职业信息；重点选取社会关切度较高的新职业、数字职业、绿色职业以及社会急需紧缺的职业，创新《大典》有关大类、中类、小类归类办法，以职业族或职业簇为依据对所解读的职业重新归类，以专业视角、平实语言、生动多元化形式创作就业人员和学生读得懂、用得上、有感知的《大典》科普版。

《指南》聚焦高质量发展和国家重大战略需求，系统解读我国职业结构变迁过程中涌现的新职业，数字职业，绿色职业以及因技术进步、职业活动内容已发生重大调整的社会急需紧缺职业。《指南》近期出版 6 卷，分别为《中国职业发展指南 · 新职业卷 Ⅰ》（此卷已于 2022 年 10 月出版）、《中国职业发展指南 · 新职业卷 Ⅱ》、《中国职业发展指南 · 数字职业卷》、《中国职业发展指南 · 绿色职业卷》、《中国职业发展指南 · 建筑建材职业卷》、《中国职业发展指南 · 人力资源和商务职业卷》。各卷选取若干代表性职业，各职业均从十个方面进行研究描述，即职业情景（职业的一天）、职业定义概况、主要工作职责、薪酬福利待遇、知识技能要求、专业教育现状、就业创业信息、职业贯通发展、职业发展前景及职业发展政策支持等，使劳动者和学生能够快速、系统地了解该职业基本概况。

《指南》收录的职业涉及制造业，建筑业，信息传输、计算机服务和软件业，交通运输、仓储及邮政业，农业，金融业，租赁和商务服务业，卫生健康、社会保障和社会福利业等领域。其功能主要表现在指导院校学生进行职业规划和就业分析，使其对所学专业及意向发展的就业领域拥有基础认知，利于更合理地规划个人职业发展方向；为现有从业人员在转岗、换岗及晋升的过程中提供新职业知识技能支持，便于其了解相邻、相近职业情况，有助于顺利实现工作角色转换；为退役军人群体、待业人员、失业人员等提供职业知识技能的学习参考，使其了解职业和行业领域的发展前景，有益于确定目标职业及发展方向；为院校、企业里从事就业、创业指导规划的人员提供有关职业的政策指引和信息参考；也可作为人力资源管理和服务专业人员的业务指导工具书。

《指南》专家委员会及编委会由中国人事科学研究院、中国劳动和社会保障科学研究院、中联研究院、《大典》修订专家委员会等机构的有关专家共同组成，编者来自行业协会、高等职业院校、科研院所等各企事业单位。特别感谢中联企业管理集团有限公司、北京智训通教育科技有限公司、咸宁职业技术学院、北京北水融智教育科技有限公司、深圳市学到在线教育科技有限公司在本卷编写过程中给予的大力支持。作为该领域开创性的研究探索，编写过程及结果难免存在认识不全面、理解不深刻、表述不规范等问题，恳请广大读者不吝批评指正，使《指南》在体系、内容、时效及实用性方面不断提高与完善。

编委会

2024 年 5 月

目 录

摄影测量与遥感工程技术人员 L/S[①]

职业编码：2-02-02-03

随着航天技术、计算机技术和空间探测及处理技术的发展，一种新的探测技术——遥感技术应运而生。所谓遥感，就是在远离目标的地方，运用传感器将来自物体的电磁波信号记录下来并经处理后，用来测定和识别目标的性质和空间分布。从广义上来说，航空摄影是遥感技术的一种手段，而遥感技术也是在航空摄影的基础上发展起来的。

随着摄影测量步入全数字时代，遥感技术进入高分辨率、立体观测时代，摄影测量与遥感技术应用的广度和深度日益拓展。近 30 年来，摄影测量与遥感技术已在测绘、农业、林业、水利、气象、资源环境、城市建设、海洋、防灾减灾等领域得到了广泛应用，在经济建设和社会发展中发挥着越来越重要的作用。

一、摄影测量与遥感工程技术人员的一天

记录时间：2023 年 8 月 20 日 **记录人：娄某锋**

上午工作情况

8 点：

1. 根据航空摄影技术设计要求，制定航空摄影飞行计划，检查交通工具、地面测量设备、飞行平台设备、航测负载设备、地面站设备以及野外应急响应设备的工作状态。（航测外业工作准备）

① 《中华人民共和国职业分类大典（2022 年版）》中，将具有环保、低碳、循环特征的职业标识为绿色职业，标识为 L；将既是绿色职业又是数字职业的标识为 L/S。

航测外业工作准备

2. 参加项目外业工作会议，明确技术细节和安全飞行注意事项。（航测外业工作部署）

9 点：

1. 布设像控点，利用全球定位系统测量像控点坐标，构建航空摄影测量坐标系统。（像片控制测量）

2. 采用各类数字航摄仪进行航空摄影，并利用大中型飞行器观测平台获取航空影像。（航空摄影）

10 点：

1. 检查数据完成情况，利用相关软件对获取的遥感影像进行匀光匀色、空中三角测量、生产地形模型和正射影像，以及三维模型和点云等数据处理。（航测外业数据处理）

2. 利用空中三角测量报告及成果，检验航空摄影测量外业成果各项指标是否完全满足技术设计要求。（航测外业数据质量检查）

下午工作情况

14 点：

1. 根据遥感图像处理技术设计要求，制定内业数据处理计划。（航测内

业工作准备）

2. 召开项目内业工作会议，明确内业数据处理流程和规范。（航测内业工作部署）

15 点：

1. 遥感图像矢量化处理，结合 AI 图形和语义识别、半自动矢量化提取地类图斑。对提取的各类地理信息进行空间分析和统计分析，以达到遥感图像的应用目的。（航测内业数据处理）

2. 采用自检、互检、专检三级检查手段，检查遥感成果各项指标是否完全满足技术设计要求。（航测内业质量检查）

16 点：

1. 收集、整理相关记录、文件，编写质检报告。（报告编写）

2. 对新设备、新软件、新工艺进行性能测试。（新技术应用）

3. 总结当天作业的经验和不足，交代第二天的作业要点和安全要点。（总结与提高）

遥感图像

二、什么是摄影测量与遥感工程技术人员

职业定义。运用光学或其他传感设备，从事目标物影像或其他观测数据、时空辅助参数获取，确定、表达目标物形状、大小、空间位置、性质、变化的工程技术人员。

定义解读。摄影测量与遥感技术隶属于地球空间信息科学的范畴，是利用非接触成像和其他传感器对地球表面及环境、其他目标或过程获取可靠的信息，并进行记录、量测、分析和表达的科学与技术。摄影测量与遥感技术主要研究摄影测量与遥感技术的生产、服务和管理等方面的基本知识和技能，进行摄影测量与遥感技术的生产、服务和管理等。例如：应用无人机在农业、海洋遥感以及森林火灾监测，工程、建筑、考古、医学、法律和机器观察，数字测图及应用等。

关联职业。密切相关的职业有大地测量工程技术人员、工程测量工程技术人员、地图制图工程技术人员、海洋测绘工程技术人员、地理国情监测工程技术人员、地理信息系统工程技术人员、导航与位置服务工程技术人员、地质测绘工程技术人员。

相应岗位。无人机摄影测量员、数据采集与分析员、遥感图像处理员等。

三、摄影测量与遥感工程技术人员的主要工作职责

1. 运用航空航天飞行器、地面移动或固定观测平台及遥感设备，获取目标物遥感数据及辅助参数。

2. 指导作业人员进行目标物影像控制测量、区域网空中三角测量、立体测图影像处理等。

3. 判译、分析目标物遥感影像，提取地形及专题要素，组织生产各比例尺地形原图和数字影像产品。

4. 处理、分析和解译影像数据，获取研究对象的变迁过程和规律等时空信息。

5. 检查、验收测量成果。

6. 从事测绘设计、生产、开发、研究、教学及管理等方面工作。

四、摄影测量与遥感工程技术人员的薪酬福利待遇

平均薪酬水平。摄影测量与遥感工程技术人员归类为工程技术员。根据国家统计局数据，工程技术员的薪资为：2019 年为 78147 元 / 年，2020 年为 82783 元 / 年，2021 年为 108700 元 / 年。招聘平台 2023 年 5 月的公示数据显示，一线城市和经济发展较快的城市，如北京、上海、广州等，摄影测量与遥感工程技术人员薪资为 9028~10100 元 / 月，二线城市，如天津、重庆、武汉、南京等，摄影测量与遥感工程技术人员薪资为 8000~8300 元 / 月，三线及以下城市，如青岛、大连、温州等，摄影测量与遥感工程技术人员薪资为 6000~7600 元 / 月。

与类似职业对比。招聘平台 2023 年 8 月的公示数据显示，在北京地区，摄影测量与遥感工程技术人员的薪酬水平为 9028~10100 元 / 月，该职业的薪酬一般要高于无人机摄影测量员、数据采集与分析员，与测绘技术员薪酬相近，略低于遥感图像处理员，类似职业薪酬水平见表 2-02-02-03-1。

表 2-02-02-03-1　类似职业薪酬水平

职业名称[①]	薪酬水平（元 / 月）
无人机摄影测量员	7000~10000
数据采集与分析员	6000~9000
测绘技术员	8000~10000
遥感图像处理员	11000~15000

五、从事摄影测量与遥感工程技术工作需要哪些本领

该职业从业人员需要具备的知识和技能有：矿山与地下测量、变形与沉陷控制工程、土地复垦与管理、基础测绘、工程测量、导航定位、摄影测量与遥感、地图制图学与地理信息工程等理论与方法，各种摄影仪器及数据处理软件的使用方法，团队合作能力，技术创新能力，安全意识等。该职业需要具备的知识和技能见表 2-02-02-03-2。

① 编者按，此表中职业名称并不一定为《中华人民共和国职业分类大典》中的职业名称。

表 2-02-02-03-2 摄影测量与遥感工程技术人员需要具备的知识和技能

职业功能	工作内容	知识和技能要求
影像资料获取	资料收集	了解航空摄影平台、数码相机及辅助设备类型及结构原理，能根据作业要求收集航空摄影飞行资料，具备设备仪器调试的能力
	资料检查	熟悉航空摄影的基本理论知识，掌握航空摄影飞行质量、影像质量的技术要求、规范要求，能检查航空飞行质量及摄影影像质量
像片控制测量	控制测量	熟悉国家控制网布设、施测的技术要求，卫星定位测量的规范要求，能进行基础控制网的布设，并制定控制点的施测方案
	数据处理	能应用相关软件进行卫星定位测量数据的处理，具有良好的沟通与协调能力
像片调绘	像片调绘	掌握地形地貌修测的技术要求和作业方法，制定调绘方案，能对地形地貌进行修测
	数据处理	对地形地貌调绘成果进行整理，能解决数据处理中遇到的技术问题
空三加密	方案设计	掌握空三加密区域网划分的基本原则，制定区域网加密点的布设方案，能根据实际情况提出提高和改善测量结果的建议、方案，具有创新意识和科学研究与工程实践创新能力
	空三加密	掌握光束法区域网平差的基本理论，能进行平差计算，提出提高和改善平差结果的方案
影像测图	采集与编辑	制定数据采集作业方案与技术要求，根据规范和技术规定对影像测图中遇到的技术问题提出解决方案
	成果评定	理解测量误差的基本原理与方法，能对测图成果进行分析评价，具备学习新知识、快速适应新环境的能力，善于创新、发现并总结新问题

续表

职业功能	工作内容	知识和技能要求
遥感图像处理	图像处理	掌握遥感图像处理技术和卫星遥感影像解译方法，处理遥感图像数据处理中遇到的技术问题
	成果评定	能对遥感图像处理成果进行分析评价，并根据分析评价结果向技术管理部门提出建设性意见，具有测绘工程项目成果质量检查与验收的初步能力，以及分析和解决测绘工程中技术问题的能力
技术与质量管理	技术管理	熟悉作业指导书的编写要求、方法和步骤等，掌握测绘项目管理的基本知识，能根据专业技术设计书和工艺流程编写作业指导书，并对新进摄影测量员进行作业指导，具备较强的沟通协调能力与团队管理能力
	质量控制	熟悉产品质量标准体系，能编制产品质量检查计划和实施方案，能运用质量管理体系对测绘产品进行质量管理，具备良好的语言文字和表达功底，具有节能环保意识和测绘安全生产的能力

六、摄影测量与遥感工程技术人员的专业教育现状

（一）相关专业

目前，普通本科院校、职业院校都开设了摄影测量与遥感工程技术相关专业。本科院校专业有测绘工程、导航工程、地球物理学等；高职院校专业有工程测量技术、测绘地理信息技术、智慧城市管理技术、无人机测绘技术等。

（二）开设相关专业的院校（排名不分先后）

★ 相关院校：武汉大学、中国人民解放军信息工程大学、中国矿业大学、北京大学、同济大学、中南大学、中国地质大学、河海大学、东南大学、东北大学等。

◆ 相关院校：北京工业职业技术学院、四川建筑职业技术学院、湖南工程职业技术学院、河南水利与环境职业学院、贵州水利水电职业技术学院、重庆水利电力职业技术学院、长沙环境保护职业技术学院、北京交通运输职业技术学院、武汉铁路职业技术学院、石家庄铁路职业技术学院等。

七、摄影测量与遥感工程技术人员的就业创业信息

摄影测量与遥感工程技术人员一般就职于政府部门或行业管理机构、高等院校或科研单位、软件开发公司等，较多的领域和企业有：

（1）政府部门：各省市交通、国土、城市规划、水利水电等部门。

（2）科研机构：中国测绘科学研究院、测绘遥感信息工程国家重点实验室（武汉大学）、辽宁省摄影测量与遥感院等。

（3）软件开发领域：武汉天际航信息科技股份有限公司、北京中遥智图科技有限公司、深圳市大疆创新科技有限公司等。

（4）工程测量领域：上海市政工程设计研究总院（集团）有限公司、中冶建工集团有限公司、中国电力建设集团有限公司等。

（5）航空遥感领域：中国四维测绘技术有限公司、西安大地测绘股份有限公司、中测新图（北京）遥感技术有限责任公司等。

注：以上地区及机构排名不分先后，不代表相关实力排名。

八、摄影测量与遥感工程技术人员的贯通发展

该职业的发展路径主要有四个方面。一是管理路线，即从员工逐步上升为项目管理者。二是专家路线，即在职业等级上逐步晋升，成为高级技师。三是复合人才路线，即向其他行业跨越或职业转型，如学习、积累测绘工程相关设计知识，发展成为测绘设计工程师等；学习、积累工程相关软件开发知识，发展成为软件开发工程师等。四是创业路线，即基于个人兴趣爱好进行创新创业。摄影测量与遥感工程技术人员的职业贯通发展如图 2-02-02-03-1 所示。

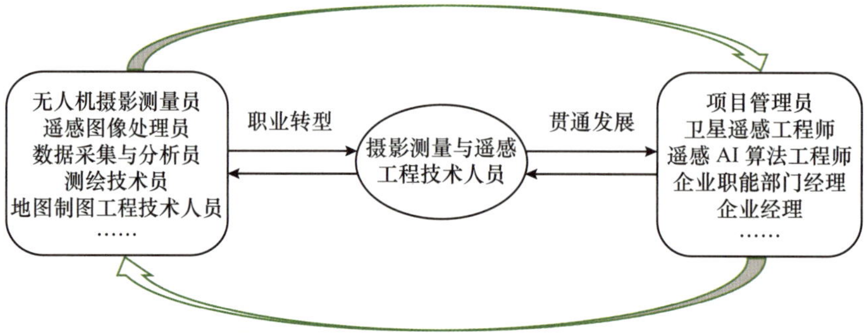

图 2-02-02-03-1　摄影测量与遥感工程技术人员的职业贯通发展图

九、摄影测量与遥感工程技术的发展前景

从市场供需看。在科技迅速发展的情况下，当今世界已经进入了人工智能时代。人工智能技术的应用发展重构了大量的应用于万物的衍生技术，使很多行业发生了变革，摄影测量与遥感技术也得到了不断革新的动力，加快了发展的步伐。

无人机摄影测量与遥感技术在很多行业有着巨大的应用发展前景。智慧城市、数字城市对测绘行业提出更高的要求，同时也为行业发展带来了大量的机遇。华为、阿里、腾讯、百度等大企业在测绘行业的发展也给测绘行业指明了新的发展方向。未来测绘行业在 5G 基建、工业互联网、大数据中心、轨道交通、人工智能等新基建中将大有可为。

从产业发展看。地理信息与互联网、物联网、大数据等加速融合，渗透到国民经济和社会发展的众多领域，摄影测量与遥感技术已经成为现代测绘、地理信息、城市规划等领域中不可或缺的工具。摄影测量与遥感技术的应用也已经深入人们的日常生活中，例如导航、地图、气象预测、环境监测等。随着城市化进程的加速，测绘、地理信息、城市规划等行业对摄影测量与遥感技术的需求也越来越大，未来这一需求量还将继续增加。基于地理信息和位置的新产品和服务不断涌现，地理信息通过分享经济、数字经济和信息消费惠及大众。地理信息产业链日趋成熟，基于地理信息的新型应用和服务，成为新的经济增长点。

从政策红利看。《“十四五”数字经济发展规划》提出，优化升级数字基础设施，充分发挥数据要素作用，大力推进产业数字化转型，加快推动数字产业化，持续提升公共服务数字化水平，健全完善数字经济治理体系，着力强化数字经济安全体系，有效拓展数字经济国际合作等重要任务。在新技术强劲驱动下，数字孪生和元宇宙作为未来两大主要技术发展方向，将对测绘地理信息技术的变革带来深刻影响。从构建数字孪生的技术驱动来看，数字孪生是自然地理要素、地表人工设施以及宇宙中客观存在的物体等现实世界在网络空间中的真实还原，旨在帮助人类更好地认识世界、改造世界。三维建模、物联网、大数据、传感器等技术是构建数字孪生的技术核心，而时空基准与导航定位、地理信息智能感知与处理、实景三维可视化表达与应用等技术已成为现阶段数字孪生技术的核心内容。因此，在技术目标导向上，数字孪生强调对现实世界的还原，需要实景三维建模

技术作为基础支撑。当前，测绘行业各项管理政策改革积极推进，在持续推进简政放权的基础上，放管结合、优化服务进一步加强，政策红利逐步释放，为推进测绘地理信息市场的繁荣发展、营造良好的科技创新与产业协同发展环境提供了重要的制度保障。

十、相关内容链接

国家职业标准： 暂缺。

相关政策文件： 见表 2-02-02-03-3。

表 2-02-02-03-3 相关政策文件

发布或通过时间	发布或通过机构	文件名称
2021 年 3 月	自然资源部	《自然资源部关于促进智能网联汽车发展维护测绘地理信息安全的通知》
2021 年 2 月	中共中央、国务院	《国家综合立体交通网规划纲要》

供稿：咸宁职业技术学院　王海平

地理信息系统工程技术人员 L/S

职业编码：2-02-02-07

上班的最佳路线是什么？附近评分最高的火锅店在哪里？某地区人口分布情况如何？如果水位上升 1 米，会影响哪些地区的居民生活？这些问题和我们的生活息息相关，回答这些问题所需要的信息又都与位置即地理信息相关。据统计，在人类活动所接触的海量信息中，大约 80% 与研究对象的空间地理分布有关，地理信息系统就是借助计算机工具，将地球上存在的东西和发生的地理信息进行采集、建库、成图和分析，它把地图这种独特的视觉化效果和地理分析功能与一般的数据库操作（例如查询和统计分析等）集成在一起，使其在企事业单位解释事件、预测结果、规划战略等过程中具有实用价值。地理信息系统工程技术人员在其中扮演着不可或缺的角色，发挥着难以替代的作用。

一、地理信息系统工程技术人员的一天

记录时间：2023 年 9 月 15 日　　　记录人：唐某梅

上午工作情况

8 点：

1. 与委托单位沟通，明确地理信息系统的系统目标、项目投资与预算、资源配置情况、地理信息系统产品应用场景、产品呈现需求等，收集地理信息数据，提交系统总设计方案报告。（项目调研）

2. 梳理地理信息系统运作逻辑与数据流程图、地理信息系统产品要求等，列出硬件资源与软件资源表、数据来源清单及数据与功能对照表，编写

系统需求分析报告。（需求分析）

11点：

1. 建立系统总体结构，划分子系统，明确模块间的关系和系统所采用的技术规范。制定开发设计、人员与硬件配置方案，确定开发策略。（概要设计）

2. 与团队成员进行沟通，明确地理信息系统开发工作任务、技术细节和注意事项。（工作交流）

下午工作情况

14点：

1. 对各个模块数据库进行详细设计，包括数据获取方案与质量控制、数据输入输出设计、界面设计、文档设计等。（详细设计）

2. 根据系统要求，对地理信息数据进行编码后录入系统，建立地理信息数据库，测试系统稳定性，并编写系统用户手册，说明软件功能与使用方法。（系统编码）

3. 数据库维护与管理，检验地理信息数据库准确性、精确性、完整性和逻辑性。（数据确认）

16点：

1. 与委托方一起对系统软件、数据库、应用设计等方面逐一验收，并记录委托方的意见。（系统验收）

2. 系统使用培训与维护。到委托方单位安装系统，并对相关使用人员进行培训，及时沟通与维护系统出现的各种问题。（系统维护）

二、什么是地理信息系统工程技术人员

职业定义。地理信息系统工程技术人员是从事地理信息系统设计开发，地理信息数据库采集与集成、建库与管理、分析与应用、分发与服务的工程技术人员。

定义解读。地理信息系统（Geographic Information System，GIS）是指

在计算机硬、软件系统支持下，对整个或部分地球表层（包括大气层）空间中的有关地理分布数据进行采集、储存、管理、运算、分析、显示和描述的技术系统。工程技术人员是指从事地理信息产业相关工作的技术人员。

关联职业。密切相关的职业有摄影测量员、地图制图工程技术人员、工程测量员等。

相应岗位。GIS 开发员、地理信息数据处理员、地图制图与地理信息管理员、GIS 产品销售员、地图绘制员、地理信息系统工程技术人员、高校及科研单位研究人员等。

三、地理信息系统工程技术人员的主要工作职责

1. 研究、设计地理信息系统开发、集成和可视化表达。
2. 研究、应用地理信息数据采集与集成的技术方法和工艺流程，指导作业人员对采集的数据进行标准化录入，建立地理信息数据库。
3. 应用地理信息系统软件或工具，设计并组织实施地理信息数据库空间分析、数据建模。
4. 定制开发地理信息系统，提供图表或数据服务。
5. 维护、更新、管理地理信息系统数据库。
6. 检验地理信息数据库的准确性、精确性、完整性和逻辑性。

四、地理信息系统工程技术人员的薪酬福利待遇

平均薪酬水平。地理信息系统工程技术人员的薪酬福利待遇会受到多个因素的影响，包括工作地区、工作经验、学历水平、所在企业规模等。

招聘平台 2023 年 8 月的公示数据显示，一线城市和经济发展较快的城市，地理信息系统工程技术人员薪资为 8000~15500 元 / 月，二线城市，地理信息系统工程技术人员薪资为 6000~12000 元 / 月，三线及以下城市，地理信息系统工程技术人员薪资为 6000~10000 元 / 月。地理信息系统工程技术人员初级 / 中级工的薪资一般在 8000~10000 元 / 月，地理信息系统工程技术人员高级工的薪资一般在 9000~12000 元 / 月，摄影测量技师 / 高级技师的薪资一般在 12000~15000

元/月。

与类似职业对比。招聘平台 2023 年 8 月的公示数据显示，在一线城市该职业的薪酬为 8000~15500 元/月，一般要高于摄影测量员、地图绘制员、工程测量员，略低于国土空间规划员，详见表 2-02-02-07-1。

表 2-02-02-07-1 类似职业薪酬水平

职业名称	薪酬水平（元/月）
摄影测量员	6050~15200
地图绘制员	6000~13500
工程测量员	5000~12000
国土空间规划员	9000~16000

五、从事地理信息系统工程技术工作需要哪些本领

该职业从业人员需要具备的知识和技能有：地理学与地图制图学基本知识、测量学基础知识、地理信息系统原理、地理信息系统应用设计与开发、地理信息系统建库与编辑处理、遥感数字图像处理、GIS 空间分析与区域建模能力等，该职业需要具备的知识和技能见表 2-02-02-07-2。

表 2-02-02-07-2 地理信息系统工程技术人员需要具备的知识和技能

职业功能	工作内容	知识和技能要求
地理信息数据采集	资料收集	掌握数字测图、地图制图学、地理信息系统原理、遥感数字图像处理、摄影测量学等基础知识，能够根据项目要求对获取到的地理信息数据进行坐标转化、格式转化等工作
地理信息数据建库	地理信息数据库设计	掌握计算机程序设计、GIS 二次开发、GIS 软件工程及可视化语言基础知识，能够根据项目需求进行地理信息数据库定制化设计
	地理信息数据库建库	掌握空间数据结构、地理数据编码、空间数据库原理等基础知识，能够建立完善的地理信息系统数据库

续表

职业功能	工作内容	知识和技能要求
地理信息数据处理与管理	地理信息数据库处理	掌握GIS原理、GIS软件技术，能熟练地使用GIS软件，并检验地理信息数据库准确性、精确性、完整性和逻辑性
	地理信息数据库管理	具备GIS软件应用能力，能够对地理信息数据进行编辑、查询、分析、管理、更新与维护
空间分析	空间数据分析	掌握空间数据建模与分析基础知识，能够根据地理信息数据进行空间分析，并编写空间分析报告
GIS生产项目管理	GIS产品技术支持与维护	掌握测绘法规管理基础知识，能够对GIS产品出现的问题进行解决，做好维护

六、地理信息系统工程技术人员的专业教育现状

（一）相关专业

目前，很多院校都开设了与地理信息系统相关的专业，主要有以下几个专业：地理空间信息工程、地理国情监测、遥感科学与技术、土地资源管理、测绘工程、测绘地理信息技术、国土空间规划与测绘、无人机测绘技术等，上述专业与地理信息系统工程技术人员有一定的相关性，都与地理信息和空间数据处理等方面的知识和技术有关，学习这些专业知识可以为从事地理信息系统相关的工作打下坚实的基础，并掌握相关专业知识和技能。

（二）开设相关专业的院校（排名不分先后）

★ 相关院校：武汉大学、中国地质大学（北京）、北京建筑大学、中国农业大学、南京信息工程大学、中国矿业大学、中国海洋大学、兰州大学、华东理工大学等。

◆ 相关院校：湖北国土资源职业学院、长江工程职业技术学院、广东工贸职业技术学院、江西应用技术职业学院、黄河水利职业技术学院、河南测绘职业学院、昆明冶金高等专科学校等。

七、地理信息系统工程技术人员的就业创业信息

随着我国信息技术的快速发展，地理信息产业得到了规模化发展，地理信息系统也在向更加标准化、集成化、网络化以及社会化方向发展，这就需要有大量的地理信息系统工程技术人员从事相关工作。他们可以在以下领域就业创业：

1. 政府部门：各省、市、县交通运输、规划勘测设计、国土、矿业、水利电力、通信、农林、城市建设、旅游等国家政府部门或事业单位。

2. 科研机构：国家地理信息系统工程技术研究中心、中国测绘科学研究院、测绘遥感信息工程国家重点实验室（武汉大学）、中国科学院东北地理与农业生态研究所等。

3. 地理信息产业公司：广州市城市更新规划设计研究所有限公司、武汉地大信息工程股份有限公司、广州蓝图地理信息技术有限公司、宁德卫星大数据科技有限公司、南京国图信息产业有限公司等。

此外，地理信息系统工程技术人员也可以选择自主创业：

1. 创办地理信息技术公司：地理信息系统工程技术人员可以考虑创办地理信息技术公司，开发地理信息系统服务软件，并提供相关服务。

2. 创办地理信息咨询服务公司：地理信息系统工程技术人员可以创办公司，提供技术咨询、项目评估、数据处理和分析等，例如土地信息咨询公司、不动产评估咨询公司、国土空间规划公司等。

3. 开设互联网平台和技术公司：随着互联网的发展，地理信息系统工程技术人员可以利用互联网大数据平台开展创业和就业。开设在线地图服务、平台和技术开发，例如，提供无人机测量服务平台、开发地理信息技术软件等。

需要注意的是，创业和就业都需要充分了解市场需求和竞争情况，同时具备专业技术、管理能力和市场拓展能力。创业者要进行充分的市场调研和商业计划，确保有足够的资源和市场机会来支持创业和就业的发展。

八、地理信息系统工程技术人员的贯通发展

地理信息系统工程技术人员可以通过不断提高技能水平，深化技术学习和专业培训，提升自己在地理信息领域的能力，除了在职业等级上不断晋升，可与工

程技术人员同样进行技术职称评定等。该职业的发展路径主要有四条：

1. 专家路线，即在职业等级上逐步晋升，成为高级工程师。地理信息系统工程技术人员可以通过考取相关的证书和资质来提升自身专业认可度。例如可以考取注册测绘师资格证书、国土空间规划师、ESRI① 技术认证、GIS 应用水平考试等，以增加地理信息系统工程技术人员在行业中的信任度和竞争力。

2. 管理路线，即从员工逐步上升为项目管理者，地理信息系统工程技术人员可以通过不断提高专业技术能力、管理和领导能力，进一步提升自己在职场中的地位，担任项目经理、技术总监、总经理等。

3. 复合人才路线，地理信息系统工程技术人员可以扩展自己的应用领域，通过掌握不同行业的专业知识和技能，为特定领域提供地理信息和空间数据支持，例如可以专注于城市规划、环境保护、农业等特定领域的应用。

4. 创业路线，地理信息系统工程技术人员基于自己的技术能力与行业资源选择创业或独立发展，例如成立 GIS 开发公司、地理信息咨询服务公司等需要具备较强的技术或管理能力，但也提供了更大的发展空间和自主性。

地理信息系统工程技术人员的职业贯通发展如图 2-02-02-07-1 所示。

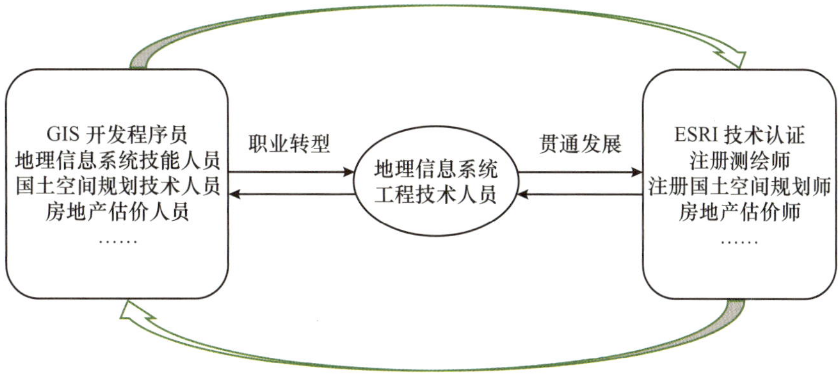

图 2-02-02-07-1　地理信息系统工程技术人员的职业贯通发展图

① ESRI，Environmental Systems Research Institute，美国环境系统研究所公司。ESRI 技术认证，是专为 ESRI 公司的桌面产品、应用开发包以及企业级应用这三个领域的用户设计的，每个领域都包括多种资格认证和不同认证级别。

九、地理信息系统工程技术人员的发展前景

从市场供需看。随着信息技术的快速发展，对地理信息和空间数据的需求不断增加，地理信息系统工程技术人员的发展前景广阔。从城市规划、土地管理、交通运输、规划勘测设计、水利电力，到通信、农林、城市建设、旅游等领域都需要地理信息数据来提供决策支持。地理信息系统工程技术人员是直接从事地理信息产业的技术人员，在 GIS 软件开发、数据信息采集、管理、应用分析、产品销售、技术维护等方面都需要大量工程技术人员。中研普华的统计调查显示：GIS 行业 2019 年市场规模为 9000 亿元，2020 年市场规模为 10963.9 亿元，2021 年市场规模达到 12323.42 亿元，呈现不断迅速递增的趋势，该职业的发展前景可期。

从产业发展看。地理信息产业是当今国际公认的高新技术产业，地理信息已经在国民经济和社会发展的各个方面得到应用，如政府决策、城市规划、环境监测、卫生防疫、社会经济统计、人口计生、公安指挥、资源管理、交通管理、地籍管理、房地产管理、基础设施管理、电信电力资源管理、物流管理以及位置服务等等诸多方面，地理信息产业规模不断扩大，市场日趋繁盛。在武汉、哈尔滨、西安、广州、上海等地的地理信息产业园良好效益的推动下，地理信息产业走向规模化、集约化发展。地理信息系统工程技术人员将有更多的细分工作岗位，同时也面临更大的挑战，需要在专业技术能力方面有更大的提升。

从政策红利看。2023 年 8 月 22 日，《自然资源部关于加快测绘地理信息事业转型升级　更好支撑高质量发展的意见》（以下简称《意见》）将进一步加快推进测绘地理信息事业转型升级和产业发展，激活测绘地理信息数据要素潜能。《意见》强调了建立健全测绘地理信息公共数据有偿使用和收益分配机制，推动地理信息产业向价值链高端迈进，促进北斗导航定位、数字地图、遥感等地理信息与实体经济深度融合，营造地理信息产业良好生态，支持测绘地理信息企业拓展国际业务。在健全技术标准体系方面，强调重点研制现代测绘基准、实景三维中国、时空大数据平台、测绘成果管理、地理信息安全等方面的标准，加强测绘地理信息在数字经济等新业态应用方面的标准化建设。在优化生产组织结构方面，强调加强基础测绘队伍建设，推进相关业务板块的统筹协作，推进基础测绘单位业务

组织体系重构，加强测绘质量检验测试、地图技术审查、仪器检定检校等队伍建设。可以看出，未来一段时间将是地理信息产业发展的政策红利期，将为地理信息系统工程技术人员提供更多的发展机会。

十、相关内容链接

国家职业标准：暂缺。

相关政策文件：详见表 2-02-02-07-3。

表 2-02-02-07-3 相关政策文件

发布或通过时间	发布或通过机构	文件名称
2023 年 8 月	自然资源部	《自然资源部关于加快测绘地理信息事业转型升级 更好支撑高质量发展的意见》

供稿：咸宁职业技术学院 聂俊成

输电工程技术人员 L

职业编码：2-02-12-04

在电力的舞台上，输电工程技术人员是独特的艺术家。他们以线路为画笔，以变电设备为调色板，将电力的能量穿梭于大地之间，展现着电力的魅力。他们将电力的力量融入每一个细节，将电力的安全与稳定镌刻在每一根导线上，他们的职业是一门艺术，他们用技术和智慧演绎着电力的华彩乐章，让世界充满光明与动力。

一、输电工程技术人员的一天

记录时间：2023 年 6 月 17 日　　记录人：于某德

上午工作情况

8 点：

1. 到达工作场所，进行准备工作，如查看当天的工作计划和任务安排。（检查、准备）

2. 与团队成员开会，讨论项目进展和工作安排，明确当天的重点任务。（讨论、布置）

10 点：

1. 进行输电线路布局的规划工作。根据项目需求和电力系统规划，制定输电线路的整体布局方案。考虑因素包括输电距离、负荷需求、地形地貌、环境保护等。（规划、整体布局）

2. 整理和分析相关数据，如地理数据、地质数据和气象数据，以支持线路布局规划工作。（整理、分析）

下午工作情况

13 点：

1. 进行输电线路的勘测工作。到现场进行实地勘测，收集地理、地质、气象等相关数据。通过勘测确定输电线路的走廊位置、塔位布置、导线通道等。（勘测、收集信息）

勘测、收集信息

2. 与勘测团队进行沟通和协调，确保勘测工作的准确性和可行性。（沟通、交流讨论）

15点：

1. 进行输电线路的设计工作。根据勘测数据和设计要求，进行输电线路的详细设计。包括确定塔杆型号与高度、导线类型与截面、绝缘子配置、地线布置等。（设计）

2. 结合电力系统的稳定性、输电损耗、安全性等因素，制定合理的设计方案。（制定设计方案）

17点：

1. 编制投资预算。根据输电线路的规划和设计方案，进行投资预算的编制。综合考虑工程规模、技术要求、市场价格等因素，并结合项目预算要求进行合理分配。（编制投资预算）

2. 总结一天的工作，整理工作记录和文档。（整理）

3. 参与工作汇报会议，向上级汇报工作进展和问题。（汇报）

二、什么是输电工程技术人员

职业定义。从事输电线路规划、设计，输电设备研发，指导输电设备安装、运行、检修、试验的工程技术人员。

定义解读。输电线路规划、设计：输电工程技术人员负责根据项目需求和电力系统规划，制定输电线路的整体布局方案，并进行详细设计。他们的考虑因素包括输电距离、负荷需求、地形地貌、环境保护等，应确保线路的可靠性和经济性。输电设备研发：输电工程技术人员参与输电设备的研发和改进工作，致力于提高输电设备的性能和效率，通过技术创新来满足不断发展的电力需求。指导输电设备的安装、运行、检修、试验：输电工程技术人员负责指导输电设备的安装过程，确保设备按照设计要求进行安装，并提供相关的操作指导和培训，在设备运行阶段，监督设备的运行情况，解决设备运行中的问题，并组织和指导设备的定期检修和维护工作，同时，也参与设备的试验和调试工作，验证设备的性能和功能。

关联职业。输电工程技术人员的关联职业包括：输电工程师，负责输电工程项目的规划、设计和管理工作，他们需要具备电力工程和电气工程等相关专业知识，能够制定输电工程的技术方案，并协调各个环节的工作；输电施工人员，负责实施输电工程的施工工作，包括线路建设、设备安装和调试等，他们需要熟悉施工工艺和操作规程，具备一定的技术技能和安全意识；输电运维人员，负责输电系统的运行和维护工作，包括巡视、检修、故障处理和预防性维护等，他们需要了解输电设备的特点和运行原理，能够及时发现和解决问题，确保输电系统的安全稳定运行；输电系统调度员，负责输电系统的运行调度和监控工作，确保电能的平衡和供需的匹配，他们需要熟悉电力系统的运行规程和调度流程，具备快速反应和决策能力；输电工程技术顾问，为输电工程项目提供技术咨询和指导，协助解决技术难题和优化工程方案，他们需要具备丰富的行业经验和专业知识，能够为客户提供专业的技术支持和建议。

相应岗位。输电工程师、输电设计工程师、输电施工工程师、输电维护工程师、输电工程项目经理、输电系统调度员、输电工程技术顾问、输电工程技术研发工程师。

三、输电工程技术人员的主要工作职责

1. 规划输电线路布局：根据项目需求和电力系统规划，制定输电线路的整体布局方案。考虑因素包括输电距离、负荷需求、地形地貌、环境保护等。规划过程中需要与相关部门和利益相关者进行沟通和协调，确保方案的可行性并符合规范要求。

2. 勘测输电线路：进行现场勘测，收集地理、地质、气象等相关数据。通过勘测确定输电线路的走廊位置、塔位布置、导线通道等。勘测数据是设计输电线路和编制投资预算的重要依据。

3. 设计输电线路：根据勘测数据和设计要求，进行输电线路的详细设计工作，包括确定塔杆型号与高度、导线类型与截面、绝缘子配置、地线布置等。设计输电线路要考虑电力系统的稳定性、输电损耗、安全性等因素。

4. 编制投资预算：根据输电线路的规划和设计方案，进行投资预算的编制，包括材料成本、施工费用、设备采购费用等方面的估算。编制投资预算需要综合考虑工程规模、技术要求、市场价格等因素，并结合项目预算要求进行合理分配。

5. 制订输电设备安装方案、施工进度计划。

6. 研究、应用输电系统及其设备自动化技术。

7. 研究、应用输电设备检修、试验技术。

8. 进行输电网调度、运行分析。

9. 绘制输电设备的工作图，撰写设备操作说明书。

10. 进行输电设备运行技术督导。

11. 分析处理输电设备安装、调试、运行、检修、改造的技术问题，指导生产人员作业。

四、输电工程技术人员的薪酬福利待遇

平均薪酬水平。输电工程技术人员归类为工程技术员。根据国家统计局数据，工程技术员的薪资水平如下：2019 年为 78147 元 / 年，2020 年为 82783 元 / 年，2021 年为 108700 元 / 年。根据招聘平台 2023 年公示数据，输电工程师行业薪酬报告数据显示，输电工程师行业从业者人均收入达 10800 元 / 月，其中 10000~15000 元 / 月的占比最多，达 28.6%；相关专业大专学历输电工程技术人员人均收入达 8000 元 / 月，相关专业本科学历输电工程技术人员人均收入达 13700 元 / 月，具有 1~3 年输电工程技术工作经验从业者人均收入达 10500 元 / 月，具有 3~5 年输电工程技术工作经验从业者人均收入达 12500 元 / 月，具有 5~10 年输电工程技术工作经验从业者人均收入达 25000 元 / 月。

与类似职业对比。招聘平台 2023 年 5 月的公示数据显示，在北京地区，该职业的薪酬一般与变电工程师、发电工程师、供电工程师薪酬相近，见表 2-02-12-04-1。

表 2-02-12-04-1　类似职业薪酬水平

职业名称	薪酬水平（元 / 月）
变电工程师	15000~25000
发电工程师	20000~25000
供电工程师	16000~20000

五、从事输电工程技术工作需要哪些本领

从事输电工程技术人员工作需要具备电力工程知识、技术专业知识、技术分析能力、设计与规划能力、施工管理能力、团队合作能力、技术创新意识、安全意识等。该职业需要具备的知识和技能见表 2-02-12-04-2。

表 2-02-12-04-2　输电工程技术人员需要具备的知识和技能

序号	所需本领	知识和技能需求
1	电力工程知识	熟悉电力系统的基本原理、设备和运行特点，了解电网结构和拓扑，掌握电力传输和配电的基本概念和技术
2	技术专业知识	具备电气工程、电力系统、电力传输与配电等相关专业知识，掌握输电线路和变电设备的设计、施工、运维和故障处理等技术要求
3	技术分析能力	能够分析和解决输电工程中的技术问题，具备数据分析和问题诊断的能力，能够应对复杂的电力系统运行和故障情况
4	设计与规划能力	能够制定输电工程的技术方案，包括线路选址、杆塔设计、导线选择等，具备基本的工程设计和规划能力
5	施工管理能力	熟悉输电工程的施工流程和管理要求，能够协调各个施工环节，监督施工进度，进行质量控制和安全管理等
6	团队合作能力	具备良好的团队合作和沟通能力，能够与其他专业人员、施工人员和管理人员进行紧密合作，共同完成工程任务
7	技术创新意识	关注输电工程领域的最新技术发展，具备创新意识，能够提出新的技术方法和解决方案，推动技术进步和工程效率的提升
8	安全意识	具备安全意识和风险管理能力，能够识别和预防潜在的安全问题，并采取相应的措施保障工程的安全运行

六、输电工程技术人员的专业教育现状

（一）相关专业

1. 电气工程：电气工程是与输电工程密切相关的专业之一。它涵盖了电力系统、电机与驱动、电力电子、电力传输与配电等方面的知识和技能。

2. 电气工程及其自动化：电气工程及其自动化是一个综合性的专业，涉及电力系统的规划、设计、运行和自动化控制等方面的知识和技能。

3. 能源与动力工程：能源与动力工程专业包括输电工程中的能源转换、输电系统设计与运行等方面的知识。

4. 电子信息工程：电子信息工程专业培养学生在电子与通信领域应掌握的基础理论和专门知识，包括与输电工程相关的电力电子技术和通信技术等。

5. 电力系统自动化技术：电力系统及其自动化专业培养学生掌握在电力系统规划、设计、运行与控制以及电力市场等方面的知识和技能。

（二）开设相关专业的院校（排名不分先后）

1. 相关院校：东北电力大学、华北电力大学、长沙理工大学、三峡大学、华北水利水电大学、上海电力大学、沈阳工程学院、南京工程学院、浙江水利水电学院等。

2. 相关院校：武汉电力职业技术学院、哈尔滨电力职业技术学院、四川电力职业技术学院、西安电力高等专科学校、重庆电力高等专科学校、广西电力职业技术学院、福建电力职业技术学院、郑州电力职业技术学院、江西电力职业技术学院等。

七、输电工程技术人员的就业创业信息

输电工程技术人员具备丰富的专业知识和技能，在电力行业和相关领域有广阔的就业和创业机会。以下是一些与输电工程技术人员相关的就业创业信息。

1. 电力公司：输电工程技术人员可以在国家电网公司、地方电力公司、发电企业等大型电力公司就业，参与输电线路和变电设备的设计、施工、运维和管理工作。

2. 设计院所：输电工程技术人员可以在电力设计院所、咨询公司等从事输电工程项目的规划和设计工作，提供技术支持和解决方案。

3. 施工单位：输电工程技术人员可以在输电工程施工单位就业，参与输电线路和变电设备的施工、调试和质量控制工作。

4. 运维管理部门：输电工程技术人员可以在输电系统的运维和管理部门就业，负责输电设备的巡视、检修、故障处理和预防性维护等工作。

5. 科研院所和高校：输电工程技术人员可以在科研院所和高校从事科研工作，参与输电工程技术的研究和创新，推动行业的发展。

6. 自主创业：有一部分输电工程技术人员选择自主创业，开设输电工程咨询公司、技术服务公司等，提供输电工程相关的技术咨询、设计和施工管理等服务。

八、输电工程技术人员的贯通发展

输电工程技术人员可以通过以下方式实现贯通发展。

1. 学习和进修：持续学习和进修是提升自身能力和更新专业知识的关键。输电工程技术人员可以通过参加专业培训、研修班、行业会议等，不断更新自己的专业知识和技能，跟随行业发展的最新趋势。

2. 多领域交叉学习：输电工程技术人员除了深耕输电工程领域的专业知识，也可以拓宽视野，学习其他相关领域的知识，如智能电网、可再生能源、电力市场等。通过跨学科的学习和交叉应用，提升自身的综合素养和解决问题的能力。

3. 跨岗位经验积累：在职业发展过程中，输电工程技术人员可以主动争取跨部门、跨岗位的机会，担任不同角色，参与不同环节的工作。例如，从设计到施工、从运维到项目管理等，通过积累丰富的工作经验，了解输电工程的各个方面。

4. 参与项目管理：输电工程技术人员要了解和掌握项目管理的方法和技巧，增强对整个工程项目的把控能力。通过参与项目管理，可以提升自己的组织协调能力、沟通协作能力和问题解决能力。

5. 担任管理职位：输电工程技术人员通过积累丰富的专业经验和管理经验，逐步晋升到管理层岗位，负责团队或部门的工作。在管理岗位上，需要具备良好的领导能力、决策能力和组织协调能力，为团队和组织的发展做出贡献。

6. 科研和创新：输电工程技术人员要积极参与科研项目和技术创新，推动输电工程技术的发展和应用。可以与科研院所、高校或企业合作，共同开展科研项目，探索新的技术方法和解决方案。

输电工程技术人员的职业贯通发展如图 2-02-12-04-1 所示。

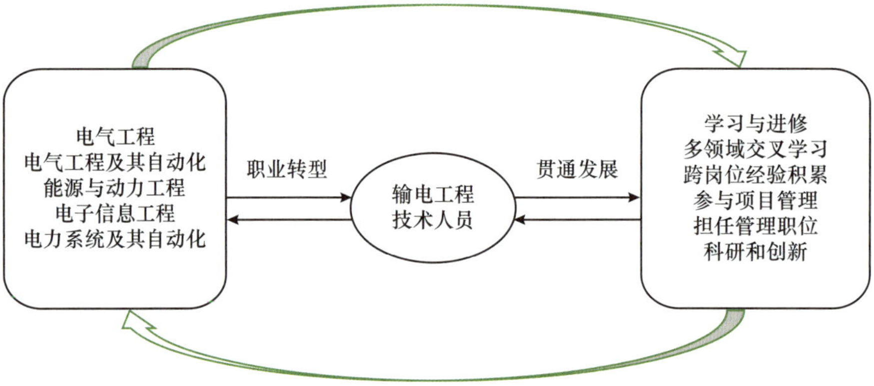

图 2-02-12-04-1　输电工程技术人员的职业贯通发展图

九、输电工程技术人员的发展前景

从市场供需看。根据国际能源署（International Energy Agency，IEA）的数据，全球电力需求预计将继续增长，到 2040 年预计将增长近 60%。新能源的快速发展和清洁能源的推广，将进一步推动电力行业需求的增长。随着城市化的加速和电气化水平的提高，对电力系统可靠、安全、高效运行的需求也在增加。

从产业发展看。智能电网的建设和升级是电力行业的重要方向，根据市场研究机构 Navigant Research 的数据，智能电网市场预计将持续增长，到 2026 年达到 1.35 万亿美元。新能源如风能、太阳能等装机容量的快速增长，将需要更多的输电线路和变电设备来实现电力输送和集中供应。电力系统数字化和自动化技术的应用，如物联网、人工智能等，将为输电工程技术人员带来更多的发展机会。

从政策红利看。许多国家和地区都制定了促进清洁能源发展和电力行业升级的政策措施，如可再生能源配额制度、智能电网建设规划等。根据国际可再生能源机构（International Renewable Energy Agency，IRENA）的数据，全球范围内的可再生能源政策支持已经达到 170 个国家和地区。我国各省市也陆续发布实施方案，释放了一系列政策红利。例如，珠海市将个人技能提升补贴标准按照取得证书的等级分为：初级工（五级）职业资格证书或职业技能等级证书，补贴标准为 1000 元；中级工（四级）职业资格证书或职业技能等级证书，补贴标准为 1500 元；高级工（三级）职业资格证书或职业技能等级证书，补贴标准为 2000 元。

十、相关内容链接

国家职业标准：暂缺。

相关政策文件：见表 2-02-12-04-3。

表 2-02-12-04-3　相关政策文件

发布或通过时间	发布或通过机构	文件名称
2022 年 8 月	工业和信息化部、财政部、商务部、国务院国有资产监督管理委员会、国家市场监督管理总局	《工业和信息化部等五部门联合印发加快电力装备绿色低碳创新发展行动计划的通知》
2022 年 5 月	国家发展改革委、国家能源局	《关于促进新时代新能源高质量发展的实施方案》
2022 年 1 月	国家发展改革委、国家能源局	《国家发展改革委　国家能源局关于加快建设全国统一电力市场体系的指导意见》

供稿：咸宁职业技术学院　杨彦伟

电力工程安装工程技术人员 L

职业编码：2-02-12-05

电力是国计民生的命脉，电网是国家重要的基础设施、战略设施，保障电力供应事关人民福祉、社会稳定、经济发展，这一切都离不开电力工程安装工程技术人员的默默努力和奉献。

一、电力工程安装工程技术人员的一天

记录时间：2023 年 6 月 15 日　　记录人：潘某

上午工作情况

8 点：

1. 查看待办工作，报表是否上报，布置统计工作，查看安装项目，向领导汇报项目进展情况，进行技术监督、技术支持、协调和项目管理。（工作准备）

2. 参加团队工作会议，对前一天的设备安装与调试情况进行分析，对全天的工作进行部署。（工作部署）

9 点：

1. 与土建施工方进行对接，编制电力工程安装施工方案，制定施工进度计划。（电力工程安装方案编制）

2. 与土建施工人员共同参加施工图纸会审会议，根据双方提出的具体要求，共同探讨最恰当的施工方案，做好图纸会审和技术交底工作。（电力工程施工图纸会审）

10点：

1. 项目部管理人员及监理人员到岗到位，召开项目作业前的站班会，明确各自的工作任务和职责。（电力工程安装工作分配）

2. 准备好工程施工中所需要的备品、备件，做好施工阶段的预备工作和安全管理工作。（工程施工准备工作）

3. 对项目实施过程中的重点难点进行技术指导。（电力工程安装技术指导）

下午工作情况

14点：

1. 驱车前往施工作业现场，听取现场工作汇报，并对钢桁架吊装、高处作业、交叉作业、临边洞口防护、临时用电、特种设备等方面进行排查梳理，杜绝安全隐患。（电力工程安装施工现场排查）

2. 施工现场技术指导与监督作业。与现场工作人员沟通设备安装注意事项，交流参数配置等一些常规操作，规范现场施工流程。（电力工程安装现场指导）

16点：

1. 收集、整理施工记录、文件。（资料收集与整理）

2. 总结现场施工情况，根据现场施工情况调整施工作业指导书。（作业调整）

3. 组织安全学习，总结当天作业的不足和经验，交代第二天的作业要点和安全要点。（总结提高）

二、什么是电力工程安装工程技术人员

职业定义。从事电力工程安装施工方案编制、技术管理、安装指导的工程技术人员。

定义解读。电力工程（electric power engineering），即与电能的生产、输送、分配有关的工程，广义上还包括把电作为动力和能源在多个领域中应用的工程，同时可理解到送变电业扩工程。电力工程安装是指从事110kV及以下电压等级的变电站、线路（含电缆）工程的安装、维修及试验等工作。电力工程安装离不开土建施工，因此，为了保证工程项目的顺利开展，电力工程安装工程技术人员必须与土建施工技术人员密切配合，做好各个步骤的工作，保证电力工程安装和土建施工的有序进行。

关联职业。密切相关的职业有发电工程技术人员，负责发电厂规划设计，发电设备研发，指导发电设备运行、检修、改造等工作；供用电工程技术人员，从事供用电系统设计和设备研发，负责供用电设备安装、调试、检修等工作；变电工程技术人员，从事变电站规划、设计，变电站研发，负责变电设备安装、运行、检修、试验等工作；输电工程技术人员，负责输电工程项目的规划、设计、管理等工作。

相应岗位。电力工程安装预算员、电力工程现场施工员、电力电工、电力施工质检员、电力施工安全员。

三、电力工程安装工程技术人员的主要工作职责

1. 及时了解最新供电规范，负责电力项目的方案设计、施工图设计、工程预（决）算编制，并保证其准确性。

2. 熟悉工作相关的安全规程、规定，不违章作业。

3. 能正确使用安全防护用品、工器具，并在使用前进行外观完好性检查。

4. 施工中发现安全隐患能妥善处理或向上级报告；在发生危及人身安全的紧急情况时，能立即停止作业或者在采取必要的应急措施后撤离危险区域。

5. 负责合同签订后的方案优化，工程材料清单的提交、审核；竣工资料的编制。

6. 组织施工人员进行安全、技术、质量及标准化工艺学习，执行上级有关安全技术的规程、规定、制度及施工措施。

7. 负责工程进度、质量的监控，参与现场验收。

8. 给业务部门提供技术支持，为业务员进行专业知识培训并参与客户技术谈判。

9. 参与现场风险复测及单基策划方案编制。接受项目部安全教育培训及安全技术交底，并通过考试。参与施工机具、材料进场安全检查。

10. 负责技术和质量管理工作，组织工程队落实技术文件及施工方案要求。

11. 填写施工作业票中的技术方案要点，并督促实施。在站班会上对当天作业进行技术交底。按规定负责施工作业票班组级审查。

12. 参与现场人员入场、每日开工、收工、转序许可检查等现场日管控机制。组织落实本班组人员刚性执行施工方案、安全管控措施。

13. 参加每日站班会，做好“三交三查”。参加班组安全生产例会、安全检查等活动。参加本班组反违章、隐患排查工作，对存在的问题整改闭环。

14. 负责前道工序、施工过程质量检查，对检查出的质量缺陷上报班长兼指挥安排作业人员处理，对质量问题处理结果检查闭环，配合项目部组织的二级验收工作。

15. 参加质量事故调查、分析，提出事故处理初步意见，提出防范事故对策，监督整改措施的落实。

16. 配合工程部做施工过程中的现场变更，协助业务人员编制技术投标文件，负责技术及客户文档的保密和归档。

四、电力工程安装工程技术人员的薪酬福利待遇

平均薪酬水平。电力工程安装工程技术人员归类为工程技术员。根据国家统计局数据，工程技术员的薪资水平如下：2019 年为 78147 元 / 年，2020 年为 82783 元 / 年，2021 年为 108700 元 / 年。根据 2023 年 5 月招聘平台公示数据，一线城市和经济发展较快的城市如北京、上海、杭州等，电力工程安装工程技术人员的薪资为 9000~15000 元 / 月，高于其他城市（如武汉为 6500~10000 元 / 月，西安为 8000~10000 元 / 月）

与类似职业对比。根据 2023 年 5 月招聘平台公示数据，在北京地区，该职业的薪酬一般要高于电力工程现场施工员、电力电工，与电力施工质检员和电力施

工安全员薪酬相近，见表 2-02-12-05-1。

表 2-02-12-05-1　类似职业薪酬水平

职业名称	薪酬水平（元 / 月）
电力工程现场施工员	6000~8000
电力电工	6000~10000
电力施工质检员	8000~14000
电力施工安全员	9000~15000

五、从事电力工程安装工程技术工作需要哪些本领

该职业从业人员需要具备的知识和技能有：电力工程知识、系统分析能力、设备维护能力、操作监控能力、设计与规划能力、施工管理能力、团队合作能力、技术创新能力、安全意识等。该职业需要具备的知识和技能见表 2-02-12-05-2。

表 2-02-12-05-2　电力工程安装工程技术人员需具备的知识和技能

职业功能	工作内容	知识和技能要求
电力施工方案编制	准备阶段	根据项目内容组建队伍，对设计内容进行分工；查阅项目相关资料，具备资料检索与分析能力
	方案设计	熟悉电力工程线路施工及验收相关规范、安全操作规程等，掌握电力传输、配电、现场施工的基本概念和技术，能正确进行电力负荷计算，对电力设备进行正确选型
	现场勘测	调查测绘现场的地形、地貌；主体工程的位置；给排水等地上、地下管线和管沟的位置；建筑材料、器具堆放位置；生产、生活临时搭设的建筑物位置；用电设备装设位置以及现场周围环境等
	方案修订	能根据施工现场情况进行方案调整与修订，能够识别潜在的风险并进行规避
	方案实施	具备良好的沟通、组织与协调能力

续表

职业功能	工作内容	知识和技能要求
施工图纸会审	识图读图	熟悉拟建工程的功能、平面尺寸、立面尺寸等基本情况，具备工程识图与读图能力
	图纸会审	良好的沟通与协调能力，从工程施工、保证质量、工程美观等方面提出合理性建议
作业指导书编制	工艺流程设计	掌握电力工程安装的流程、规范与步骤，具备工程安装设计能力
	作业指导书编制	熟悉主变压器、组合电器、断路器等电气元件的工作原理、安装作业流程；掌握作业指导书的编写规范与流程
现场指导与检查	现场指导	熟悉电力施工安全，理解和掌握施工作业技术方案，掌握电力建设工程施工安全生产管理规范
	现场检查	能根据设备运转情况，及时发现生产隐患，协调和解决影响安全生产的重大问题；良好的沟通和协调能力
	事故处理	具备对质量事故开展调查分析的能力，能提出事故处理初步意见，提出防范事故的对策，并能监督整改措施的落实，具有临场决断、随机应变、冷静思维的能力
施工技术文件管理	文件收集	熟悉电力工程施工相关资料的填写，了解施工各类技术文件内容，能对各类工程档案收集整理
	文件管理	熟悉施工技术文件管理规程，负责技术及客户文档的保密、归档和移交

六、电力工程安装工程技术人员的专业教育现状

（一）相关专业

目前，普通本科院校、职业院校都开设了电力工程安装相关专业。普通本科院校专业有电气工程及其自动化、电子信息工程、建筑环境与设备工程、机械工

程等；职业院校专业有供用电技术、输配电工程技术、发电厂及电力系统、电力系统自动化技术、机电一体化技术等。

（二）开设相关专业的院校（排名不分先后）

★ 相关院校：清华大学、西安交通大学、武汉大学、重庆大学、东南大学、华南理工大学、河海大学、四川大学、广西大学、上海电力大学等。

◆ 相关院校：武汉电力职业技术学院、重庆电力高等专科学校、西安电力高等专科学校、四川电力职业技术学院、长沙电力职业技术学院、郑州电力高等专科学校、哈尔滨电力职业技术学院、保定电力职业技术学院、山东电力高等专科学校等。

七、电力工程安装工程技术人员的就业创业信息

该职业从业人员主要分布在电网、电力运营、能源、自动控制等相关行业。吸收电力工程安装工程技术人员较多的企业有以下几方面。

1. 电网领域：国家电网、中南电力设计院、国电南瑞科技股份有限公司等。

2. 电力运营领域：国家电力投资集团有限公司、中国铁建集团、中国华电集团等。

3. 能源领域：中国能源建设集团、中国石油天然气集团有限公司、中国华能集团有限公司等。

4. 自动控制领域：中兴通讯股份有限公司、武汉华中数控股份有限公司等。

八、电力工程安装工程技术人员的贯通发展

该职业的发展路径主要有四条。管理路线，即从员工逐步上升为项目管理者。专家路线，即在职业等级上逐步晋升，成为高级技师。复合人才路线，即向其他行业跨越或职业转型，如学习、积累电力工程相关设计知识，发展成为电力设计工程师等；学习、积累工程相关经费预算知识，发展成为项目预算工程师等。创业路线，即基于个人兴趣爱好进行创新创业。电力工程安装工程技术人员的职业贯通发展如图 2-02-12-05-2 所示。

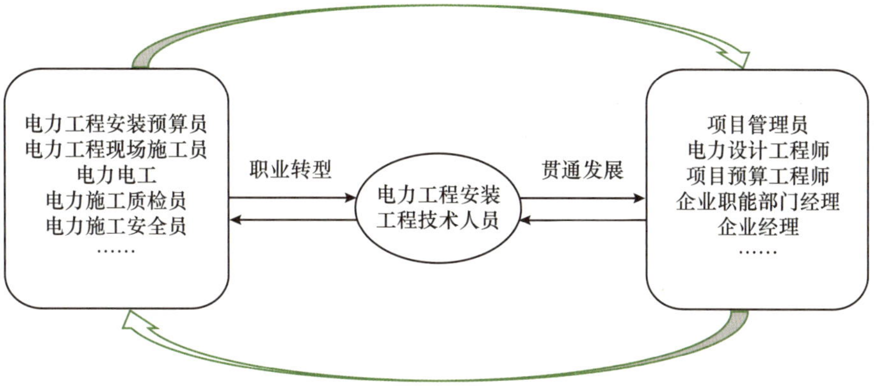

图 2-02-12-05-2　电力工程安装工程技术人员的职业贯通发展图

九、电力工程安装工程技术人员的发展前景

从市场供需看。电力工程专业毕业生具有“点多、面宽、适应性强”的特点。一般来说，毕业生能够在电气工程相关的系统运行、自动控制、电力工程电子技术、信息处理、试验技术、研制开发、经济管理以及电子与计算机技术应用等领域担任重要工作，也能到各级发电厂、供电局、电网调度所、各类大中型企业从事电力工程设计、建设、调试、生产、运行、管理、市场运营、科技开发和技术培训等工作，或从事电气设备的维护、检修、安装和调试等方面的工作。此外，还可从事其他行业中的电气技术工作。

从产业发展看。随着新能源技术的不断发展，新能源的可用性也在不断提高，其发电成本也在不断下降。这将给电力工程行业带来更多机遇，从而推动行业发展。由于电力工程行业投资回报率较高，企业投资于此也较为积极。随着企业投资的加大，投资在电力工程行业的资金将会增加，从而推动行业的发展。

从政策红利看。根据市场调研在线网发布的 2023—2029 年中国电力工程总承包市场消费调查及经营模式分析报告分析，截至 2019 年年底，我国发电装机容量达到 16200 亿千瓦时，比 2018 年年底增加 1700 亿千瓦时。电力工程行业市场规模随着能源消费的增加而稳步增长，并得到了政府和企业的投资支持。政府加大了对电力工程行业的投资力度，鼓励企业发展新能源技术，并根据市场需求推动电力工程行业发展。

十、相关内容链接

国家职业标准：暂缺。

相关政策文件：见表 2-02-12-05-3。

表 2-02-12-05-3　相关政策文件

发布或通过时间	发布或通过机构	文件名称
2022 年 8 月	工业和信息化部、财政部、商务部、国务院国有资产监督管理委员会、国家市场监督管理总局	《工业和信息化部等五部门联合印发加快电力装备绿色低碳创新发展行动计划的通知》
2023 年 2 月	中共中央、国务院	《数字中国建设整体布局规划》
2022 年 5 月	国家发展改革委、国家能源局	《关于促进新时代新能源高质量发展的实施方案》
2022 年 1 月	国家发展改革委、国家能源局	《国家发展改革委　国家能源局关于加快建设全国统一电力市场体系的指导意见》

供稿：咸宁职业技术学院　金燕

建筑和市政设计工程技术人员 L

职业编码：2-02-18-01

建筑和市政设计师是城市的指挥官，他们的工作目标是将一座城市打造成令人惊叹的艺术品。在 21 世纪，城市建筑以独特的方式传承着文化，将生活的韵味渗透进人们的日常生活，为大家打造一个和谐而宁静的精神家园。“十四五”时期，在稳定经济增长的需求下，建筑业的相关投资预计将保持高位运行。建筑和市政设计工程技术人员在社会经济稳定发展的过程中扮演着至关重要的角色，他们与客户沟通需求，考虑空间布局、材料选择、可持续性等因素，以创造出满足功能需求和美学要求的设计方案，与工程投资方和施工方合作，使得建筑物在技术、经济、功能和造型等方面的目标得以实现。

一、建筑和市政设计工程技术人员的一天

记录时间：2021 年 4 月 28 日　　记录人：某刚

上午工作情况

8 点：

1. 领取建筑和市政工程设计任务书，和相关技术人员探讨建筑和市政工程项目布局、风格、规模、功能，准备材料、造价和工期资料。（任务领取）

2. 收集工程项目环境、地质、水文等技术资料，向投资者或业主提供建筑和市政工程项目策划、规划、立项等技术咨询服务。（建设立项）

10点：

1. 对设计任务进行分配，确定项目组人员、工作内容及范围。（任务分配）

2. 综合考虑建筑功能、空间、造型、环境、结构、材料等问题，作出较为合理的方案。（方案设计）

3. 在方案设计的基础上，进一步深入推敲、深入研究、完善方案，并初步考虑结构布置、设备系统及工程概预算。（初步设计）

下午工作情况

14点：

1. 确定初步设计中所采取的工艺过程、建筑物和构筑物，校正设备的选择及其数量的误差，确定建设规模和技术经济指标，并作出修正概算的文件和图纸。（技术设计）

2. 绘制满足施工要求的建筑、市政专业的全套图纸，并编制工程说明书、结构计算书及设计预算书。（施工图设计）

16点：

1. 到达施工现场，进行设计技术交底，提供建筑和市政工程项目建设过程的设计技术服务。（技术交底）

2. 参与项目的阶段性验收和竣工验收工作，参与设计后评估工作。（项目验收）

二、什么是建筑和市政设计工程技术人员

职业定义。建筑和市政设计工程技术人员是从事建筑物、构筑物和市政工程设计，工程项目管理、咨询及技术服务的工程技术人员。

定义解读。建筑设计是指建筑物、构筑物在建造之前，设计者按照建设任务，把施工过程和使用过程中所存在的或可能发生的问题，事先做好通盘的设想，拟定好解决这些问题的办法、方案，用图纸和文件表达出来，作为备料、施工组织

工作和各工种在制作、建造工作中互相配合协作的共同依据，便于整个工程得以在预定的投资限额范围内，按照周密考虑的预定方案，统一步调，顺利进行，并使建成的建筑物充分满足使用者和社会所期望的各种要求及用途。市政设计属于城市的城市基础设施建设设计，所涉及的内容包括城市道路、公路、桥梁、给排水、建筑、天桥与地道、工程测量等。所涉及的专业包括给水工程、排水工程、道路工程、桥梁工程、轨道交通工程、地下工程、环境工程、建筑景观工程、园林景观工程、工程勘察等专业。

关联职业。密切相关的职业有土木建筑工程技术人员（通常称为建造师）和工程勘察与岩土工程技术人员（通常称为地质工程师），建筑和市政设计工程技术人员在项目实施过程中与其工作配合、联系颇多。建造师是指从事工业与民用建筑、市政基础设施等建造施工、监督管理的人员。地质工程师是指从事建设项目工程地质与水文地质条件和岩土工程条件的调查研究与分析评价、岩土工程勘察、岩土工程与环境岩土工程设计和治理、岩土工程检测监测、工程测量、勘探测试及相关专业咨询服务的工程技术人员。地质工程师勘察场地的工程地质条件，为设计提供依据；设计师是工程产品的虚拟创建者，建造师则是建筑产品的实现者。

相应岗位。建筑设计研究院（事务所）建筑设计员、建筑设计研究院（事务所）市政设计员、高校及科研单位研究人员、房地产企业土木工程工程师、建设单位建筑与市政设计工程师、道路与桥梁工程师等。

三、建筑和市政设计工程技术人员的主要工作职责

1. 研究、设计建筑和市政工程项目布局、风格、规模、功能，准备材料、造价和工期资料。

2. 提供建筑和市政工程项目策划、规划、立项等技术咨询服务。

3. 收集工程项目环境、地质、水文等技术资料。

4. 分析、确定建筑和市政工程项目布局、功能设置、工艺流程、技术参数等，进行结构选型和优化、系统选择、设备选型和安放、交通组织和环境美化等。

5. 编制建筑和市政工程方案设计，能及时反馈并解决方案设计中的问题；能按要求处理项目相关专业间的配合问题并提出解决方案；内容包括设计说明书和

总平面图，设计委托或设计合同中规定的透视图、鸟瞰图、模型等。

6. 编制建筑和市政工程初步设计文件，内容包括设计说明书、有关专业的设计图纸、主要设备或材料表、工程概算书、有关专业计算书。

7. 编制建筑和市政工程施工图设计文件，内容包括合同要求所涉及的所有专业的设计图纸、合同要求的工程预算书、各专业计算书。

8. 提供建筑和市政工程项目建设过程的设计技术服务，包括设计技术交底、图纸会审、深（优）化设计、项目验收、竣工图设计等。

四、建筑和市政设计工程技术人员的薪酬福利待遇

平均薪酬水平。国家统计局 2022 年公布的数据显示，建筑行业平均年薪增长速度在全部 16 个行业中排第 12 位。从岗位看，建筑和市政设计工程技术人员属于专业技术人员，平均月薪为 11631 元。从区域看，一线城市和经济发展较快的区域，如长三角、粤港澳大湾区、京津冀等地区为 10000~22000 元 / 月（部分有年终奖或项目设计提成），其薪酬水平明显高于其他地区（如长沙为 5000~9000 元 / 月、南宁为 5500~13000 元 / 月）。

与类似职业对比。2023 年 6 月招聘平台公示的数据显示，在一线城市，该职业的薪酬一般低于建造师的薪酬，与结构工程师、城乡规划师的薪酬基本持平。类似职业薪酬水平见表 2-02-18-01-1。

表 2-02-18-01-1　类似职业薪酬水平

职业名称	薪酬水平（元 / 月）
建筑师	6000~16000
注册建造师	9000~20000
结构工程师	5000~17000
城乡规划师	4500~15000

五、从事建筑和市政设计工程技术工作需要哪些本领

该职业从业人员需具备的知识有：建筑与市政设计信息技术、建筑与市政设

计基本知识、居住建筑基本知识、公共建筑设计基本知识、环境与设备控制、与建筑与市政行业相关的现行国家行业标准等。该职业需要具备的知识和技能详见表 2-02-18-01-2。

表 2-02-18-01-2 建筑和市政设计工程技术人员需要具备的知识和技能

职业功能	工作内容	知识和技能要求
前期准备	客户沟通	能了解客户关于项目建设的要求及初步设想，形成书面记录，作为设计的依据
	收集资料	能自主按照与建设项目有关的法律法规和规程规范的要求进行复核分析，并形成调研报告
	现场勘察	能在设计开始之前对现场进行详细的勘察，掌握现场的面积、水体、土壤、植被等情况，对主要事物拍照
方案设计	设计策划	能根据客户确定的进度要求进行策划安排，明确设计阶段、项目组人员及职责、总进度安排及专业协作进度安排、设计评审时机和评审方式、项目的特殊要求
	方案设计	能及时反馈并解决方案设计中的问题；能按要求处理项目相关专业间的配合问题并提出初步解决方案；能根据进度计划完成方案设计文件，内容包括：设计说明书、总平面图、设计委托或设计合同中规定的透视图、鸟瞰图、模型等
	方案汇报	能向顾客或专家阐述设计的思路、标准要求等，对于顾客的要求进行会议记录；能对顾客或专家提出的问题进行回复，确实需要修改的内容，应及时修改
初步设计	项目设计分析	能识读各项目相关专业的协调信息，并进行深化设计，能编制项目成本控制文件，能对项目的前瞻性与创新性提出建议
	初步设计	能根据进度计划完成初步设计文件，内容包括：设计说明书、有关专业的设计图纸、主要设备或材料表、工程概算书、有关专业计算书

续表

职业功能	工作内容	知识和技能要求
初步设计	设计评审	参与初步设计文件评审，结合初步设计文件，答复需求、功能应用等方面的疑问，确定各系统建设的评审意见，并及时优化
施工图设计	设计策划	能根据建设进度在施工图设计开展前编制施工图设计计划；能根据施工图设计计划进行施工图设计策划，策划应明确单位工程名称、设计及检审人员、图号、委托关系及时间、会签及评审要求、完成时间
	设计输入	能编制设计依据文件，全面了解项目的质量目标、设计依据、设计基础资料、使用的有关法规、顾客的要求、质量特性要求、上阶段设计文件的要求、外部评审的要求、项目特殊的专业技术要求及以前类似的设计信息
	施工图设计	能充分理解项目的规范、批复等专业信息并形成设计技术文件，完成施工图设计文件，包括合同要求所涉及的所有专业的设计图纸、合同要求的工程预算书及各专业计算书
	设计验证	能独自完成施工图设计自检，并向检审人员提交电子版图纸；能根据检审人员提出的意见，对图纸进行修改调整
	设计成果交付	能以标准格式输出施工图，并归档保存，能依据规范要求完成蓝图的签字盖章，能自主交付施工图设计的全部文件并形成移交记录
工程实施服务	图纸会审	能提供施工图审查单位要求的各种文件资料，能积极回应专家意见和建议，并及时按专家要求提供书面回复、补充说明、修改图纸等成果
	施工交底	能在工程例会上进行技术交底，形成会议纪要并归档，能明确表达设计文件中有关施工的工艺、材料和工序等技术要求，能明确工程实施过程的难点、重点以及具体控制要求
	现场服务	能在单位工程开工前完成图纸审查，发现问题并及时处理，把错误纠正在工程施工前，能解决施工过程中遇到的设计问题

续表

职业功能	工作内容	知识和技能要求
工程实施服务	深（优）化设计	对比较复杂的项目，能根据设备架构、设备尺寸进行系统深化或优化设计；能审核主要材料的质量，以确保符合设计效果和相应规范
	现场服务信息反馈	能按要求参与设计总结工作并撰写现场设计服务工作总结，能整理设计过程中的各项数据和全部文件（包括贯标文件），并分类归档
	竣工图设计	能按照工程施工过程中修改变更的内容对单体建筑竣工图进行阶段性的更新、存档工作

六、建筑和市政设计工程技术人员的专业教育现状

（一）相关专业

目前仅有部分院校开设了与建筑设计、市政设计相关的专业，数量不多，涉及普通本科院校、职业院校等。建筑和市政设计工程技术人员的学历大部分为大专及以上学历，学科门类主要是工学里的土木、市政、建筑三个专业类，相关专业名称以建筑学、土木工程等为主。

（二）开设相关专业的院校（排名不分先后）

★ 相关院校：清华大学、同济大学、东南大学、天津大学、华南理工大学、重庆大学、哈尔滨工业大学、西安建筑科技大学、湖南大学、浙江大学、沈阳建筑大学等。

◆ 相关院校：北京交通运输职业学院、天津电子信息职业技术学院、石家庄职业技术学院、河北交通职业技术学院、内蒙古建筑职业技术学院、沈阳职业技术学院、黑龙江建筑职业技术学院、上海城建职业学院、江苏建筑职业技术学院、浙江建设职业技术学院等。

七、建筑和市政设计工程技术人员的就业创业信息

该职业从业人员遍布全国各地，主要集中在一线城市，以及经济发展较快或

人口较多的省份，如江苏、浙江、山东等。

吸纳建筑和市政设计师就业较多的用人单位主要有以下几类：

1. 设计研究院：中机十院国际工程有限公司、北京市建筑设计研究院有限公司、中国建筑西南设计研究院有限公司、华东建筑设计研究院有限公司、东南大学建筑设计研究院有限公司、南京长江都市建筑设计股份有限公司等。

2. 监理公司：中咨工程建设监理公司、上海建科建设监理咨询有限公司、山西省交通建设工程监理总公司、长江三峡技术经济发展有限公司、上海同济建设监理咨询有限公司、山东诚信工程建设监理有限公司等。

3. 房地产公司：万科地产、中海地产、保利地产、恒大地产、绿地地产、绿城地产、金地地产、龙湖地产、招商地产等。

4. 工程检测机构：江苏省建设工程质量检测中心、广东省建设工程质量检测中心等省级及设区地级市的建设工程质量检测部门。

5. 工程咨询机构：建银咨询、青矩 Greetec、东方投资监理、中竞发、信永中和、万邦管理、中大信、中联国际、泛华国金等。

注：以上地区及机构排名不分先后，不代表相关实力排名。

八、建筑和市政设计工程技术人员的职业贯通发展

该职业的发展路径主要有四条。管理路线，即从员工晋升到组（所）长 / 单位中层，再晋升到经理 / 单位领导层，甚至向高级领导职务发展。专家路线，即不断提高技能水平，在职业等级上不断晋升，可与工程技术人员同样进行技术职称评定，最高可评定为研究员级高级工程师，成为建筑、市政行业领域专家。复合人才路线，即以建筑市政设计师所积累的技术能力为依托，向建筑市政行业相关岗位进行转换，如通过学习转型为注册建造师、规划师、建筑师等，与专业技术岗位横向贯通。创业路线，即基于个人综合能力进行创新创业，成立建筑与市政设计（咨询）公司、建筑与市政施工公司等。

建筑和市政设计工程技术人员的职业贯通发展如图 2-02-18-01-1 所示。

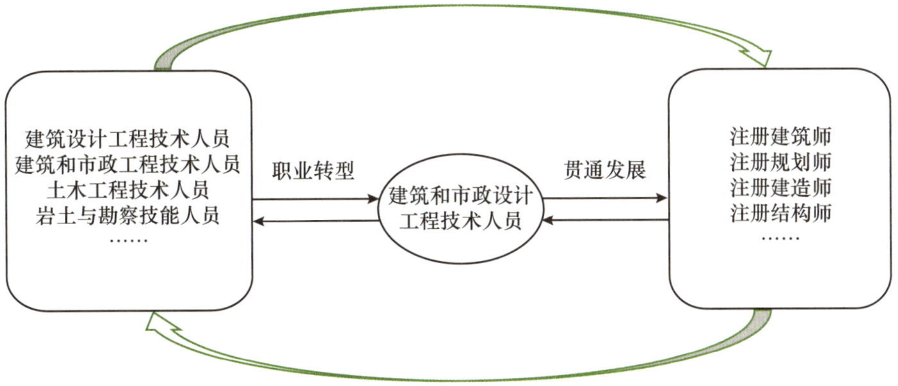

图 2-02-18-01-1 建筑和市政设计工程技术人员的职业贯通发展图

九、建筑和市政设计工程技术人员的发展前景

从市场供需看。随着城市化进程的加速以及人们对宜居环境的要求不断提高，建筑和市政设计工程技术人员将在城市规划和建设领域扮演重要角色，他们能够通过创新设计理念和技术应用，为城市提供更加高效、智能和可持续的建筑解决方案。此外，新兴技术如建筑信息模型（Building Information Modeling，BIM）、虚拟现实（Virtual Reality，VR）、增强现实（Augmented Reality，AR）等在建筑与市政设计中得到广泛应用，这不仅提高了设计效率，还改变了设计体验和交流方式。建筑设计工程技术人员需要不断学习和掌握这些新技术，以保持竞争力，并有机会在城市规划、绿色建筑、技术创新和国际合作等领域获得更多的发展机遇。

从产业发展看。中国建筑业协会发布《2022 年建筑业发展统计分析》显示，2022 年全国建筑业企业完成建筑业总产值 311979.84 亿元，同比增长 6.45%，建筑业作为国民经济的支柱产业地位稳固。对于建筑行业来说，绿色建筑和可持续发展是一个不可忽视的趋势。建筑和市政设计工程技术人员在设计过程中，能够注重节能、减排、资源循环利用等方面，为建筑行业的可持续发展做出贡献。

从政策红利看。国家对建筑与市政设计师实行资质认定和行业准入管理，通过相关的考试和评审程序，确保设计师具备专业知识和技能，提升行业整体素质和形象。国家设置对建筑与市政设计师的奖励和荣誉，如设计大奖、优秀设计师称号等，以鼓励设计师在创新设计和优质工程方面取得杰出成就。国家提供技术支持和培训机会，通过组织专业展览、研讨会和培训班等活动，提高设计师的专业水平和创新能力。国家鼓励建筑与市政设计师进行创新和研发工作，设立专项资金支持创新项目和科研成果的转化，推动建筑设计行业向智能化、绿色化、可持续发展方向发展。

十、相关内容链接

国家职业标准：暂缺。

相关政策文件：见表 2-02-18-01-3。

表 2-02-18-01-3 相关政策文件

发布或通过时间	发布或通过机构	文件名称
2022 年 1 月	住房城乡建设部	《“十四五”建筑业发展规划》
2022 年 11 月	科技部、住房城乡建设部	《“十四五”城镇化与城市发展科技创新专项规划》

供稿：咸宁职业技术学院 庞俊勇

森林保护工程技术人员 L

职业编码：2-02-20-06

采伐、开垦、工业化等人类的生产和生活活动使得森林面积不断减少，原本平衡的生态系统受到破坏，造成了气候变化、水资源短缺、土壤流失等一系列问题。这些问题不仅影响到人类的生存和发展，也对其他生物种群和生态系统产生了负面影响。因此，为了解决这些问题，人们开始采取加强森林管理、实施森林保护计划、提高森林保护意识等各种措施来保护森林和其他自然资源。随着时间的推移，这些保护措施变得越来越系统化和专业化。为了确保这些措施的有效实施，需要更多的专业人才，其中就包括森林保护工程技术人员。今天，森林保护工程技术人员职业已经成为森林保护领域里的重要岗位，在全球范围内得到广泛的认可和重视。他们的工作对于保护自然环境、维护生态平衡和促进可持续发展具有重要的意义。

一、森林保护工程技术人员的一天

记录时间：2023 年 6 月 23 日　　　　记录人：李某林

上午工作情况

8 点至 9 点：

查看气象预报，为今天的工作做好准备。穿上工作服，准备开始进行巡逻和监测。（工作准备）

9 点至 12 点：

1. 观察森林生态系统，记录动植物种类、数量和分布情况。（生态观测）
2. 检查森林水源和土壤质量，确保处于健康和可持续状态。（水土监测）

水土监测

3. 使用望远镜和摄像头来观察森林中的野生动物。如果发现任何威胁到森林生态系统的情况，立即采取制作陷阱、安装摄像头或者驱赶等行动。（动物监测）

下午工作情况

13 点至 15 点：

讨论森林现况，彼此分享经验和发现，制定相应工作计划。（工作交流）

15 点至 17 点：

1. 继续进行巡逻和监测工作。（巡逻监测）
2. 发现各种森林问题，例如火灾、病虫害、非法砍伐等。（问题发现）

检查病虫害

3. 向上级部门报告发现的问题，以便采取措施解决。（情况上报）
4. 整理监测数据和记录，并准备好第二天的工作计划。（总结计划）

二、什么是森林保护工程技术人员

职业定义。从事森林火险预测预报、林火阻隔、火情监测、防火通信、森林火灾扑救与损失评估、航空护林与林业有害生物防治等的工程技术人员。

定义解读。森林火险预测预报是一种通过分析历史数据、气象数据和林区地理信息等，对未来森林火灾风险进行预测和预警的技术和方法。林火阻隔是指通过人为控制或采取措施，防止森林火灾蔓延，目的是减少森林火灾的发生率和火势的蔓延速度，以保护森林资源和人民生命财产安全。防火通信是在火灾等紧急情况下保护通信线路和信息的安全，在火灾发生时提供紧急通信功能，例如发送火警信息、传输火灾现场的图像和音频信息等，以便救援人员能够及时赶到现场。森林火灾扑救是指当森林发生火灾时，为了将火灾扑灭或控制火势，消防队员或其他救援人员采取的一系列行动。损失评估是对森林火灾造成的财产损失和环境影响进行评估的过程，量化火灾造成的财产损失和环境影响，并为火灾的预防和应对提供信息，评估的结果可以为火灾的保险理赔、灾后重建和环境修复提供重要依据。森林航空护林工作是为保护森林资源和野生动植物而进行的空中巡逻和监测任务，可以提高森林管理的效率和效果，保护森林资源和野生动植物的生存环境。林业有害生物防治是指通过科学的方法来预防、控制和消除森林中的有害生物，以保护森林资源和生态环境的措施。

关联职业。林业科学家，研究森林生态、生物多样性、森林病害、森林资源管理等方面的专家。森林资源管理人员，负责森林资源的保护、开发和利用，包括森林采伐、森林病害防治、森林环境保护等。森林工程师，负责森林保护工程的设计、施工和维护，包括森林道路、桥梁、水源保护等。森林医生，负责森林病害的预防和治疗，包括森林植物病害、动物病害、森林生态系统病害等。森林保护员，在森林管理部门或保护区工作，负责森林资源的监测、保护和管理。森林经理人，负责森林保护和经营的企业管理人员，包括森林资源的开发、利用和保护，以及森林旅游、木材加工等相关产业的经营管理。

相应岗位。森林资源调查与规划设计人员、森林病害防治人员、森林资源管理人员、森林保护与恢复人员、森林文化宣传人员及森林保护教育人员等。

三、森林保护工程技术人员的主要工作职责

1. 开发、应用森林火险预测预报、林火阻隔、生物防火林带工程和营林用火等技术，提高森林防火的科技含量和管理水平，减少森林火灾的发生和危害。

2. 应用卫星、航空、地面瞭望台和地面调查等方式进行火情和林业有害生物灾情监测，收集相关信息，以便及时采取应对措施，减少灾害的影响和损失。

3. 应用地理信息辅助决策系统，制订更加科学、合理的扑火和林业有害生物防治技术措施，提高决策的准确性和有效性。

4. 研制、维护管理和推广应用防火扑火、林业有害生物防治机具设备，提高森林防火和有害生物防治的效率和效果，降低成本，提高林业生产的效率和质量，保障国家生态安全和人民生命财产安全。

5. 研究、预测森林火灾、林业有害生物发生发展规律和发生趋势，帮助林业部门制定更加科学合理的森林防火和有害生物防治措施，为森林资源的规划、管理和保护提供科学依据，及时发现和解决森林生态系统问题。

6. 研究、推广使用林业有害生物监测、调查、鉴定识别、预测预报等技术，减少有害生物对森林的危害，降低森林病虫害的发生和传播风险，确保森林健康和生产力，同时也有利于维护生物多样性和生态平衡。

7. 研究、推广使用林业植物检疫检验、除害处理等技术，防止有害生物的传播和流行。

8. 研究、推广使用以生物农药、低毒低残留农药等为主的无公害防治、应急防治等技术。

四、森林保护工程技术人员的薪酬福利待遇

平均薪酬水平。该职业的薪酬水平因地区、职位、经验等因素而异。薪酬水平通常与当地经济水平和森林覆盖率有关。一般来说，经济发达的地区，如东部

沿海地区，薪酬水平相对较高。该职业的职位等级也会影响薪资水平，拥有丰富经验者的薪资水平也会比较高。同时，受过高等教育后的薪资水平可能会比没有受过高等教育的森林保护工程技术人员高。根据统计，拥有 3~5 年相关工作经验的中级工程师，年薪一般在 5 万 ~15 万元。具有硕士或以上学历，拥有 10 年以上相关工作经验的高级工程师，年薪一般在 15 万 ~30 万元。根据某招聘网站的数据，该职业平均薪酬每月在 5000~8000 元，其中高级工程师的薪酬可以达到每月 20000~30000 元。需要注意的是，以上工资水平均为估计值，实际情况可能会有所不同。

与类似职业对比。根据招聘平台公示数据显示，森林保护工程技术人员的薪酬为 5000~8000 元 / 月，该职业的薪酬一般与林业工程师相近，略高于森林技术员和森林资源管护员，低于森林管理员和生态技术专员。类似职业薪酬水平见表 2-02-20-06-1。

表 2-02-20-06-1　类似职业薪酬水平

职业名称	薪酬水平（元 / 月）
林业工程师	6000~8000
森林技术员	4500~6000
森林资源管护员	2000~7000
森林管理员	7000~12000
生态技术专员	7000~12000

五、从事森林保护工程技术工作需要哪些本领

从事森林保护工程技术工作需要具备以下本领。

1. 森林资源调查与规划设计，包括森林资源清查、森林资源调查设计、森林资源规划设计等。

2. 森林病害防治，包括森林病害的预测、预防、控制等。

3. 森林资源管理，包括熟悉森林资源管理政策、法律法规，森林资源监测，

森林资源经营等。

4. 森林工程建设，包括森林工程设计、施工、监理和维护等。

5. 森林保护技术，包括人工造林、森林抚育、森林防火、病虫害防治、有害生物监测、森林多样性保护等。

6. 森林经济管理，包括森林经济理论、森林经济政策、森林经营决策、森林金融等。

森林保护工程技术人员需要具备的知识和技能见表 2-02-20-06-2。

表 2-02-20-06-2　森林保护工程技术人员需要具备的知识和技能

职业功能	工作内容	知识和技能要求
森林资源调查与规划设计	资源调查、评估与规划编制	熟悉森林资源分类、调查方法、规划设计等理论知识；了解森林资源经营管理的法律法规和政策；掌握森林资源调查和规划设计的相关软件和工具，如 GIS、GPS 等；具备森林资源调查、规划设计、经营和保护的实践经验和专业技能
森林病害防治	病害监测、诊断及防治	具备扎实的森林病害防治专业理论知识，了解森林病害的分类、特征、发生规律、危害及其防治方法；具备森林病害监测、识别、调查和分析的能力，能够对森林病害进行有效预测和预警；具备森林病害防治技术的应用能力，能够选择合适的防治措施，实施有效的防治措施；具备森林病害防治组织协调和管理的能力，能够组织和协调防治工作，确保防治工作的顺利进行；具备良好的森林病害防治信息收集和分析处理能力，能够及时掌握森林病害防治的最新动态，提出有效的防治对策
森林资源管理	资源清查、规划编制、监测评估、采伐及保护管理	具备森林资源管理的基本理论知识，了解森林资源管理的相关政策法规；掌握森林资源调查、监测、评估、规划设计等方面的专业知识和技能；具备森林资源管理信息化的基本知识和技能，能够使用相关软件和设备；具备较强的组织协调能力、沟通能力和独立工作能力；具备一定的森林病虫害防治、森林资源保护和生态建设等方面的知识和技能

续表

职业功能	工作内容	知识和技能要求
森林工程建设	规划设计、项目管理及施工协调	熟悉森林工程建设的方针、政策和法律法规；掌握森林工程建设的技术规范和标准；具有较强的组织协调能力、沟通能力和公关能力；熟练掌握森林工程建设的项目管理和技术管理；具有森林资源调查、规划、设计、施工和管理的能力；具有森林病害防治和监测的能力；具有森林工程建设的经济分析和评估的能力；具有森林工程建设的环境保护意识和可持续发展的理念
森林保护技术	病虫害防治；火灾防控及野生动物保护、资源监测	熟悉森林资源的分类、分布、数量和生态特征；掌握森林病害、虫害和有害生物的识别、监测和防治技术，能够制定预防和控制措施；熟悉森林保护法律法规和政策，了解森林经营和管理的标准和规范；熟悉森林防火及野生动物保护知识；具备森林资源调查、监测和数据统计分析的能力，能够制定森林资源保护和管理计划；具备森林保护项目规划、实施和管理的经验，能够协调和处理项目实施中的问题；具备良好的沟通能力和团队合作精神；熟练使用相关的办公软件和森林保护技术相关的软件
森林经济管理	资源评估规划、经营决策、资源利用、森林保护与恢复	了解森林的生态系统、物种多样性、土地利用和森林资源的价值，以制订长期和短期的森林经济发展计划；能够制定有效的森林经济政策，了解森林金融和保险的原理和实践，了解森林资源的利用方式和森林产品的开发方法，了解森林病害的种类和传播方式，确保森林经济活动不会对森林社区和环境造成负面影响

六、森林保护工程技术人员的专业教育现状

（一）相关专业

森林保护专业：森林保护专业主要研究生物学、地理学、林学、管理学等方面的基本知识和技能，进行森林资源保护、森林资源调查与管理、森林灾害防治等。例如：森林动植物情况的调查与管理，珍稀树木、野生动物等森林资源的保护，林木等森林资源耗量的控制，虫蛀、火灾等森林灾害的防治等。

森林工程专业：专业主要研究工程力学、机械运用学、土木工程学、环境科学和森林资源可持续发展等方面的基本知识和技能，进行森林资源建设、保护、

开发和利用等。

林学专业：林学专业主要研究森林的概况、培育、经营、保护、资源合理利用等方面的基本知识和技能，在林业、农业、环保等企事业进行森林培育、森林资源保护、森林生态环境建设等。

森林和草原资源保护专业：该专业的森林资源保护方向主要研究森林植物学、森林环境学、森林生态学、森林保护学、森林资源调查与管理等方面的基本知识和技能，进行森林的保护与防火、森林动植物资源的调查与管理等。

（二）开设相关专业的院校（排名不分先后）

★ 相关院校：北京林业大学、东北林业大学、南京林业大学、西北农林科技大学、西南林业大学、河北农业大学、华南农业大学、山东农业大学、沈阳农业大学、新疆农业大学等

◆ 相关院校：云南林业职业技术学院、辽宁生态工程职业学院、湖南环境生物职业技术学院、湖北生态工程职业技术学院、安徽林业职业技术学院、河南林业职业学院、福建林业职业技术学院、重庆资源与环境保护职业学院等。

七、森林保护工程技术人员的就业创业信息

森林保护工程技术人员可以在各类林业企业、森林公园、自然保护区、野生动植物保护机构等从事森林资源保护、森林病虫害防治、森林资源监测、林业科学研究等工作。他们需要具备一定的专业知识和技能，能够熟练使用各种森林保护工程相关的仪器和设备，并且具备较强的森林资源管理和保护能力。

此外，森林保护工程技术人员还可以在政府部门、教育机构、咨询机构等从事相关工作，为森林保护和生态建设提供更广泛的支持。

从地域上来看，我国东北地区森林资源丰富，林业发展较为重要，因此对森林保护工程技术人员的需求较大，国内就业机会相对较多。华南地区森林覆盖率较低，但是经济发展较快，对森林保护工程技术人员的需求也较大。西南地区森林资源相对较少，但是生态环境保护的需求较大，对森林保护工程技术人员的需求也相对较大。

注：以上机构信息仅供参考，不代表编写出版方对其推荐。

八、森林保护工程技术人员的贯通发展

森林保护工程技术人员可以通过以下方式实现贯通发展。

1. 参加培训和学习：参加相关的培训课程和学习研讨会，学习最新的森林保护技术和方法。这些培训课程可以涵盖森林资源管理、生态环境保护、病虫害防治、野生动植物保护等多个方面。

2. 阅读和研究相关文献和资料：了解最新的研究成果和技术进展。这些资料可以包括学术论文、报告、专业书籍、期刊文章等。

3. 参与研究项目：与其他专业人员合作，共同研究和解决森林保护的问题。这样可以让技术人员在实践中不断提高自己的技能和经验。

4. 积极参与行业活动：如森林保护论坛、研讨会、展览等，与同行交流经验和技术，了解行业动态和发展趋势。

5. 不断学习新技术：技术日新月异，森林保护技术也在不断发展和变化。技术人员应该不断学习新技术，掌握最新的工具和技术，以保持自己的竞争力。

森林保护工程技术人员的职业贯通发展如图 2-02-20-06-1 所示。

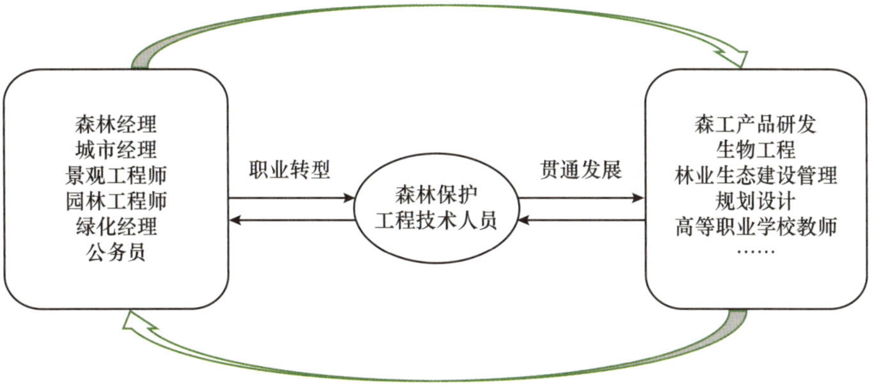

图 2-02-20-06-1　森林保护工程技术人员的职业贯通发展图

九、森林保护工程技术人员的发展前景

从市场供需看。森林保护工程技术人员的需求量在近年来一直呈上升趋势。目前，我国森林面积达 34.65 亿亩，其中，人工林保存面积达 13.14 亿亩，居世

界首位。我国成为全球森林资源增长最快最多的国家。政府和社会对森林保护工作的重视程度越来越高，从而带动了对森林保护工程技术人员的需求。具体来说，森林保护工程技术人员的需求主要集中在以下几个部门。

林业院校和科研机构是培养森林保护工程技术人员的主要机构，他们为森林保护工作提供了大量的专业人才；国家和地方林业部门需要大量的森林保护工程技术人员来实施森林资源的保护和管理工作；林业企业需要技术人员来开发和推广森林保护产品和服务，如森林保险、森林认证等；自然保护区和野生动植物保护机构等需要大量的森林保护工程技术人员来进行野生动植物的保护、监测和管理工作。

从产业发展看。随着我国经济社会的发展和人们生活水平的提高，森林保护工程技术的需求越来越大。我国森林资源丰富，但森林保护工作仍存在很多问题，需要大量的森林保护工程技术人员来解决。随着我国生态文明建设的不断推进，森林保护工作将成为一个重要的产业，需要更多的森林保护工程技术人员来推动发展。我国政府也鼓励和支持森林保护工程技术职业的发展，出台了一系列政策和措施，为森林保护工程技术人员提供了更好的发展机会。因此，我国森林保护工程技术职业前景非常广阔。

从政策红利看。政府已经意识到了森林保护的重要性，并采取了一系列政策和措施来促进这一领域的发展。政府已经加大了对森林保护工作的投入，包括增加资金投入、提高补贴标准等，这将有助于提高从业人员的收入水平和职业发展前景。同时政府出台了一系列政策，鼓励和支持森林保护工作，如加强森林资源监管、推广生态建设等，这将有助于促进森林保护工程技术职业的发展。政府还大力鼓励科技创新，加强对森林保护技术的研发和推广，这将有助于提高我国森林保护工程技术的水平和效果，从而为从业人员提供更广阔的职业发展空间。

十、相关内容链接

国家职业标准：暂缺。

相关政策文件：见表 2-02-20-06-3。

表 2-02-20-06-3　相关政策文件

发布或通过时间	发布或通过机构	文件名称
2023 年 3 月	国家林业和草原局	《全国森林可持续经营试点实施方案（2023—2025 年）》
2021 年 7 月	国家林业和草原局、国家发展改革委	《“十四五”林业草原保护发展规划纲要》
2022 年 1 月	国家林业和草原局	《东北森林带生态保护和修复重大工程建设规划（2021—2035 年）》

供稿：咸宁职业技术学院　陈楠

园林植物保护工程技术人员 L

职业编码：2-02-20-11

“园”字在《说文解字》中解为“所以树果也”，“园林”这一名称自魏晋时起基本确定，可见当时即以种植为主要内容。中国园林中历来关注对自然界的向往，植物配置能最便捷地达到“少时繁密，有若自然”的效果。园林承载着人们满满的情怀，对自然的热爱，对生活的追求，对未来的向往。园林植物保护工程技术人员，为园林植物的健康、美观，以及可持续性健康发展有着不可或缺的作用。

一、园林植物保护工程技术人员的一天

记录时间：2023 年 6 月 20 日 **记录人：李某**

上午工作情况

8 点：

查看待办工作，确认报表是否上报，布置统计工作，查看建设项目，汇报项目进展情况，进行技术监督、技术支持、协调和项目管理。（工作准备）

9 点：

1. 到达苗圃基地，检查各种园林植物的生长情况，发现有些花卉叶片有白粉状斑点，初步判断为白粉病，记录并拍照。采集花卉样本，用显微镜观察其菌丝和分生孢子，并进行鉴定。确认为白粉病的病原菌，记录下来并制作标本。（发现病害）

2. 根据白粉病发生规律和防治方法，选择合适农药进行喷雾处理，并在苗圃周围设置警示牌，提醒人员注意安全。记录并拍照。（病害治理）

10点：

1. 对园林植物进行有害生物调查，发现有些草坪上有蚜虫和蚂蚁的活动痕迹，初步判断为蚜虫和蚂蚁共生现象。（发现虫害）

2. 根据蚜虫和蚂蚁共生的特点和防治方法，选择合适的农药进行喷雾处理，并在草坪周围设置警示牌，提醒人员注意安全。（虫害防治）

工作人员在进行虫害防治作业

下午工作情况

14点：

1. 按照园林绿化工程的设计图纸，对苗圃中的部分树木进行整形修剪，使其符合设计要求。记录并拍照。（施工前期准备）

2. 检查苗圃中的土壤湿度和pH值，根据不同植物的需求，进行适量的灌溉和施肥。记录并拍照。（土壤调整）

16点：

1. 到达园林绿化工程施工现场，了解施工进度和问题。检查现场安全、卫生和环保情况，杜绝安全隐患。记录并拍照。（施工现场排查）

2. 参与园林植物种植工程施工，指导施工人员正确开挖树坑，按照设计要求放置树木，进行填土、压实、浇水等操作。记录并拍照。（施工指导）

3. 对园林植物种植工程的质量进行检查，发现树木倾斜或松动，及时进行调整和固定。（质量检查）

17点：

总结一天的工作内容和成果，编写工作日志，并将相关数据和图片上传到信息管理系统中。（资料收集与整理）

二、什么是园林植物保护工程技术人员

职业定义。园林植物保护工程技术人员是从事园林植物有害生物测报、检疫、防治实用技术研究、推广与应用的工程技术人员。

定义解读。园林植物保护在于保护和维护园林植物的生长环境，防止各类植物病虫草害的发生，从而保证园林植物的健康生长。同时，园林植物保护也有助于维护生态平衡，促进生物多样性的保护和发展。该职业研究辖区内危害植物的有害生物种群结构及其变化，并根据特征进行分类，调查其分布情况，研究其发生、发展及灾害变化的规律，提出预测预报的方法。研究寄生植物及环境间相互作用的关系，探讨寄生植物的抗病虫机制及抗性鉴定技术，并提出减轻病虫危害的栽培措施；研究有害生物危害损失及经济阈值，确定防治指标，并探讨致害机制等。总体讲是对植物病、虫、草等有害生物综合治理技术进行研究与推广、示范，提出保护园林植物免受有害生物或其他有害物质危害的措施，减少植物损失，促进园林植物资源可持续发展。

关联职业。园林绿化工程技术人员、园林植物种苗生产与经营人员、园艺技术人员、园林植物种植施工与养护管理人员、园林绿化设计与施工人员。

相应岗位。生物防治工、园林病虫害防治人员、植物医生、园林植物种植养

护人员、农林技术推广人员。

三、园林植物保护工程技术人员的主要工作职责

1. 建立完整的园林植物管护档案，及时、准确提交有关报表信息和统计资料，逐步实现档案管理，不断提高管理水平。

2. 对园林植物病虫草害进行识别、鉴定、监测和防治，制定相应的防治方案，采取有效措施进行防治。

3. 对园林植物进行种植、养护和管理，包括肥料施用、修剪整形、病虫害防治。

4. 进行防治病、虫、草、鼠害药剂的开发、生物测定和药效试验，研究药剂使用技术和生态效应以及有害生物抗药性监测与治理技术。

5. 研究和应用生物技术进行抗病虫育种的方法。

6. 研究防止危害性病、虫、草害传入及传播的方法，提出封锁和控制的措施。

7. 参与园林绿化工程的设计和施工，包括方案设计、施工图纸制作和现场施工。

8. 对园林植物资源进行调查和利用，包括资源调查、资源评价、资源保护。

9. 开展园林植物科普宣传活动，提高公众对园林植物保护的认识和重视。

四、园林植物保护工程技术人员的薪酬福利待遇

平均薪酬水平。根据招聘网的数据，园林植物保护工程技术人员的薪资待遇因工作年限和学历不同而有所差异。在该网站上，该职位的平均月薪为 11700 元，1 年以下平均月薪为 7890 元，1~3 年平均月薪为 11223 元，3~5 年平均月薪为 19145 元，5 年以上平均月薪为 26241 元。该职位的学历与月均薪资的关系为：全部学历平均月薪为 11700 元，本科学历平均月薪为 13951 元，大专学历平均月薪为 8544 元。在上海、杭州等城市育种经理等技术含量较高工种月平均薪酬最高可达 1.6 万元，高于新一线城市的 6000~10000 元（武汉、郑州等地）。随着我国对环境保护意识的提高，对防止生物入侵等工作的重视，园林植物保护工程技术人员的薪酬待遇呈上升趋势。园林植物保护工程技术人员的薪酬构成大致为：工

资性收入、奖励收入、补贴收入、其他收入。

与类似职业对比。根据招聘平台公示数据显示，在上海、杭州等园林植物保护工程技术人员岗位需求较多的城市，该职业薪酬整体高于花卉园艺师、园林施工员等，低于园林景观设计师、植物医生等职业，详见表 2-02-20-11-1。

表 2-02-20-11-1　类似职业薪酬水平

职业名称	薪酬水平（元 / 月）
花卉园艺师	6000~10000
园林施工员	7000~8500
园林景观设计师	8000~15000
植物医生	9000~13000

五、从事园林植物保护工程技术工作需要哪些本领

该职业从业人员需要具备普通植物病理学、普通昆虫学、农业昆虫学、植物化学保护、植物生理学、植物学、农业植物病理学、安全生产知识、相关法律法规等知识。该职业需要具备的知识和技能见表 2-02-20-11-2。

表 2-02-20-11-2　园林植物保护工程技术人员需要具备的知识和技能

职业功能	工作内容	知识和技能要求
日常巡管	巡护	能按巡护计划进行日常巡护；对不能鉴定的植物进行标本的正确采集；掌握园区内常见植物病虫害发生表现和症状的识别方法，并采取相应的措施进行防治；可以按巡护计划收集巡护信息填写巡护记录表；掌握识别植物的基础知识，能辨别巡护区内目的植物，发现外来植物物种
	管护	具有使用相机、摄像机等相关设备记录到目的植物及其典型特征的能力；掌握巡护日志的填写方法，掌握病虫害防治器具的使用方法，能使用镊子、喷雾器等防治器具进行病虫害治理；可以在合适位置张贴宣传标语、设立简易的宣传牌；掌握有毒化学药剂注意事项；具有对重点保护植物进行挂牌的能力

续表

职业功能	工作内容	知识和技能要求
监测	生长环境监测	了解监测仪器设备的性能并掌握其使用方法，可以识别、准备野外监测所需要的各种仪器和设备；具备按照要求使用温度计、指南针等常规监测仪器获取数据的能力；熟悉雨量计、土壤温湿度计、小气象站等生态环境监测仪器的使用方法，并记录生态环境监测数据
	干扰活动监测	掌握影响植物生长的相关因素，尤其是人为活动和动物活动对植物生长影响的基本知识，能按照监测方案记录对目的植物有影响的人为活动的数量和强度；会判断对目的植物有影响的动物种类及活动情况；掌握监测记录表填写知识，可以将影响因子正确填入记录表
	物候监测	掌握植物主要物候期特征的相关知识，能识别植物主要物候期的典型特征，能对典型群落典型植物进行物候监测
救护	受损植物的救护	掌握识别植物受损程度的方法，在日常巡护中能发现植物受损情况和评估受损程度；掌握砍、挖掘工具等常用工具的使用方法，并使用常用救护工具对受损植物进行救护
	植物扩繁	掌握目的植物扩繁的相关知识，能按照扩繁实施方案准备工具及材料
采集	植物识别	掌握植物识别的相关知识，能根据植物营养器官（根、茎、叶）和生殖器官（花、果实、种子）鉴定植物种类
	植物采集	掌握常用采集工具的使用方法，可以按照要求使用枝剪、刀具等采集工具采集植物材料；掌握采集证查验方法，并查验采集证
培植	准备基地培植圃	掌握整地知识、育苗作业方法，可以根据设计要求进行整地；具有根据种植要求进行作床的能力；掌握基肥使用方法，可以根据要求施基肥；掌握消毒药剂使用方法并具有使用消毒药剂进行土壤消毒的能力

续表

职业功能	工作内容	知识和技能要求
培植	培植植物体	掌握种子播种方法，并根据培植要求进行播种；掌握穗条采集和扦插方法，并按照要求采集穗条和制作插穗进行扦插；掌握基质填装和播种方法，进行容器基质的填装及播种；掌握清洗、消毒方法，对组织培养器皿进行清洗、消毒
	培植管理	掌握苗期管理方法，按照要求进行除草、松土；按照要求进行苗木的灌溉、施肥；掌握常见林业病虫（鼠）害知识并进行常规的防治，按照要求喷施药剂
指导施工及验收	施工指导	参与和指导园林绿化工程的设计和施工，包括方案设计、施工图纸制作和现场施工
	项目验收	参与园林植物种植工程项目的质量检查，发现有树木倾斜或松动，及时进行调整和固定

六、园林植物保护工程技术人员的专业教育现状

（一）相关专业

目前，普通本科院校、职业院校都开设了植物保护专业。普通本科院校专业有植物保护、园林、森林保护等；职业院校专业有植物保护与检疫技术、植物保护、园林工程技术等。

（二）开设相关专业的院校（排名不分先后）

★ 相关院校：中国农业大学、浙江大学、南京农业大学、吉林大学、西北农林科技大学、南开大学、华中农业大学、华南农业大学、福建农林大学、山东农业大学等。

◆ 相关院校：北京农业职业学院、杨凌职业技术学院、成都农业科技职业学院、河南农业职业学院、重庆三峡职业学院、新疆农业职业技术学院等。

七、园林植物保护工程技术人员的就业创业信息

该职业从业人员主要分布在植物保护领域技术与管理部门。能够从事植物保

护、农药加工和经营管理工作。就业于各级农业、林业部门，进出口检疫检验部门，海关部门，食品药品安全监管部门，农药生产企业，各级基层农场、林场、森林公园等。吸收园林植物保护工程技术人员较多的单位有：

1. 涉及园林植物保护、利用的公司：北京世奥森林公园开发经营有限公司、宁夏贺兰山国家森林公园有限公司、日照海滨国家森林公园、苏州市园林文化发展有限公司、湖北九森林业股份有限公司、上海沁馨园林绿化有限公司等。

2. 相关机关事业单位：各省农业农村厅、各级农业农村局、深圳仙湖植物园、杭州西湖园林科学研究院、海南热带雨林国家公园、国家林业和草原局及下属单位等。

八、园林植物保护工程技术人员的职业贯通发展

该职业的发展路径主要有三条：专家路线，即不断提高技能水平，在职业等级上晋升，成为植物保护领域专家。复合型人才路线，即向其他行业跨越或职业转型，如通过学习相关知识和技能转型为农作物植保员、林业有害生物防治员、农业技术员、野生植物保护员等。创业路线，即基于个人兴趣爱好进行创新创业。园林植物保护工程技术人员的职业贯通发展如图 2-02-20-11-1 所示。

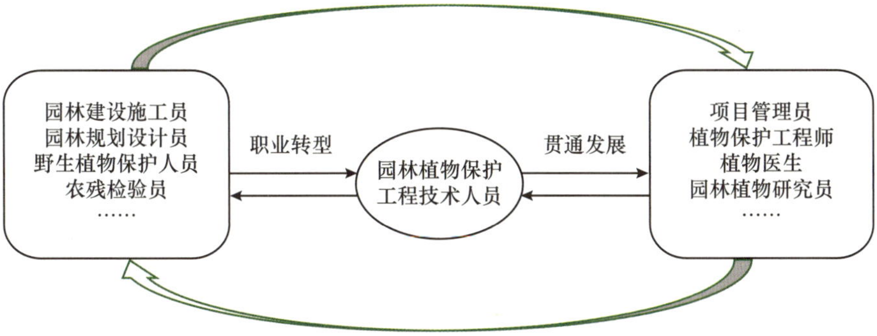

图 2-02-20-11-1 园林植物保护工程技术人员的职业贯通发展图

九、园林植物保护工程技术人员的发展前景

从市场供需看。园林植物保护人员的市场需求较大，主要受到政府的城市绿化规划、房地产的绿地建设、企事业单位的园林养护等方面的推动。这些方面都体现了社会对园林植物的重视和关注，也为园林植物保护人员提供了广阔的就业

空间和发展机会。

从产业发展看。随着城市化和生态文明建设的进一步推进，社会对园林绿化和花卉产业的需求将不断增加，园林绿化行业也呈现出蓬勃发展的态势。据统计，我国目前的城市绿化覆盖率仅为35%，远低于世界绿化覆盖率50%的平均水平，还有很大的提升空间。同时，随着人们生活水平的提高和审美观念的变化，对花卉产品的需求也日益增长，花卉市场规模也不断扩大。这些都为园林植物保护人员带来了更多的工作机会和发展潜力。

从政策红利看。国家高度重视生态文明建设和绿色发展，出台了一系列关于科学绿化、生态修复、退耕还林还草等方面的政策措施，为园林植物保护人员提供了良好的政策环境和发展机遇。

国家加大了对园林植物保护人员的生态效益补偿力度，提高了园林植物保护人员的收入水平和社会地位，激发了园林植物保护人员的积极性和主动性。国家鼓励和支持园林植物保护人员发展特色经济林果、花卉苗木、林下经济等绿色富民产业，拓宽了园林植物保护人员的就业渠道和增收途径。国家加强了对园林植物保护人员的培训和指导，提高了园林植物保护人员的专业技能和素质，增强了园林植物保护人员的竞争力和适应力。

十、相关内容链接

国家职业标准：暂缺。

相关政策文件：见表2-02-20-11-3。

表2-02-20-11-3　相关政策文件

发布或通过时间	发布或通过机构	文件名称
2021年5月	国务院办公厅	《国务院办公厅关于科学绿化的指导意见》

供稿：常州工程职业技术学院　吴芳

环境监测工程技术人员 L

职业编码：2-02-27-01

环境监测工程技术人员在环境保护工作中是不可或缺的。他们负责收集、分析和解读环境监测数据，了解当前的环境状况，评估污染程度，制定相应的防治措施。环境监测工程技术人员的工作领域涉及环境监测技术、环境污染物的分析、监测计划制定、数据处理与分析、环境质量报告编写等工作。环境监测工程技术人员可以及时发现环境变化情况，为其他方面发展提供相关信息，有助于整体环境管理工作水平的提升。

一、环境监测工程技术人员的一天

以泄漏检测与修复工程人员的日常工作为例。

记录时间：2022 年 11 月 13 日 **记录人：侯某**

上午工作情况

8 点至 12 点

1. 泄漏检测与修复工作及项目流程介绍。LDAR 技术（leak detection and repair，泄漏检测与修复），是通过对炼化装置潜在泄漏点进行检测，及时发现存在泄漏现象的组件，并进行修复或替换，进而降低泄漏排放。该技术采用固定或移动监测设备，监测化工企业各类反应釜、原料输送管道、泵、压缩机、阀门、法兰等易产生挥发性有机物泄漏处，并修复检测超过一定浓度的泄漏处，避免原料泄漏对环境造成污染，是国际上较先进的化工废气检测技术。典型的 LDAR 步骤包括确定程序、组件检测、修复泄漏、报告闭环等。其子程序包括：检测前准备子程序、检测子程序、修复子程序、报告子程序等。技术人员检测后，对每个阀门和密封点编号，并设立牌子，建立台账。其中，绿色牌表示无泄漏；黄色牌表示警告，要予以修复；红色牌表示须立即整改。

2. 资料收集。需要收集的资料主要包括但不限于工艺流程图、管道仪表图、物料平衡表、操作规程、装置平面布置图、设备台账等内容。工艺变更资料不全，应补充完整。

3. 装置适合性分析。分析装置涉及的原料、中间产品、最终产品和各类助剂的组分和含量，任何时间不含涉 VOCs（Volatile organic compounds，挥发性有机物）物料的装置，为非受控装置。否则，应纳入 LDAR 实施范围，并建立企业受控装置清单。

4. 设备适合性分析。逐一分析各受控装置内设备或管线的物料，辨识接触或流经涉 VOCs 物料的设备或管线。任何时间不含涉 VOCs 物料的设备，为非受控设备。否则应纳入 LDAR 实施范围。通过物料平衡表或操作手册，核算设备、管线内 TOC（Total Organic Carbon，总有机碳）、VOCs 和甲烷质量分数。对于组分及含量随时间变化的设备管线，取受控期间质量分数的平均值。

5. 物料状态辨识。基于管道仪表图、PFD 图纸辨识物料状态，根据工艺参数将受控设备内的物料按有机气体、挥发性有机液体、重液体进行分类。涉 VOCs 物料在工艺条件下为液态，现有数据不足以进一步辨识其状态，宜按挥发性有机液体计。

6. 标识建档。密封点检测台账由基本信息和辅助信息构成，其中基本信息为必填项，辅助信息为选填项。必填项涉及密封点唯一性标识（编码）、定位、排放量计算和质量保证或控制内容，是实施 LDAR 必备信息；选填项主要涉及物料组分及含量、工艺条件、密封材质等信息。

下午工作情况

13点至17点

1. 仪器校准。按照《泄漏和敞开液面排放的挥发性有机物检测技术导则》（HJ 733—2014）的方法要求，进行检测仪器开机预热及仪器校准。

2. 现场检测。现场检测应在仪器使用说明书规定的能正常工作的环境条件下实施。超出使用环境条件，应获得仪器制造商对使用条件的书面认可。雨雪或大风天气（地面风速超过 10 m/s）应禁止作业。

3. 环境本底值检测。检测过程中，每套装置或单元至少每天进行一次环境本底值测试。每次测试至少取5点。其中一点位于装置地面中心附近，其余四点位于四条边的中心附近。测试点距受控密封点最近不小于25 cm，将5个检测值取平均值作为当日装置环境本底值；对于不规则边界的装置，可以分割成多个矩形区域分别检测，再取各矩形的平均值作为当日装置环境本底值。

4. 检测与读数。将仪器采样探头在密封点表面移动，采样探头与密封点边线保持垂直，采样探头移动速度不超过10 cm/s。如果发现指示值上升或仪器报警，放慢采样探头移动速度直至测得最大读数，并将采样探头保持在出现最大读数的位置，在该位置的检测时间不少于2倍仪器响应时间。对于两个及两个以上位置需要检测的密封点，按最大净检测值记录。

二、什么是环境监测工程技术人员

职业定义。环境监测工程技术人员是指从事环境变化监视、检测及其对人体健康和生态系统影响进行评价的工程技术人员。

定义解读。环境监测工程技术人员是从事环境监测工作的专业技术人员。他们的主要职责包括环境监测设备的安装、调试、维修和保养，监测数据的采集、传输、记录和分析，以及环境监测报告的编制和审核。作为一名环境监测工程技术人员，需要掌握环境监测的基本原理和方法，熟悉相关仪器设备的操作和维护，并具备分析和解决环境监测问题的能力。在实际工作中，环境监测工程技术人员需要不断学习和提高自己的专业知识和技能，以适应不断变化的环境监测需求和技术发展。

关联职业。密切相关的职业有环境监测分析师、环境采样员等。

相应岗位。环评工程师、环保工程师、采样工程师、环境监测工程师等。

三、环境监测工程技术人员的主要工作职责

1. 分析和研究环境监测数据，确保环境监测数据的准确性、完整性和可靠性。
2. 制定环境监测计划和方案，参与环境监测系统的设计、安装和调试。
3. 负责环境监测设备的维护和保养，确保设备正常运行。
4. 参与环境监测项目的实施，进行现场采样、分析、测试和报告编制等工作。
5. 跟踪环境监测技术的发展动态，为环境监测管理提供技术支持。
6. 参与环境监测技术的研究与开发，提高环境监测技术水平。
7. 参与环境监测数据分析，为环境保护决策提供依据。
8. 协助处理环境监测过程中出现的问题，确保环境监测工作的顺利进行。
9. 对环境监测人员进行培训和指导，提高环境监测队伍的整体素质。
10. 参与环境监测相关标准和规范的制定，确保环境监测数据的标准化。

四、环境监测工程技术人员的薪酬福利待遇

平均薪酬水平。据猎聘网统计，环境监测工程技术人员相关职位的企业招聘平均年薪逐年增长：2019 年为 9.36 万元；2020 年为 10.53 万元；2021 年为 11.55 万元。该职业的福利待遇因具体岗位和雇主而有所不同。

总的来说，由于环境监测工程技术人员的工作性质和行业特点，其薪酬福利待遇相对较低，但随着社会对环境保护的重视和相关政策的推动，环境行业的发展趋势良好，对人才需求也在增加，因此薪酬水平也有望提升。

与类似职业对比。Boss 直聘网 2023 年 6 月数据显示，该职业薪酬与碳排放管理员、碳汇计量评估师等相近，见表 2-02-27-01-1。

表 2-02-27-01-1　类似职业薪酬水平

职业名称	薪酬水平（元 / 月）
碳排放管理员	10000~15000
碳汇计量评估师	8000~12000

五、从事环境监测工程技术工作需要哪些本领

1. 熟悉相关法规和标准：环境监测人员应熟悉国家和地方有关环境保护的法律法规和标准，以便在实际工作中遵循。

2. 专业知识：掌握环境监测的基本理论、方法和技术，包括环境监测的基本原理、仪器设备的使用和维护、样品的采集、处理和分析等。

3. 实验技能：具备实验操作能力，熟悉实验室的基本操作规程，能够独立进行实验操作和数据处理。

4. 分析技能：具备分析测试能力，能够对样品进行有效的分析测试，掌握常用的分析方法和技术。

5. 数据处理和报告编写：能够熟练使用数据处理软件，对数据进行整理、分析和解释，编写规范、准确、清晰的环境监测报告。

6. 沟通协调能力：具备良好的沟通协调能力，能够与其他部门和单位进行有效的沟通和协作，及时解决工作中遇到的问题。

7. 团队协作精神：具备良好的团队协作精神，能够与团队成员相互配合，共同完成环境监测任务。

8. 安全意识：具备高度的安全意识，了解环境监测工作中可能涉及的安全风险，能够采取有效的防护措施，确保自身和他人的安全。

六、环境监测工程技术人员的专业教育现状

（一）相关专业

环境科学、环境工程、环境监测、环境治理技术、环境影响评价、大气科学、

海洋科学、地球信息科学、地球物理、水文与水资源工程、水资源保护与利用、给排水科学与工程、水污染控制工程、生物技术、化学工程与工艺、化学、土木工程、水利水电工程、建筑环境与能源应用工程、地理信息科学、遥感科学与技术、机械工程、电气工程及其自动化、材料科学与工程、自动化、测绘工程、信息与计算科学、数学与应用数学、物理学、地理信息科学等。

（二）开设相关专业的院校（排名不分先后）

★ 相关院校：清华大学、北京大学、同济大学、浙江大学、北京师范大学、南京大学、武汉大学、厦门大学、中山大学、天津大学等。

◆ 相关院校：天津职业大学、河北能源职业技术学院、唐山科技职业技术学院、邯郸科技职业学院、山西林业职业技术学院、山西职业技术学院、呼和浩特职业学院、内蒙古机电职业技术学院、辽宁生态工程职业学院、江苏工程职业技术学院、徐州生物工程职业技术学院、宁波职业技术学院、安徽水利水电职业技术学院、厦门海洋职业技术学院、江西环境工程职业学院等。

七、环境监测工程技术人员的就业创业信息

该职业从业人员主要集中在北京、上海、广州、深圳等一线城市，以及经济发展较快或人口较多的城市，如南京、杭州、济南、苏州等。

吸纳环境监测工程技术人员就业较多的用人单位主要有：

检验检测公司：必维认证（北京）有限公司、莱茵检测认证服务（中国）有限公司、广电计量检测股份有限公司、谱尼测试集团、深圳天祥质量技术服务有限公司、武汉市斯坦德优检测有限公司。

制造业企业：梅赛德斯－奔驰、宝武钢铁、拜耳、达能等。

环境工程企业：上海环境集团股份有限公司、江苏省环保集团有限公司、盈峰环境科技集团股份有限公司、福建龙净环保股份有限公司。

环境装备制造企业：聚光科技（杭州）股份有限公司、青岛崂应环境科技有限公司、北京雪迪龙科技股份有限公司、河北先河环保科技股份有限公司。

事业单位等：中国环境科学研究院、环境监测站、中国质量认证中心。

注：以上机构信息仅供参考，不代表编写出版方对其推荐或认可。

八、环境监测工程技术人员的职业贯通发展

该职业的发展路径主要有四条。

管理路线，即从普通环境采样人员到采样主管，再晋升到区域采样经理等职位，最终可以上升至环境监测质量合规总监等职位。

专家路线，即不断提高技能水平，比如采样人员负责化工环保类环境监测工作，就可以通过职称路线参评初级工程师、中级工程师、高级工程师和教授级高级工程师，最终在职业等级上不断晋升，成为环境监测领域专家。

复合人才路线，即向其他行业跨越或职业转型，比如长期从事环境影响评价监测人员，可以通过学习环评法律法规、技术导则、技术方法和案例分析后，转而成为环境影响评价工程师。

创业路线，即基于个人兴趣爱好进行创新创业，如创办相应的环境监测检测公司或环境监测咨询公司，为企业、第三方或环境监测站提供相关环境监测技术或咨询服务，环境监测工程技术人员的职业贯通发展如图 2-02-27-01-1 所示。

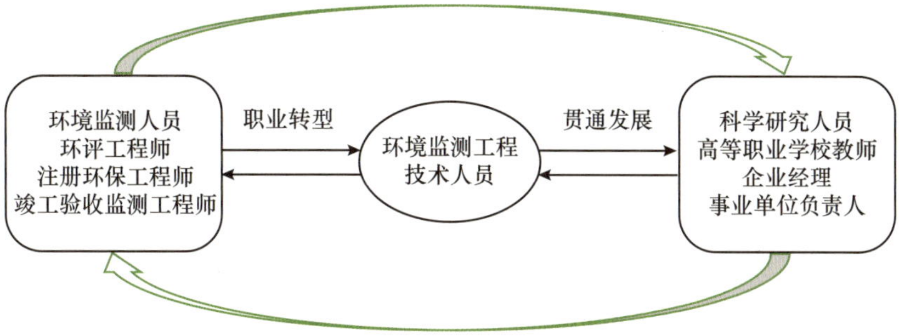

图 2-02-27-01-1 环境监测工程技术人员的职业贯通发展图

九、环境监测工程技术人员的发展前景

中国环境监测工程技术人员的发展前景广阔。随着中国经济的快速发展和环境问题的日益突出，环境保护成为国家发展的重要方向。环境监测工程技术人员发展前景主要体现在以下三个方面。

从市场供需看。环境监测工程技术人员市场需求巨大。随着国家对环境问题

的重视，环境监测工作在环境保护工作中的地位日益重要。国家对环境监测工作的投入将不断加大，环境监测工程技术人员将会有更多的就业机会。此外，随着环境监测技术不断发展，环境监测工程技术人员需要不断学习和更新知识，提高自己的业务水平，以适应不断变化的市场需求。

从产业发展看。环境监测是一个典型的技术密集型和人才密集型战略性新兴产业，其发展与环境监测技术的创新与进步密切相关，为该职业从业人员提供了广阔的发展前景，也提出了严峻的挑战。其产业发展趋势主要表现在以下几方面。

（1）随着物联网、大数据、云计算等技术的快速发展，环境监测行业正逐步向数字化、信息化、智能化方向发展。智能传感器、无人监测站等新型监测技术的应用将大幅提高环境监测的准确性、实时性和智能化水平。

（2）环境保护和可持续发展已成为全球共识，环境监测行业将更加注重绿色环保理念，采用高效、低耗、低污染的监测技术，为实现绿色、循环、低碳的发展目标提供有力保障。

（3）国际合作与技术交流，环境监测行业作为全球环保事业的重要组成部分，国际合作与技术交流日益紧密。各国将加强在环境监测技术、标准、法规等方面的交流与合作，共同应对全球环境挑战。

从政策红利看。近年来，政府出台了一系列政策，旨在加强环境监测工作，保护生态环境，提高环境质量，促进可持续发展。以下是一些主要政策红利。

（1）环境监测体系建设：政府加大投入，完善环境监测网络，提高环境监测能力，确保环境监测数据的准确性、及时性和完整性。

（2）环境监测标准与技术：政府鼓励企业研发和使用先进的环境监测技术和设备，提高环境监测技术水平，确保环境监测数据的可靠性。

（3）环境监测数据公开：政府要求环境监测数据公开透明，让公众了解环境质量状况，促进社会监督，提高政府公信力。

（4）环境监测产业发展：政府通过税收优惠、资金扶持等政策，支持环境监测产业的发展，培育壮大环保产业。

（5）环境监测监管：政府加强对环境监测机构的监管，确保环境监测数据的真实性和可靠性，防范环境监测数据造假。

（6）环境监测国际合作：政府积极参与国际环境监测合作，共享环境监测信息，提高全球环境监测水平。

（7）绿色发展政策：政府实施绿色发展战略，要求企业严格执行环境法律法规，提高资源利用效率，减少污染排放，保护生态环境。

十、相关内容链接

国家职业标准：暂缺。

相关政策文件：见表 2-02-27-01-2。

表 2-02-27-01-2 相关政策文件

发布或通过时间	发布或通过机构	文件名称
2018 年 12 月	中共中央办公厅、国务院办公厅	《关于深化生态环境保护综合行政执法改革的指导意见》

供稿：沈阳工程学院　李珊珊

碳管理工程技术人员 L

职业编码：2-02-27-07

二氧化碳是空气中最常见的温室气体，自工业革命以来，火力发电、汽车交通、化工冶金等人类生产活动排放了大量的二氧化碳，地球温室效应加剧，导致气候持续变暖。国际气候变化经济学报告指出：如果人类一直维持现今的生活方式，到 2100 年全球平均气温将会上升 4℃，届时南极和北极的冰川将融化，海平面因此上升，全球数十个岛屿和沿海大都市将面临淹没的危险。为了减缓温室效应，人类必须控制二氧化碳的排放，碳管理工程技术人员这一新兴职业应运而生。碳管理工程技术人员肩负着为其所在单位制定碳减排和负排放目标、规划低碳发展路径、推动节能降碳方案实施等重任。合格的、具备良好职业素养的碳管理工程技术人员，已成为当前和未来较长一段时期碳减排和负排放发展急需的稀缺人才资源。

一、碳管理工程技术人员的一天

记录时间：2022 年 10 月 13 日　　记录人：俞某

上午工作情况

8 点至 12 点：

1. 查阅政府部门网站，了解火力发电行业关于碳减排和碳交易的最新标准和管理规范。（行业调研）

2. 查阅文献和会议报告，调研和跟踪火力发电机组各类节能降耗技术的发展现状和应用效果，以及碳捕集、利用与封存技术的工业化应用进程。（行业调研）

3. 到火力发电机组的生产现场，与生产专工和检修专工交流机组运行状况，并拷贝燃料消耗量、发电量、烟气排放量等碳相关活动数据。（数据收集）

4. 计算和校核发电热耗率、单位发电量二氧化碳排放量等经济性能和环保性能指标，梳理和分析各生产环节中可避免和不可避免的能量损失，针对可避免能量损失进行能耗诊断。（数据计算、分析诊断）

下午工作情况

14 点至 18 点：

1. 制定火力发电机组的碳减排目标，依据各生产环节的能耗诊断报告，挖掘机组节能降碳潜力，设计优化运行和节能改造的技术路线和实施路径。（方案设计）

2. 核算火力发电机组节能降耗改造的实施效果，分析、总结实施过程中出现的问题及成因。（效果评估、分析诊断）

3. 根据节能降耗改造实施情况调整碳减排目标及技术改造方案。（产品运营、协调管理）

4. 跟踪和分析碳排放交易市场的变化趋势，根据火电厂实际碳排放量计算和申请碳配额，规划和设计碳交易方案。（方案规划）

碳管理工程技术人员工作场景图

二、什么是碳管理工程技术人员

职业定义。碳管理工程技术人员是从事二氧化碳等温室气体减排和负排放管理战略、规划、路径和技术的研究、开发、设计，评估实施效果的工程技术人员。

定义解读。为了应对二氧化碳大量排放所导致的全球温室效应加剧，许多国家都在积极探索二氧化碳减排和负排放发展路径，2020 年 9 月我国在联合国大会上正式提出 2030 年实现碳达峰、2060 年实现碳中和（以下简称“双碳”）的发展目标，这要求我国建立健全绿色低碳循环发展的经济体系。作为“双碳”战略在工业、农业生产过程和服务业活动落地实施的关键，碳管理工程技术人员需要为其所在组织和企业制定碳减排和负排放目标、规划低碳发展路径、调研和应用碳减排和负排放技术、监督落实节能降碳方案并核查评估实施效果。碳管理工程技术人员不仅要熟知所在行业生产过程和服务活动的专业知识，在碳减排和负排放相关技术技能方面也应表现出专业水平，跟踪了解行业技术、碳资产管理市场、温室气体相关政策的发展变化，同时还能领导、协调组织内外各类成员的沟通和合作。

关联职业。密切相关的职业有碳排放管理员和碳汇计量评估师。碳排放管理员的主要工作侧重于所在企事业单位碳排放情况的监测、统计和核查，并规划单位的碳排放权、碳抵消信用的使用。碳汇计量评估师的主要工作侧重于根据森林、草原等生态系统的碳汇计量方法，评估、审定、核查和监测碳汇项目。碳管理工程技术人员的主要工作任务侧重于规划设计所在组织和企业的低碳发展战略，研究开发碳减排和负排放技术，并制定实施方案及相关标准、规范。

相应岗位。碳管理技术员、碳管理咨询员、节能降碳技术员等。

三、碳管理工程技术人员的主要工作职责

1. 依据所在组织和企业的实际碳排放情况，整体规划和设计碳达峰碳中和发展战略。

2. 调研和跟踪所在行业节能降耗等碳减排技术、碳捕集利用与封存等碳负排放技术的发展情况与实际应用效果。

3. 了解、编制所在行业与碳管理相关的标准和规范。

4. 盘查和计算所在组织和企业的实际碳排放情况，编写碳排放分析报告，挖掘碳减排和负排放潜力，规划低碳发展路径。

5. 根据所在组织和企业的生产过程，匹配合适碳减排技术和碳负排放技术，推动碳减排和负排放项目立项，制定碳管理发展目标，研究和设计项目技术路线和实施方案，展开项目可行性和经济性评估，并推动项目落地实施。

6. 评估碳减排和负排放项目的应用效果，监测、核查、统计项目实施前后各生产业务的碳排放量，进而以此为依据调整项目技术路线和实施方案。

7. 调研与碳管理相关的交易市场和金融服务，分析碳资产管理投融资市场的发展趋势，进而为所在组织和企业规划设计碳排放交易方案、碳资产投融资方案并评估风险。

8. 调研和跟踪全球各国、各政府的气候治理政策、模式和机制，主要推广和应用的碳减排和负排放技术及其所属产业。

四、碳管理工程技术人员的薪酬福利待遇

平均薪酬水平。据猎聘网统计，碳管理工程技术人员相关职位的企业招聘平均年薪逐年增长：2019 年为 15.36 万元；2020 年为 18.53 万元；2021 年为 25.55 万元。该职业的市场薪酬待遇水平呈现出逐年高增长的趋势，一方面反映该职业在国家“双碳”战略的引领下，行业大发展导致人才出现供不应求的现状，另一方面也反映出该行业作为新兴行业具有良好的发展前景。

与类似职业对比。Boss 直聘网 2023 年 6 月数据显示，该职业薪酬与碳排放管理员、碳汇计量评估师等相近，见表 2-02-27-07-1。

表 2-02-27-07-1　类似职业薪酬水平

职业名称	薪酬水平（元 / 月）
碳排放管理员	8000~32000
碳汇计量评估师	10000~28000

五、从事碳管理工程技术工作需要哪些本领

该职业从业人员需具备的知识和技能有：熟悉二氧化碳等温室气体相关知识、能源利用和管理相关知识、生产和服务业务专业知识，具有数据采集整理、统计运算和专业分析技能、文档整理和写作技能等。核心技能是碳减排和负排放相关的技术服务与组织管理技能。该职业需要具备的知识和技能见表 2-02-27-07-2。

表 2-02-27-07-2　碳管理工程技术人员需要具备的知识和技能

职业功能	工作内容	知识和技能要求
信息收集	背景调研	能运用信息收集的途径和方法，了解所在行业关于碳减排、碳负排放、碳交易的标准和规范；能跟踪分析全球“双碳”政策、气候治理模式和机制的发展变化
	技术调研	能运用信息收集的途径和方法，调研和跟踪所在行业碳减排技术和碳负排放技术的研究现状和实际应用现状
	数据收集	能深入生产现场监测和收集各业务过程中的碳相关活动数据
	数据分析	能计算各业务过程中的直接和间接碳排放量，分析主要碳排放源，诊断重点碳排放过程，编写碳排放分析报告
发展方案规划	制定目标	能根据所在组织和企业的实际碳排放情况，制定碳减排和负排放发展目标；能将碳减排和负排放目标分解为各业务过程的碳排放配额，进而形成碳管理子项目
	制定技术路线	能根据所在组织和企业各业务过程的工艺流程和碳排放特征，探寻和匹配合适的碳减排技术和碳负排放技术，规划低碳技术应用路径
	制定实施方案	能制定各业务过程碳管理子项目的具体实施方案，开展可行性分析；能督促各部门按计划执行和落实工作方案
实施效果评估	监测核查	能对各业务过程一个生产周期的碳相关活动数据进行监测和核查，并计算碳排放量
	统计分析	能对各业务过程的碳排放量进行统计和纵向对比，评估碳减排和负排放项目的应用效果；能分析和总结项目实施过程中出现的问题及成因
组织管理	内部协调	能与同事进行良好沟通，有效协调组织内部人际关系；能根据主题策划会务，落实会务相关工作

六、碳管理工程技术人员的专业教育现状

（一）相关专业

伴随着国家政策的落地，碳管理领域相关行业进入高速发展阶段，已有部分院校开设了碳管理工程相关专业，涉及高等普通教育院校和高等职业教育院校。普通教育专业有能源与动力工程、新能源科学与工程、环境工程技术等。职业教育专业有新能源发电工程、热能与发电工程、建筑智能化工程技术、环境工程技术等。

（二）开设相关专业的院校（排名不分先后）

★ 相关院校：清华大学、西安交通大学、上海交通大学、东南大学、浙江大学、华北电力大学、南京航空航天大学、暨南大学、江汉大学、山东交通学院等。

◆ 相关院校：深圳职业技术大学、南京工业职业技术大学、北京电子科技职业学院、郑州电力高等专科学校、武汉电力职业技术学院、常州工业职业技术学院、酒泉职业技术学院、兰州资源环境职业技术大学、重庆能源职业学院、金华职业技术学院等。

七、碳管理工程技术人员的就业创业信息

该职业从业人员主要集中在北京、上海、广州、深圳等一线城市，以及经济发展较快或人口较多的城市，如南京、杭州、济南、苏州等。

吸纳碳管理工程技术人员就业较多的用人单位主要有：

1. 能源企业：壳牌（中国）有限公司、龙源电力集团股份有限公司、中国长江三峡集团有限公司等。

2. 制造业企业：中国宝武钢铁集团有限公司、拜耳集团、达能等。

3. 互联网企业：微软、百度、苹果、Facebook、谷歌等。

4. 金融机构：汇丰银行、巴克莱银行、兴业银行等。

5. 企事业单位：中国质量认证中心、长三角碳中和战略发展研究院等。

注：以上机构信息仅供参考，不代表编写出版方对其推荐或认可。

八、碳管理工程技术人员的贯通发展

该职业的发展路径主要有四条。管理路线，即从普通员工晋升到主管/单位中层，再晋升到经理/单位领导层，甚至往更高的领导职务发展。专家路线，即不断提高技能水平，在职业等级上不断晋升，成为碳管理领域专家。复合人才路线，即向其他行业跨越或职业转型，如通过学习相关知识和技能转型为综合能源服务员、科学研究人员等。创业路线，即基于个人兴趣爱好进行创新创业，如创办节能降碳技术咨询公司、碳减排技术服务平台等。碳管理工程技术人员的职业贯通发展如图 2-02-27-07-1 所示。

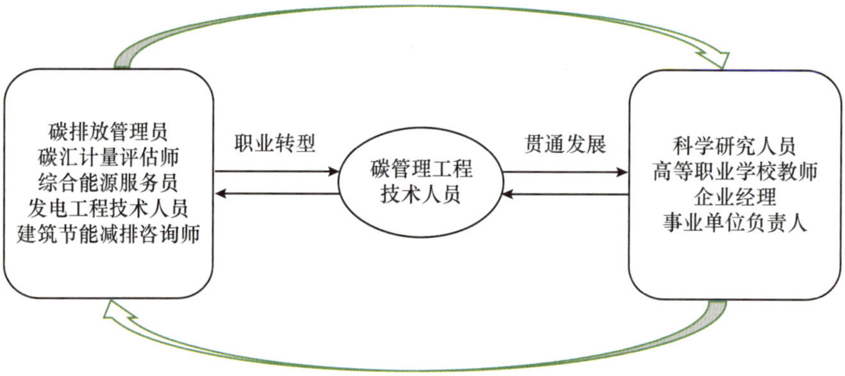

图 2-02-27-07-1　碳管理工程技术人员的职业贯通发展图

九、碳管理工程技术人员的发展前景

从市场供需看。随着我国一系列“双碳”政策落地，相关产业进入高速发展阶段，碳管理人才需求旺盛。现阶段碳管理工程技术人员的主要服务对象为政府部门和电力、水泥、钢铁、造纸、化工、石化、有色金属、航空等高耗能行业。在石化行业，规模以上企业数量已达到 2.6 万 ~2.7 万家，碳管理方面的人才缺口在 8 万 ~12 万人。目前我国碳管理相关从业者不超过 10 万人，专家预计“十四五”期间我国的“双碳”人才缺口在 55 万 ~100 万人。猎聘网发布的《2022 Q1 中高端人才就业趋势大数据报告》显示，2022 年一季度新发职位同比增长最多的是碳管理领域，同比增长 408.26%。

从产业发展看。“双碳”发展目标提出后，为强化各项工作的组织领导和统筹协调，中央和各省（区、市）先后成立了碳达峰碳中和工作领导小组，上下联动、有序稳步推进新能源发电、新能源汽车、绿色工厂、绿色工业园区等低碳产业集群建设，构建绿色制造高质量发展体系，并在能源、工业、建筑、交通、金融等领域开展了丰富的低碳试点示范工作。《碳排放权交易管理办法（试行）》于 2020 年 12 月由生态环境部颁布，全国碳市场于 2021 年 7 月 16 日正式启动上线交易，北京、上海等 7 省（市）碳市场试点共覆盖电力、钢铁、水泥等 20 余个行业近 3000 家重点排放单位。在碳交易和定价机制下，碳资产管理可以立竿见影地给企业带来实质性收益，通过合理规划和有序实施碳减排和负排放发展方案，企业富余的碳配额增多，在碳交易市场上获得的收益就会提高，进而更有动力发展节能减碳、碳零排放甚至负排放的绿色低碳技术，形成良性发展循环。

从政策红利看。为推进“双碳”目标的实现，我国构建了“1+N”政策体系。“1”是中国实现碳达峰碳中和的指导思想和顶层设计，由《中共中央 国务院关于完整准确全面贯彻新发展理念做好碳达峰碳中和工作的意见》和《2030 年前碳达峰行动方案》两个文件共同构成，明确了“双碳”工作的时间表和路线图。“N”是重点领域、重点行业实施方案及相关支撑保障方案，包括能源、工业、交通运输、城乡建设、农业农村、减污降碳等重点领域实施方案，煤炭、石油天然气、钢铁、有色金属、石化化工、建材等重点行业实施方案，以及科技支撑、财政支持、统计核算等支撑保障方案。目前已有部分城市要求重点排放单位配备碳管理工程技术人员，例如，深圳市施行的《深圳市碳排放权交易管理办法》第十二条规定，重点排放单位应当建立健全碳排放管理体系，配备碳排放管理人员。

十、相关内容链接

国家职业标准：暂缺。

相关政策文件：见表 2-02-27-07-3。

表 2-02-27-07-3　相关政策文件

发布或通过时间	发布或通过机构	文件名称
2020 年 12 月	生态环境部	《碳排放权交易管理办法（试行）》
2021 年 9 月	中共中央、国务院	《中共中央　国务院关于完整准确全面贯彻新发展理念做好碳达峰碳中和工作的意见》
2021 年 10 月	国务院	《2030 年前碳达峰行动方案》
2022 年 5 月	深圳市人民政府	《深圳市碳排放权交易管理办法》

供稿：南京工业职业技术大学　于海泉

物流工程技术人员 L

职业编码：2-02-30-02

谈起“物流”，大家第一时间想到的可能就是满大街的快递人员。其实，物流远不止“仓库”和“卡车”那么简单。从原材料组织、生产加工、包装、运输、存储、配送，最后快递到客户手中，在这个供应链中，整个物流系统如何架构？配送中心如何设置？信息系统如何集成化管理？仓库设置在哪个城市？建一个什么样的仓库？用什么工具配送？上述问题的解决对于供应链的畅通至关重要，这就需要物流工程技术人员来对整个物流网络进行系统规划与保驾护航。物流工程技术人员就是既熟悉物流运作流程，又能用现代信息技术来规划、优化物流系统，提高物流效率、降低物流成本的一个职业。

随着物联网、大数据、云计算、人工智能、区块链等战略性技术不断成熟和应用，现代物流行业正在向以集聚化、融合化、数字化及智能化为特征的智慧物流转型发展，物流工程技术人员就是要将人工智能、大数据、物联网等技术融入物流管理和供应链管理中，为智慧物流发展提供技术支持，致力于改善物流运作效率，减少成本，并提供更精准诊断和解决方案。

一、物流工程技术人员的一天

记录时间：2023 年 7 月 17 日　　记录人：李某轩

上午工作情况

9 点：

1. 参加公司新项目研讨会，收集、汇总、分析某地区配送中心项目方案

需求。（需求分析）

2. 基于某地区前3年的物流数据，向团队汇报展示该地区未来3~5年的物流数据预测分析。（数据分析）

3. 通过小组讨论提出配送中心选址建议、设施布置初步设计和物流路径规划，通过物流系统仿真、建模形成初步设计方案。（初步设计）

4. 进行配送中心项目功能性设计讨论，对业务流程、存储策略、分拣形式、运输方式等主要功能进行设计，达成一致意见后，确定团队分工方案，并根据分工撰写项目设计方案，形成项目方案文档初稿，发客户经理和团队成员。（制定方案）

11点：

与客户经理一起代表项目团队与客户沟通，解释项目方案，并寻求他们的反馈，进一步完善需求和设计方案，讨论明确项目实施初步计划，形成项目解决方案。（确定方案）

物流场景模型 1

下午工作情况

14点：

1. 根据团队分工，基于对货物特性、包装状态、订单需求等大数据分

析，开始对配送中心的分拣策略和分拣方式进行设计。（功能设计）

2. 确定分拣流程，并对分拣系统设备进行选型配置。（设备选型）

3. 利用典型场景模型，对分拣系统进行建模仿真，对相关数据进行分析。（建模仿真）

16 点：

1. 赴 A 公司参加自动化仓库系统调试，对分拣系统的垂直式分拣机系统进行最后一次调试。（系统调试）

2. 整理、制作分拣系统技术文档，为项目验收和客户培训做好准备。（培训准备）

物流场景模型 2

二、什么是物流工程技术人员

职业定义。物流工程技术人员是从事物流系统、项目、装备与技术研发、设计、应用、集成并组织实施的工程技术人员。

定义解读。物流工程技术人员就是运用相关的优化理论和技术手段，通过物流系统规划设计与优化、物流装备安装调试与运行维护、生产物流运作、物流工程项目管理等工作，来提高物流系统的效率和质量，降低物流成本，实现物流系统的可持续发展。

关联职业。密切相关的职业有物流服务师、供应链管理师和供应链工程技术人员。物流服务师是从事物品采购、仓储运输、货品分拣、配送包装、装卸搬运、流通加工、信息服务等物流作业的组织、计划、实施、控制与协调工作的人员。供应链管理师是运用供应链技术、管理方法和工具，从事产品设计、采购、生产、销售、服务等全过程协同，控制供应链系统成本的人员。供应链工程技术人员是从事供应链系统、平台研究与构建及其风险防控，设计、开发供应链相关模型、技术、工具与方法的工程技术人员。

相应岗位。生产物流管理工程技术员、仓储物流技术员、物流系统与设备销售与支持人员、物流装备工程师、物流规划工程师、生产物流主管等。

三、物流工程技术人员的主要工作职责

1. 负责物流节点选址、物流中心功能和业务流程设计、设施设备布局和选型等规划、设计与运筹。

2. 负责仓储和运输作业规划与优化、存储策略设计、运输方式选择和重组，开展物流工程项目方案制定、组织和实施。

3. 负责智能搬运设备、分拣设备、货到人系统、自动化立体仓库、自动货架、电子标签货架等常用设备的选型、操作、安装、调试、运行维护与设备管理。

4. 对企业物流进行成本控制和绩效评价，开展物流系统仿真、建模和流程改造与优化。

5. 负责生产物流计划、组织、调度及运作管理，并能对生产物流大数据进行采集、处理、分析与应用。

6. 负责物流自动化、集成化与智能化信息系统的开发、测试与运维。

四、物流工程技术人员的薪酬福利待遇

平均薪酬水平。国家统计局数据显示，2022 年“交通运输、仓储和邮政业”行业规模以上企业就业人员的年平均工资为 109674 元，物流工程技术人员属于专业技术人员，年平均工资为 159437 元。从区域看，一线城市和经济发展较快地区的城市如北京、上海、深圳等地的工资为 10000~22000 元 / 月，高于其他城市（如合肥为 6000~15000 元 / 月，郑州为 5000~14000 元 / 月）。

与类似职业对比。根据智联招聘网 2023 年 5 月数据，该职业的薪酬与供应链管理师基本持平，高于物流服务师，略低于供应链工程技术人员，见表 2-02-30-02-1。

表 2-02-30-02-1 类似职业薪酬水平

职业名称	薪酬水平（元 / 月）
供应链管理师	7000~18000
物流服务师	5000~15000
供应链工程技术人员	8000~25000

五、从事物流工程技术工作需要哪些本领

该职业从业人员需具备物流工程项目辅助规划设计、实施及管理能力，物流设备的合理配置能力，管理能力，物流设备安全使用及培训能力，生产物流计划、组织及调度能力，生产任务统计与工时原料成本核算能力，物流信息收集、数据分析和系统仿真、建模能力，运用物流规划软件进行物流系统的规划设计能力。物流工程技术人员需要具备的知识和技能见表 2-02-30-02-2。

表 2-02-30-02-2 物流工程技术人员需要具备的知识和技能

职业功能	工作内容	知识和技能要求
生产物流管理与优化	生产物流计划编制	能编制生产物流计划
	生产物流调度	能对现场物流进行组织调度，对仓储、搬运等物流作业实施现场管理，对现场人员、装备进行统筹调度
	生产运营管理	能够对生产物流现场进行成本控制，对物流中心运作进行绩效评价
	生产物流规划	能够对生产物流数据进行处理和挖掘，开展入场物流、线边物流、线边库设计，道口设计、流量计算、动线设计与流程改善优化

续表

职业功能	工作内容	知识和技能要求
物流系统规划与设计	物流数据分析	掌握物流大数据采集、处理、分析与应用等知识和方法，能够对物流大数据进行筛选、转换、关联、统计和可视化
	物流系统规划	具备物流规划图纸的识图、制图能力，能够开展物流系统仿真、建模和流程优化，能运用物流规划软件进行简单物流系统的规划设计
	仓储与运输设计	能够编制仓储和运输作业规划与优化，实施存储策略设计、运输方式选择和重组
	物流中心设计	能够开展物流节点选址、物流中心功能和业务流程设计、设施设备布局和选型
	物流系统集成	掌握物流信息技术与系统设计的基本知识，能够将条码、无线射频技术（RFID）、电子数据交换（EDI）、地理信息系统、仓储管理系统（WMS）、运输管理系统（TMS）、物联网技术和5G技术等先进技术和工具系统运用到物流系统的设计、调试、安装、操作、维护和管理中
物流装备技术	设备操作、维护	能对智能搬运设备、分拣设备、货到人系统、自动化立体仓库、自动货架、电子标签货架等常见物流设备进行操作、安装调试和运行维护
	装备选型、运维	能够熟悉物流装备性能，并根据需求进行配置选型，能对自动化物流装备系统进行运行调试

六、物流工程技术人员的专业教育现状

（一）相关专业

目前已有较多院校开设了与该职业相关的专业，涉及普通本科院校、高等职业院校及中等职业院校等。普通本科院校专业有物流工程、物流管理、供应链管

理等。高等职业院校专业有物流工程技术、现代物流管理、物流信息技术、供应链运营等。中等职业院校专业有物流服务与管理等。

（二）开设相关专业的院校（排名不分先后）

★ 相关院校：武汉理工大学、上海海事大学、西南交通大学、天津大学、中南林业科技大学、大连海事大学、北京交通大学、华南理工大学、北京物资学院等。

◆ 相关院校：浙江经济职业技术学院、湖南现代物流职业技术学院、重庆电子工程职业学院、昆明冶金高等专科学校、天津交通职业学院、山东交通职业学院、广西职业技术学院、辽宁经济职业技术学院等。

▲ 相关院校：深圳市第二职业技术学校、四川交通运输职业学校、青岛商务学校、湖北信息工程学校等。

七、物流工程技术人员的就业创业信息

物流工程技术人员主要分布在上海、广州、深圳、北京、重庆、武汉、天津、成都、郑州、南京等城市。就业领域遍及制造业、交通运输业、商贸流通业等行业，吸纳物流工程技术人员就业较多的用人单位主要有以下几方面。

1. 制造业：主要从事制造业企业内部零件、半成品、成品在生产单位内的物流调度，成品到零售商物流方案、配送设计，企业内部物流信息系统分析、设计开发。如富士康、苹果、小米、联想、北京现代等。

2. 电子商务行业：主要从事物流需求分析、物流配送中心设计、物流配送中心运营、物流园区规划。如京东、当当、天猫、菜鸟等。

3. 物流服务行业：主要从事 B2B 物流方案设计、物流服务运营、物流园区规划。如顺丰、百世科技、宅急送、中国邮政 EMS 等。

八、物流工程技术人员的贯通发展

该职业的发展路径主要有四条：管理路线，即从员工晋升到主管（单位中层），再晋升到经理（单位领导层），甚至向高级领导职务发展。专家路线，即不断提高技能水平，在职业等级上不断晋升，成为物流工程技术领域专家。复合人

才路线，即向其他行业跨越或职业转型，如通过学习相关知识和技能转型为供应链管理师、物流服务师、供应链工程技术人员、管理学研究人员、国家行政机关负责人等，与专业技术岗位横向贯通。创业路线，即基于个人兴趣爱好进行创新创业，选择方向有区块链、供应链金融、第三方物流公司等。物流工程技术人员职业贯通发展如图 2-02-30-02-1 所示。

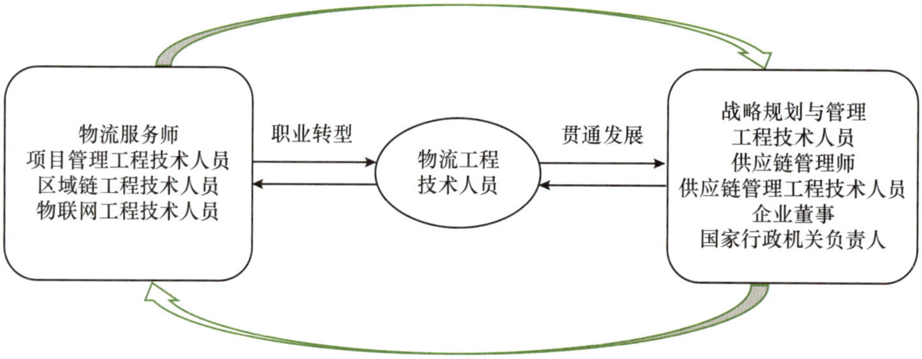

图 2-02-30-02-1　物流工程技术人员职业贯通发展图

九、物流工程技术人员的发展前景

从市场供需看。作为支撑国民经济发展的基础性、战略性、先导性产业，我国物流业仍然处于重要的战略机遇期。大力发展智慧物流，全面推进高质量发展，是物流业持续健康发展的必由之路和根本途径，而发展智慧物流需要高质量的物流工程技术人才队伍，需要一大批既熟练掌握物联网技术、大数据和人工智能等现代信息技术，又熟悉物流运作基本规律的复合型工程技术人才。预计未来 5 年对物流工程技术人员的需求将达 200 万人。

从产业发展看。我国已成为全球最大物流市场，中国物流与采购联合会公布 2022 年物流运行数据，2022 年全国社会物流总额 347.6 万亿元，按可比价格计算，同比增长 3.4%，物流需求规模再上新台阶，实现稳定增长，并预计在未来几年内将继续保持高速增长。同时，当前我国物流成本占企业成本的比例高达 30%~40%，2022 年社会物流支出达 17.8 万亿元，社会物流支出占 GDP 的比例达 14.7%，与发达国家（美国 7.5%）相比高出近一倍，物流降本增效空间仍然较大。除了市场环境方面的原因之外，物流工程技术是制约物流业发展的主要瓶颈之一。随着移动互联网、大数据、云计算、物联网等新技术在物流领域广泛应用，网络货运、数字仓库、无接触配送等“互联网 +”高效物流新模式新业态不断涌现。自动分拣系统、无人仓、无人码头、无人配送车、物流机器人、智能快件箱等技术装备加快应用，物流数字化、网络化、智慧化趋势明显，现代物流工程技术正在成为物流业转型升级的重要源泉，为打造科技含量高、创新能力强的智慧物流新模式提供技术保障。

从政策红利看。2022 年，国务院发布的《“十四五”现代物流发展规划》，明确指出要发挥物流企业用人主体作用，加强人才梯队建设，完善人才培养、使用、评价和激励机制。支持企业按规定提取和使用职工教育经费，开展大规模多层次职业技能培训，促进现代物流专业技术人员能力提升。实施新一轮专业技术人才知识更新工程和职业技能提升行动，推进物流领域工程技术人才职称评审，逐步壮大高水平工程师和高技能人才队伍。各地也纷纷出台政策，对物流领域专业技术人才给予政策红利。例如，海南省发布《关于做好海南省现代物流业创业创新人才落户工作的通知》，对物流人才落户给予政策倾斜。武汉市发布《加快推进物流业高质量发展的若干政策措施》，将物流领域优秀人才纳入“武汉英才”计划培育支持专项，对入选人才给予 6 万元资金资助。黑龙江、山东等省都制定了物流工程技术职称评价标准，开展正高级物流工程领域职称评审，推进高层次物流工程技术人才队伍建设。

十、相关内容链接

国家职业标准：暂缺。

相关政策文件：见表 2-02-30-02-3。

表 2-02-30-02-3　相关政策文件

发布或通过时间	发布或通过机构	文件名称
2022 年 12 月	国务院	《“十四五”现代物流发展规划》
2022 年 1 月	国家发展改革委	《“十四五”现代流通体系建设规划》

续表

发布或通过时间	发布或通过机构	文件名称
2020年8月	国家发展改革委、工业和信息化部、公安部、财政部、自然资源部、交通运输部、农业农村部、商务部、市场监管总局、银保监会、国家铁路局、民航局、国家邮政局、中国国家铁路集团有限公司	《推动物流业制造业深度融合创新发展实施方案》

供稿：浙江经济职业技术学院　葛高丰

城乡规划工程技术人员 L

职业编码：2-02-37-02

城乡规划通常体现在交通设施、房屋建筑、景观绿化、公共场所等诸多方面。“诗意地栖居在大地上”，这是城乡规划工程技术人员的梦想，他们的工作内容主要分为两方面：一是规划设计，也就是根据区域内的自然资源、风俗习惯、水源结构、人口分布，对城镇功能进行合理划分，坚持科学发展的理念，优化整合自然资源和环境资源，规划出城乡建设的蓝图；二是建设与管理，是指将城乡建设蓝图落实到实际行动当中，并结合当地的经济发展水平对城乡建设进行全方位的管理，从而达到城乡空间性、区域性均衡发展的目的。

一、城乡规划工程技术人员的一天

记录时间：2021 年 4 月 28 日　　　　记录人：方某

上午工作情况

8 点：

1. 到市政府领取城市总体规划基本建设任务书，参与由市政府组织的城市规划重大问题综合协调和论证会。（总体规划任务领取）

2. 利用各种调查报告、实地调研和数据分析等方法搜集城乡规划数据，结合有关部门的政策和法规，进行有效处理和分析，为规划决策提供可靠的依据。（总体规划资料收集）

3. 回到单位后，根据政府规定和社会需求，结合搜集的数据，提出适宜的总体规划方案。在编制完成后，申请举行总体规划方案审查。（总体规划编制）

11 点：

1. 到城区宣传点印制经批准的城市总体规划成果，并组织宣传。（规划宣传）

2. 到市规划局领取分区规划与近期建设规划基本建设任务书。（区域规划任务领取）

3. 回到单位后，以总体规划作为指导依据，开展基础资料的收集与调研，编制分区规划方案。（区域规划资料收集）

下午工作情况

14 点：

1. 将完成的分区规划与近期建设规划方案进行初审，形成初审意见，及时修改完善，形成中间成果。（区域规划编制）

2. 来到市规划局，组织专家及有关部门对中间成果展开评审，形成专家意见和会议纪要。（区域规划评审）

区域规划评审场景

3. 回到单位，对中间成果修正健全后，形成报批成果，拟定上报文件，报市规划局审查和市政府批准通过。（区域规划报批）

4. 以近期建设规划作为依据，开展基础资料的收集与调研，编制控制性详细规划与建设性详细规划，得到市政府批准。（详细规划编制）

16点：

1. 到村办事点，对规划实施过程中出现的问题和不符合规划要求的事务提出指导意见。（规划实施审查检查）

2. 参与城乡改造、建设和管理会议，研究咨询有关法律法规和政策，促进规划措施的有效实施。（规划实施咨询服务）

3. 到城区宣传点，采用文字、图表、照片等多种形式，向广大市民宣传规划条例和政策。（规划实施宣传）

城乡规划工程技术人员工作场景图

二、什么是城乡规划工程技术人员

职业定义。城乡规划工程技术人员是指从事城乡土地利用、空间布局、综合部署等研究、规划、设计的工程技术人员。

定义解读。城乡规划是一项全局性、综合性、战略性的工作，涉及政治、经济、文化和社会生活等各个领域。城乡规划工程技术人员制定城乡规划，要按照现代化建设的总体要求，立足当前，面向未来，统筹兼顾，综合布局，要处理好局部与整体、近期与长远、需要与可能、经济建设与社会发展、城市建设与环境保护、进行现代化建设与保护历史遗产等一系列关系，通过加强和改进城市规划工作，促进城市健康发展，为人民群众创造良好的工作和生活环境。所涉及的专业包括社会、文化、经济、地理、历史、艺术等专业。

关联职业。密切相关的职业有土木建筑工程技术人员（建造师）和大地测量工程技术人员（测绘师）。建造师是指从事工业与民用建筑、市政基础设施等建造施工、监督管理的人员。测绘师是指从事地球及其他星球的形状、大小、重力场、整体与局部运动、地表点及近地空间运动物体位置确定，设计、构建测量基准与控制网的工程技术人员。测绘师"丈量"规划区域的数据，为规划工作提供依据；规划师勾勒出美丽家园的蓝图，而变为现实则需要建造师完成。

相应岗位。建筑房地产企业设计员、园林企业景观设计员、规划设计研究院设计员、高校及科研单位研究人员、政府管理部门专业技术员等。

三、城乡规划工程技术人员的主要工作职责

1. 查阅规划区域的背景资料，选择与规划区域相适应的规划理论和方法，确定调查提纲和表格。

2. 通过资料收集、实地踏勘等方式获得城乡规划基础资料。

3. 对调查资料进行整理，编制基础资料汇编，并对资料进行分析。

4. 编制城镇体系规划、城市总体规划、乡镇总体规划、村庄规划等。

5. 参与规划中间成果咨询论证，针对专家意见对规划成果进行完善，依据规范要求完成审查文件。

6. 进行城乡规划理论研究和应用技术研发。

7. 提供城乡规划实施的咨询服务，分析城乡规划实施过程中出现的问题，对不符合规划要求的事物提出指导意见。

四、城乡规划工程技术人员的薪酬福利待遇

平均薪酬水平。从行业岗位看，该职业平均年薪为98640元。从区域看，一线城市和经济发展较快的区域，如长三角、粤港澳大湾区、京津冀等地区为10000~ 15000元/月（部分有年终奖或项目设计提成），其薪酬水平明显高于其他地区（如西安为4500~15000元/月、南宁为4500~6000元/月）。

与类似职业对比。2023年6月招聘平台公开数据显示，在一线城市，该职业的薪酬一般低于注册建造师的薪酬，与建筑师的薪酬基本持平，高于测绘工程师的薪酬。类似职业薪酬水平见表2-02-37-02-1。

表2-02-37-02-1　类似职业薪酬水平

职业名称	薪酬水平（元/月）
注册建造师	9000~20000
建筑师	6000~16000
测绘工程师	5000~10000
城乡规划师	4500~15000

五、从事城乡规划工程技术工作需要哪些本领

该职业从业人员需具备的知识和技能有：城乡规划理论、城镇体系规划、城市规划、乡村规划、城乡景观规划、城乡基础设施规划、新技术在城乡规划中的应用等。该职业需具备的知识和技能见表2-02-37-02-2。

表2-02-37-02-2　城乡规划工程技术人员需具备的知识和技能

职业功能	工作内容	知识和技能要求
前期调研与资料收集	规划工作准备阶段	组织规划队伍，规划内容分工负责；查阅规划区域的背景资料，选择与规划区域相适应的规划理论和方法，准备调查提纲和表格，准备区域的工作底图

续表

职业功能	工作内容	知识和技能要求
前期调研与资料收集	资料收集	收集城市历史、自然条件、人口、工业与仓储、城区道路交通、居住、公共建筑和园林绿化、市政设施、环境保护、郊区、历史文化古迹及人防等资料
	实地调查	能采取探勘、会议或访谈方式征求专家和公众的意见；通过照片、录音、签到等方式真实记录会议过程，体现规划程序的合法性
总体规划	调查内容分析	对调查资料进行整理，编制基础资料汇编，并对城市的经济结构、用地结构、人口结构、基础设施的资料进行分析
	纲要编制	研究总体规划中的重大问题，撰写专题研究报告，提出解决方案并进行论证。城市总体规划纲要的主要内容包括市域城镇体系规划、城市中心区规划
	技术成果	对城市总体规划的各项目标提出规定性要求；技术文件包括规划说明、研究报告、基础资料汇编和主要图纸
规划编制	专题研究	能根据城市总体规划编制中所涉及的主要方面和特别需要关注的重大问题确定专题研究；专题研究报告应结合城市特点，体现针对性，增强规划的科学性和可操作性
	经济社会发展目标	能分析自然条件、资源基础和发展潜力，提出城乡统筹发展战略，确定区域发展定位和社会经济发展目标；分析农村人口转移趋势和流向，预测区域人口规模；明确区域产业结构调整目标、产业发展方向和重点，提出产业发展的主要目标和发展措施
	产业布局	能统筹规划区域产业的空间布局，合理确定农业生产区、农副产品加工区、产业园区、物流市场区、旅游发展区等产业集中区的选址和用地规模
	空间利用布局	能划定区域山区、水面、林地、农地、草地、城镇建设、基础设施等用地空间的范围，结合气候条件、水文条件、地形状况、土壤肥力等自然条件，提出各类用地空间的开发利用、设施建设和生态保育措施

续表

职业功能	工作内容	知识和技能要求
规划编制	空间管制	能根据生态环境、资源利用、公共安全等基础条件划定生态空间，确定相关生态环境、土地和水资源、能源、自然与文化遗产等方面的保护与利用目标和要求，综合分析用地条件划定区域内禁建区、限建区和适建区的范围，提出区域空间管制原则和措施
	居民点布局	能提出区域居民点集中建设、协调发展的总体方案和村庄整合的具体安排，构建镇区、中心村、基层村三级体系；预测各行政村人口规模和建设用地规模；确定镇区功能，划定镇区建设用地范围
	交通系统	能确定公路在区域的线路走向，确定公路的等级和控制宽度；在水网地区明确航道等级和走向、港口布局、桥梁净空要求；确定区域交通站场的等级和功能，提出其规划布局和用地规模
	供水及能源工程	能确定区域供水方式和水源，预测用水量，并布置供水主干次管网；能根据地方特点确定主要能源供应方式；预测区域用电负荷，规划变电站位置、等级和规模，布局输电网络；确定燃气供应方式
	环境卫生治理	能根据当地自然和社会经济条件，提出环境卫生治理目标，划定集中处理和分散处理的区域及方式；根据需要规划集中处理设施和中转设施，确定其位置和占地规模
	公共设施	推进城乡基本公共服务均等化，能按镇区、中心村、基层村三个等级配置公共设施，安排行政管理、教育机构、文体科技、医疗保健、商业金融、社会福利、集贸市场等7类公共设施的布局和用地
	防灾减灾	能整合各类减灾资源，确定综合防灾减灾与公共安全保障体系，提出防洪排涝、防台风、消防、人防、抗震、地质灾害防护等规划原则、设防标准及防灾减灾措施
	历史文化和特色景观资源保护	存在历史文化和特色景观资源的区域，能参照相关规范和标准编制相应的保护和开发利用规划，对达不到自然保护区、风景名胜区、特色街区、名镇名村等设立标准，但具有保护价值的历史文化和特色景观资源，能提出保护要求
	乡镇规划、村庄规划	规划区范围，农村生产、生活服务设施、公益事业等各项建设的用地布局、建设要求，以及对耕地等自然资源和历史文化遗产保护、防灾减灾等的具体安排；乡镇规划还应当包括本行政区域内的村庄发展布局

续表

职业功能	工作内容	知识和技能要求
咨询论证	专家论证	能组织专家及相关部门对规划中间成果进行评审，形成专家意见和会议纪要；经修改完善后，形成报批成果
	成果交付	能以标准格式输出文本、图纸和说明书，并归档保存；能依据规范要求完成签字盖章；能自主交付规划成果的全部文件并形成移交记录
规划实施服务	审查检查	能及时分析城乡规划实施过程中出现的问题，对不符合规划要求的事物提出指导意见，保障规划文件的真实性和有效性，完善城乡规划的实施过程
	咨询实施	加强有关部门间的沟通和协调，积极参与城乡改造、建设和管理等会议，研究咨询有关法律法规和政策，明确和落实规划措施，促进城乡规划措施的有效实施
	规划宣传	能采用文字、图表、照片等多种方式，向有关部门和广大市民宣传规划条例和政策

六、城乡规划工程技术人员的专业教育现状

（一）相关专业

目前仅有部分院校开设了与城乡规划相关的专业，数量不多，涉及普通本科院校和职业院校。城乡规划师的学历大部分为大专及以上学历，该学科脱胎于现行建筑学一级学科，同时与应用经济学、地理学、社会学、公共管理、环境科学与工程等一级学科相关，在技术层面上与土木工程、交通运输工程、测量科学技术等一级学科有交叉。

（二）开设相关专业的院校（排名不分先后）

★ 相关院校：苏州大学、北京大学、同济大学、清华大学、北京建筑大学、北方工业大学、东南大学、江西理工大学、天津大学、重庆大学等。

◆ 相关院校：云南林业职业技术学院、广西建设职业技术学院、四川建筑职业技术学院、云南工程职业学院、山东城市建设职业学院、甘肃建筑职业技术学

院、湖南城建职业技术学院、江西建设职业技术学院、青海建筑职业技术学院、昆明冶金高等专科学校等。

七、城乡规划工程技术人员的就业创业信息

目前，我国城乡规划行业企业主要集中于经济发达的地区，主要包括我国的长三角地区、珠三角地区、京津冀地区以及成渝地区。吸纳城乡规划工程技术人员就业较多的用人单位主要有：

1. 房地产企业：中海地产、万科地产、华润、恒大置地、龙湖地产、保利、佳兆业、金地地产等。

2. 规划设计研究院：中国城市规划设计研究院、广东省建筑设计研究院、中铁第四勘察设计院集团、北京市建筑设计研究院等。

3. 城市建设咨询机构：戴德梁行、世邦魏理仕、高力国际、仲量联行、深圳世联行集团等。

注：以上地区及机构排名不分先后，不代表相关实力排名。

八、城乡规划工程技术人员的职业贯通发展

该职业的发展路径主要有四条：管理路线，即从员工晋升到组（所）长 / 单位中层，再晋升到经理 / 单位领导层，甚至向高级领导职务发展；专家路线，即不断提高技能水平，除了在职业等级上不断晋升，可与工程技术人员同样进行技术职称评定，最高可评定为研究员级高级工程师，成为城乡规划行业领域专家；复合人才路线，即以城乡规划工程技术人员所积累的技术能力为依托，向城乡规划行业相关岗位进行转换，如通过学习转型为建筑设计工程技术人员、道路与桥梁工程技术人员、土木工程技术人员、测绘地理信息技术人员等，与专业技术岗位横向贯通；创业路线，即基于个人综合能力进行创新创业，成立城乡规划设计（咨询）公司、测绘公司等。

城乡规划工程技术人员职业贯通发展如图 2-02-37-02-1 所示。

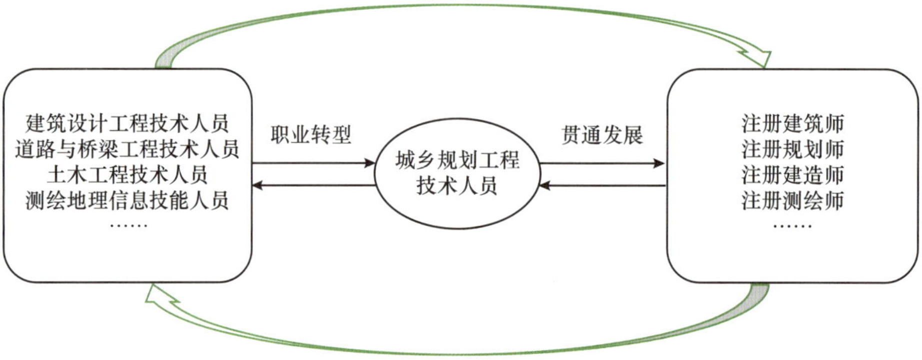

图 2-02-37-02-1　城乡规划工程技术人员的职业贯通发展图

九、城乡规划工程技术人员的发展前景

从市场供需看。2019 年 6 月，自然资源部印发《关于全面开展国土空间规划工作的通知》（自然资发〔2019〕87 号），启动编制全国、省级、市县和乡镇国土空间规划，规划期至 2035 年，展望至 2050 年。根据国家发改委发布的数据，2018 年全国城乡规划工程技术人员的总数为 22.6 万人，而根据国土资源部的估算，我国需要的城乡规划师数量为 60 万人以上，缺口将近 40 万人。当前我国城乡规划工程技术人员的缺口非常大，尤其是在乡村规划领域。

从产业发展看。中国建筑业协会发布《2022 年建筑业发展统计分析》显示，2022 年全国建筑业企业完成建筑业总产值 311979.84 亿元，同比增长 6.45%，建筑业作为国民经济的支柱产业地位稳固。2022 年 11 月，科技部、住房城乡建设部印发《“十四五”城镇化与城市发展科技创新专项规划》，将加强城市发展规律研究与城镇空间布局、加强城市更新与品质提升系统技术作为重点任务，城乡规划工程技术人员未来发展机会及空间巨大。

从政策红利看。2021 年 1 月、6 月，人力资源社会保障部相继发布了《技能人才薪酬分配指引》《“技能中国行动”实施方案》，各地随后也释放了一系列政策红利。例如，江苏省将职业技能等级与学历、职称评定挂钩，高级技师等同于本科学历，特级技师可直接评定为高级工程师，薪酬待遇在原有基础上可提高 800 元 / 月，并且在购房、落户等方面按人才引进相关政策享受相应的待遇。同时，国家全面开展国土空间规划工作，改进规划报批审查方式，简化报批流程，取消规划大纲报批环节。

十、相关内容链接

国家职业标准： 暂缺。

相关政策文件： 见表 2-02-37-02-3。

表 2-02-37-02-3　相关政策文件

发布或通过时间	发布或通过机构	文件名称
2022 年 1 月	住房城乡建设部	《"十四五"建筑业发展规划》
2022 年 11 月	科技部、住房城乡建设部	《"十四五"城镇化与城市发展科技创新专项规划》

供稿：咸宁职业技术学院　陈红卫

园艺技术人员 L

职业编码：2-03-04-00

早在宋朝，我国著名诗人陆游就曾在《秋晚村舍杂咏》诗中描述过园艺技术人员这一职业：“园丁种冬菜，邻女卖秋荼。”那何谓“园艺”呢？《辞源》中称“植蔬果花木之地，而有藩者为园”，《论语》中称“学问技术皆谓之艺”，“园艺”即为栽植蔬果花木之技艺。园艺技术人员也就是我们熟知的园丁，虽然这一职业古而有之，但随着时代的发展，它的内涵愈加丰富，主要指从事蔬菜、花卉、果树等作物遗传资源、遗传育种、栽培和产后生理及高产、优质、高效、低耗种植技术的研究、示范、推广的技术人员。园艺是农业种植业生产中的一个重要组成部分，对丰富人类营养、美化人类生活、改善人类生活环境具有重要意义。

一、园艺技术人员的一天

记录时间：2023 年 8 月 10 日 **记录人：韩某**

上午工作情况

8 点至 12 点：

1. 根据园艺作物生产需要通过观察、查阅资料、田间调查等方式获取园艺作物生产相关信息并进行对比分析。（信息采集和处理）

2. 根据园艺作物品种的不同特性进行合理的茬口安排，并确定合理的种植密度。（技术应用）

工作人员在指导园艺工作

3. 指导园艺生产者选用农业生产资料，合理施肥，规范使用农药；指导生产者开展园艺作物安全生产。（指导园艺工作）

4. 开展园艺作物绿色农产品的生产技术培训。（技术推广）

下午工作情况

13 点至 16 点：

1. 指导园艺生产者按照园艺作物栽培技术操作规程进行育苗、定植、植株调整、肥水调控和采收等田间管理。（田间管理）

2. 指导园艺生产者应用园艺作物绿色生产技术，开展病虫草害综合防控。（病虫草害综合防控）

3. 诊断园艺作物生产过程中出现的技术问题，提出解决方案，并指导主要园艺作物农产品的质量等级划分、初加工及储藏。（诊断解困指导）

二、什么是园艺技术人员

职业定义。从事园艺植物种质资源、遗传育种、栽培管理、采后处理与加工、质量安全与检测以及规划设计等研究、示范、推广和管理的技术人员。

定义解读。园艺通常指与园地栽培有关的集约种植的农作物及栽培、繁育、加工利用技术，园艺作物通常包括蔬菜、果树、各种观赏植物、香料作物及药用植物等，主要分为果树园艺、蔬菜园艺和观赏园艺。园艺技术人员一般负责对蔬菜、花卉、果树等园艺植物进行养护，筛选、创新育种材料，研究育种新技术、培育新品种，推广应用高产、优质、高效、低耗栽培技术及采后生理和处理技术，研究掌握主要病虫害综合防治技术，主要病害病原菌及抗病性鉴定技术，筛选抗病虫材料，进行蔬菜、果树、花卉等园艺植物生产的技术指导。

关联职业。密切相关的职业有蔬菜、花卉等园艺作物种植、水果种植等行业的园艺技术人员、园艺作物种子（苗）繁育生产人员、园艺作物生产人员，园艺作物生产服务人员，园艺作物病虫害防治人员和园艺产品、农资营销人员等，能够适应数字化园艺产业升级，从事园艺作物生产、种子种苗繁育、园艺技术服务、园艺产品及农资营销、园艺企业经营管理等工作的高素质技术技能人才。

土壤肥料技术人员、农业技术指导人员、植物保护技术人员和作物遗传育种栽培技术人员。土壤肥料技术人员主要工作任务侧重于土壤质量评价、土壤培肥与改良、肥料高效利用及相关技术研发与推广。农业技术指导人员主要工作任务侧重于农业技术指导、咨询、培训、技术开发和信息服务。植物保护技术人员主要工作任务侧重于植物病、虫、草、鼠等有害生物的监测预警、综合治理技术、植物保护产品开发与推广。

相应岗位。园艺作物生产及技术指导、园艺作物种苗繁育、园艺技术推广、园艺产品及农资营销、农业企业经营与管理。具体包括蔬菜园艺、花卉园艺、果树园艺等。

三、园艺技术人员的主要工作职责

1. 搜集、保存和利用蔬菜、花卉、果树等园艺植物种质资源。

2. 筛选、创新、研发蔬菜、花卉、果树等园艺植物育种材料，研究重要性状的遗传、育种新技术，培育新品种。

3. 研发蔬菜、花卉、果树等园艺植物的高产、高效、优质、低耗栽培技术。

4. 引进、试验、筛选、推广适合当地的蔬菜、花卉、果树等园艺作物新品种、新材料、新设备和新技术。

5. 研发蔬菜、花卉、果树等园艺植物的主要病虫害抗性鉴定技术和综合防控技术，筛选抗病虫材料，研究害虫抗药性及治理技术，积极开展园艺作物绿色农产品生产。

6. 指导蔬菜、花卉、果树等园艺植物绿色农产品的生产、产后处理、产品质量等级划分、加工处理、储藏运输等技术。

7. 开发蔬菜、花卉、果树等园艺植物产品，规划设计、示范推广和评价管理园艺相关技术和产品，做好市场营销。

8. 运用仪器设备和技术手段，对蔬菜、花卉、果树等园艺植物产品进行质量安全评价、检测与管理，确保园艺作物农产品的质量标准。

四、园艺技术人员的薪酬福利待遇

平均薪酬水平。据猎聘网统计，园艺技术人员的薪酬水平因受地区、学历、工作经验及职位等因素的影响而有所不同。一般来说，工作年限越长，薪酬越高，刚毕业月薪在 5000 元左右，毕业 10 年可达万元以上。另外，地区差异较大，大中城市的薪资相对较高，平均薪酬水平为 8000~12000 元 / 月。而在一些中小城市和农村地区，平均薪酬水平一般为 3000~8000 元 / 月。需要注意的是，随着国家乡村振兴战略的提出，园艺技术行业对人才的培养和发展进入快车道，园艺技术人员薪资也将持续稳步提高。

与类似职业对比。Boss 直聘网 2023 年 6 月的数据显示，该职业薪酬与农业技术指导员等相近，类似职业薪酬水平见表 2-03-04-00-1。

表 2-03-04-00-1 类似职业薪酬水平

职业名称	薪酬水平（元/月）
农业技术指导人员	5000~10000
植物保护技术人员	5000~11000
土壤肥料技术人员	5000~10000

五、从事园艺技术人工作需要哪些本领

该职业从业人员需具备的基本知识和技能有以下几方面。

1. 能够熟练掌握从事本职业活动相关的法律法规和行业规定，掌握绿色生产、环境保护、安全防护、质量管理等相关知识与技能，具有学农、爱农和从农的职业理念及服务“三农”、服务农业乡村振兴的职业理想，有良好的职业道德和敬业精神，具备吃苦耐劳、积极进取、爱岗敬业的工作态度和严谨、踏实的工作作风。

2. 掌握支撑本职业可持续发展必备的国家形势政策及思想政治理论，掌握心理健康、计算机应用、农业相关的化学等文化基础知识，具有良好的科学素养与人文素养，具备职业生涯规划能力。

3. 具有良好的语言表达能力、文字表达能力、沟通合作能力，具有较强的集体意识和团队合作意识，学习一门外语并结合本专业加以运用。

4. 掌握植物生长发育的基本原理、基本过程及其与环境条件的关系，掌握园艺设施的结构、类型、设计、建造及应用等专业基础理论知识。

5. 掌握园艺作物遗传育种和组织培养的专业基础理论知识，熟悉园艺作物的选择育种、重组育种、杂交育种、诱变育种等主要育种方法，掌握园艺作物的快繁、脱毒操作及组培苗工厂化生产管理能力。

6. 掌握园艺作物种子生产和种苗繁育的方法，掌握自根苗的繁育、嫁接育苗等常见种苗繁育技术，具备优质种子生产和种苗繁育的能力。

7. 掌握果树、蔬菜、花卉等作物生产和园艺作物病虫草害防治等技术技能，

具有科学规范开展园艺作物栽培与管理、病虫害防治的能力。

8. 熟悉园艺产品分类、包装技术和储运要求，掌握园艺产品及农资的营销方法、定价策略、营销渠道和网络营销、电子商务等新型营销技术。

9. 具有探究学习、终身学习能力，具有整合知识和综合运用知识分析问题和解决问题的能力。

该职业需具备的知识和技能见表 2-03-04-00-2。

表 2-03-04-00-2　园艺技术人员需具备的知识和技能

职业功能	工作内容	技能要求	相关知识要求
信息采集处理	信息采集	能通过社会调研、互联网等渠道获取园艺作物生产信息；能及时将园艺作物生产档案信息上传质量追溯体系平台	统计报表调查数据采集方法；计算机、手机应用程序等互联网信息收集方法
	信息处理	能进行园艺作物生产信息的甄别、筛选和分类，能使用计算机软件汇总、整理信息	信息的分类与筛选方法；计算机文字图表处理知识
技术应用推广	试验示范	能根据新品种、新材料、新设备和新技术等“四新”技术试验示范的方案或规程进行试验示范；能对试验示范数据进行汇总和分析	田间试验的数理统计知识；园艺作物生产技术试验示范的方法
	技术应用	能分析园艺作物品种的不同特性进行合理的茬口安排，确定合理的种植密度；能应用园艺作物绿色生产技术，开展病虫草鼠害综合防控；能开展园艺作物绿色农产品的生产	园艺作物间作、套作和连作等耕作制度；园艺作物主要病虫草害防治技术；绿色食品生产技术
	技术推广	能推介园艺作物推广项目的技术要领；能进行园艺作物推广项目数据统计和整理	项目实施的技术要求；统计原理基础知识

续表

职业功能	工作内容	技能要求	相关知识要求
技术服务	技术指导	能指导生产者制订生产规划和种植计划；能诊断园艺作物生产过程中出现的技术问题，并提出解决方案；能指导主要园艺作物农产品的质量等级划分、初加工及储藏	园艺作物标准化生产技术；常用农业生产技术；园艺作物农产品采收、初加工及储藏知识
	技术咨询	能解答园艺生产资料及农产品质量标准问题；能解答主要园艺作物生产技术规范问题	园艺作物生产资料的质量标准；主要园艺作物农产品的质量标准；主要园艺作物生产技术标准和操作规范
	技术培训	能编写园艺作物基本技术培训资料；能应用多媒体等培训工具进行技术培训	教案编写的基础知识；电教辅助教学方法；技术培训的组织与准备

六、园艺技术人员的专业教育现状

（一）相关专业

园艺行业历史悠久，我国普通本科院校和职业院校均开设有相关专业。普通本科专业有农学、园艺、植物保护、园艺教育、智慧农业等。职业教育专业有园艺技术、现代农业技术、种子生产与经营、园林工程技术、风景园林设计等。

（二）开设相关专业的院校（排名不分先后）

★ 相关院校：中国农业大学、四川农业大学、吉林大学、吉林农业大学、西北农林科技大学、湖南农业大学、广西大学、华南农业大学、东北农业大学、沈阳农业大学等。

◆ 相关院校：北京农业职业学院、保定职业技术学院、辽宁农业职业技术学院、辽源职业技术学院、黑龙江农业职业技术学院、上海农林职业技术学院、江苏农林职业技术学院、金华职业技术学院、杭州职业技术学院、湖北生物科技职业学院等。

七、园艺技术人员的就业创业信息

随着环保绿化理念深入人心，有机蔬菜、花卉、绿植等园艺产品也已成为满足人类食物营养需求及美化、净化生活环境的必需品。故园艺技术人员在全国各省市均有分布，尤其集中在经济发展较快或人口较多的城市。

目前，园艺技术人员就业较多的企业：

1. 园艺作物生产公司，包括种子、种苗、切花、盆花生产企业和苗树公司等。

2. 园艺作物物流公司，包括花卉的代理、运输、销售企业等。

3. 园艺作物应用公司，包括园林设计、物业服务公司和工程公司。

4. 国家机关和事业单位，包括中央和地方隶属的林业局、园林局、绿化管理处、各级公园等。

5. 园艺作物科学研究单位，包括高校以及农业科学研究机构、林业科学研究机构等。

八、园艺技术人员的贯通发展

该职业的发展路径主要有四条。管理路线，即从普通员工晋升到主管 / 单位中层，再晋升到经理 / 单位领导层，甚至往更高的领导职务发展。专家路线，即不断提高技能水平，在职业等级上不断晋升，成为园艺技术领域专家。复合人才路线，即向其他行业跨越或职业转型，如通过学习相关知识和技能转型为综合园艺技术服务员、推广人员等。创业路线，即基于个人兴趣爱好进行创新创业，如承包有机蔬菜生产基地、花圃、苗圃、果园、开创园艺公司等。园艺技术人员的职业贯通发展如图 2-03-04-00-1 所示。

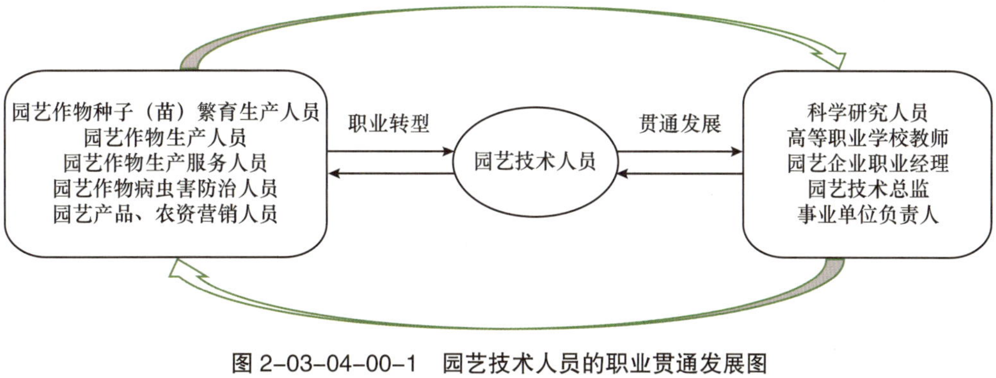

图 2-03-04-00-1　园艺技术人员的职业贯通发展图

九、园艺技术人员的发展前景

从市场供需看。随着国民经济的发展，人们对园艺产品的需求越来越大，根据市场规律，有需求就有供应。目前我国的园艺产业正朝着高产、高效、生态、绿色、安全、优质的方向不断发展，各地区的城乡居民对绿色无害的园艺产品的需求量也不断增加；提倡生产无公害、安全绿色的园艺产品，使园艺产品更加朝着品牌化以及商标化方向发展。同时，我国正在不断完善“由农田转到餐馆”的食品安全质量体系，相信我国无公害、有机、绿色的园艺产品将会具有更加广阔的市场空间以及发展前景。

从产业发展看。（1）我国园艺产业正朝品牌化发展。我国有丰富的园艺资源，例如山东菏泽牡丹、烟台苹果、新疆哈密瓜、潍坊萝卜等。我国政府在近年来努力推进“地理标志”产品认证工程以及“一村一品”工程。通过这些工程来充分挖掘发挥园艺资源优势，成效显著，相信在未来我国的优势园艺产业将会得到迅猛发展。（2）园艺产业朝着休闲化、旅游化方向快速发展。我国人民的生活水平的提高，使得以旅游观光及采摘等为主的休闲娱乐园艺、生态餐厅等不断发展，都市农业不断发展。休闲观光场所以绿色环境为主，综合运用园林学、生态学以及建筑学、设施园艺学等学科知识加以规划设计及建设，运用设施园艺农艺栽培技术以及调控技术对餐厅环境进行维护，形成一个以绿色景观为主，合理搭配花卉、果蔬、小桥流水以及假山等园林景观，为顾客全方位营造一个风景宜人的舒适环境。目前，我国已发展了近千家的生态餐厅及休闲观光园区，相信在未来，我国的园艺产业将逐步成为我国生态环境建设以及大城市经济发展中的重要组成部分。（3）园艺产业朝规模经营方向发展。在政府的关注和正确引导下，园艺产业步入规模生产、规模经营的轨道。生产经营的各个环节能有机结合，形成利益共享的园艺产业结构，逐步达到园艺产品集生产、加工、销售和售后服务为一体的经营目的。

从政策红利看。党的十九大提出实施“乡村振兴战略”，为农村产业发展、农村生态文明建设、农业人才培养、乡村文化的发展繁荣绘就了宏伟蓝图，加强城乡一体化建设，推进国家生态文明建设、乡村振兴发展和生态文明建设为现代农业发展创造了全新的发展机遇。乡村振兴，产业兴旺是重点，必须坚持质量兴农、绿色兴农，提高农业创新力、竞争力和全要素生产率，加快实现由农业大国向农业强国转变，这就需要大批懂农业、爱农村、爱农民的高素质技术技能型农林人才。

十、相关内容链接

国家职业标准：暂缺。

相关政策文件：见表 2-03-04-00-3。

表 2-03-04-00-3　相关政策文件

发布或通过时间	发布或通过机构	文件名称
2021 年 1 月	中共中央、国务院	《中共中央　国务院关于全面推进乡村振兴　加快农业农村现代化的意见》
2018 年 1 月	中共中央、国务院	《中共中央　国务院关于实施乡村振兴战略的意见》

供稿：长春职业技术学院　张艳红

森林资源评估专业人员 L

职业编码：2-06-06-03

森林资源资产评估是对森林资源进行价值评估和管理，通过评估森林资源的生态、经济和社会价值，为决策者提供科学依据，制定合理的森林资源管理政策和措施。森林资源资产评估也是有效维护和协调所有者、经营者权益的基本尺度，保障各方合理权益的重要手段。森林资源资产评估可以帮助人们认识森林资源的重要性，提高对森林资源的保护意识，促进生态文明的建设。森林资源评估专业人员肩负着保障森林资源资产交易双方合法权益、促进生态产品价值实现和生态服务功能价值实现等重任。合格的、具备良好职业素养的森林资源评估专业人员，已成为当前和未来较长一段时间内森林资源评估行业急需的稀缺人才资源。

一、森林资源评估专业人员的一天

记录时间：2022 年 10 月 15 日　　记录人：吴某

上午工作情况

8 点至 12 点：

1. 分析森林资源评估项目基本情况，制定评估技术思路，编制评估项目工作计划。（制订评估计划）

2. 与森林资源评估项目委托方及产权方沟通，要求委托方及产权方提供森林资源资产权属、资产清单、相关经济技术指标等资料及完成资料准备需要的时间，进一步与森林资源调查机构沟通，开展现场调查、核查事宜。（前期资料沟通）

3. 与林业调查单位工作人员共同去项目现场开展森林资源调查、核查，重点查看森林资源数量、质量和空间位置，关注林业调查工作人员工作情况，履行森林资源调查程序。（前期已沟通，现场勘查）

现场勘查

4. 收集好已按要求准备的资料，检查资料的完整性，履行资料收到后的交接手续。（资料收集）

下午工作情况

13 点至 18 点：

1. 认真分析已收集的资料，根据森林资源调查报告或核查报告，形成本次评估的森林资源资产清单。（数据整理）

2. 针对森林资源资产清单，运用合理的评估方法，认真测算森林资源资产价值，不同对象、不同评估目的，评估结果通常不同，常见评估对象有森林资源资产经济价值、森林资源生态效益、森林自然灾害损失等。（评估测算）

3. 将评估结果递交评估机构风控部门审核，根据审核通过的评估结果，初步与委托方沟通初评结果，做好评估结果沟通和解释，合理修正完善评估结果，确定评估结果。（初评结果反馈）

4. 撰写森林资源资产评估报告，完成评估机构内部三审工作。（编制报告）

5. 出具森林资源资产评估报告，沟通正式报告交付事宜。（交付报告）

二、什么是森林资源评估专业人员

职业定义。从事森林资源及生态效益评估的专业人员。

定义解读。该职业具体工作是从事森林资源资产经济价值、森林资源生态效益、森林资源资产损失等权益评估工作，为森林资源的管理、保护和利用提供科学依据。森林资源评估专业人员需要具备森林学、测树学、统计学、资产评估等相关专业知识和技能；森林资源评估专业人员需要熟悉森林相关法律法规政策、森林资源的生态特征、生长规律、经济价值等，掌握森林资源调查和测量的方法和技术，能够运用统计学和资产评估学的原理和方法进行数据分析和评估。

关联职业。密切相关的职业有林业资源调查与监测工程技术人员、资产评估专业人员等。林业资源调查与监测工程技术人员主要是从事林业资源调查、规划设计及生态状况动态监测与分析。资产评估专业人员是根据委托对不动产、动产、无形资产、企业价值、资产损失或者其他经济权益进行评定、估算，并出具评估报告的专业人员。

相应岗位：林业资源调查与监测工程技术人员等。

三、森林资源评估专业人员的主要工作职责

1. 收集和整理相关数据：森林资源评估专业人员负责收集和整理与森林资源资产评估相关的数据，包括森林面积、树种组成、树龄、生长情况、蓄积量、立地质量等资源本身数据，资产权属及相关生产经营成本数据。

2. 进行现场复核：森林资源评估专业人员需要对森林资源情况进行现场复核，

对森林资源进行实地观察，复核森林资源的实际情况，包括森林的地形、土壤质量、植被状况、树种、龄组、林木生长因子指标及所处的位置、地理条件等。

3. 进行资产评估：森林资源评估专业人员需要根据收集到的数据和现场复核结果，对森林资源进行评估，确定其价值。评估方法包括市场比较法、收益法、成本法等。

4. 编制评估报告：森林资源评估专业人员需要将评估结果整理成评估报告，包括评估方法、数据分析、评估结论等内容。评估报告需要清晰、准确地表达评估结果，为决策者提供参考。

5. 提供咨询和建议：森林资源评估专业人员需要根据评估结果，向相关决策者提供咨询和建议，帮助其制定合理的森林资源管理和保护策略，实现可持续利用。

6. 进行监测和评估：森林资源评估专业人员需要对森林资源进行定期监测和评估，跟踪森林资源的变化和价值变动，及时更新评估结果，为决策者提供最新的信息和建议。

7. 参与决策和规划：森林资源评估专业人员需要参与相关决策和规划的制定，提供专业意见和建议，确保森林资源的合理利用和保护。

8. 制定森林资源评估技术标准、规范。

四、森林资源评估专业人员的薪酬福利待遇

平均薪酬水平。森林资源评估专业人员的薪酬待遇情况受地区、经验和资质等因素影响而差异较大。一般来说，森林资源评估专业人员的薪酬水平相对较高。据猎聘网统计，2022 年，森林资源评估专业人员相关职位的企业招聘平均年薪为 17.22 万元，在一线城市或发达地区，薪酬水平较高，在 20 万元以上。

与类似职业对比。据猎聘网统计，2022 年，林业资源调查与监测工程技术人员相关职位的企业招聘平均年薪为 14.13 万元，略低于森林资源评估专业人员年薪。具体薪酬水平见表 2-06-06-03-1。

表 2-06-06-03-1　类似职业薪酬水平

职业名称	薪酬水平（元/月）
林业资源调查与监测工程技术人员	8000~21000

五、从事森林资源评估工作需要哪些本领

该职业从业人员需具备的基本知识和技能有以下几方面。

1. 森林生态学知识：了解森林生态系统的结构、功能和演替过程，掌握森林生态学的基本原理和方法。

2. 森林经济学知识：了解森林资源的经济价值和利用方式，掌握森林经济学的基本理论和方法。

3. 统计学知识：掌握统计学的基本原理和方法，能够进行数据的收集、整理和分析。

4. 评估方法和技术：了解森林资源资产评估的方法和技术，包括市场比较法、收益法、成本法等，能够选择合适的评估方法进行资产评估。

5. GIS 和遥感技术：熟悉地理信息系统（GIS）和遥感技术的基本原理和应用方法，能够初步进行森林资源的空间分析和遥感监测。

6. 法律法规知识：了解森林资源相关的法律法规，包括森林资源保护法、土地管理法等，能够进行评估工作的合法合规操作。

7. 沟通和协调能力：具备良好的沟通和协调能力，能够与相关部门和利益相关者进行有效的沟通和协调。

8. 报告撰写能力：具备良好的报告撰写能力，能够将评估结果以清晰、准确的方式进行表达和呈现。

9. 专业道德和职业操守：具备良好的职业道德和职业操守，能够保持客观、公正的态度进行评估工作。

该职业需具备职业技能见表 2-06-06-03-2。

表 2-06-06-03-2　森林资源评估专业人员需具备的职业技能

职业岗位名称	典型工作任务	职业能力要求
森林资源评估专业人员	T1：复核森林资源数量、质量和空间位置 T2：估算森林资源价值形态 T3：评估森林资源生态效益 T4：评估森林自然灾害损失 T5：编写评估报告，复核评估结果 T6：提供森林资源及生态效益评估咨询服务	A1-1：具有森林资源资产评估项目组织策划能力及独立分析能力 A1-2：具有制定森林资源资产评估工作方案及技术方案的能力 A1-3：具有现场复核森林资源数量、质量和空间位置的能力 A1-4：具有森林资源资产现场拍照的能力 A1-5：具有识别松、杉、硬阔、软阔大类树种的能力 A1-6：具有甄别和收集评估所需资料的能力 A2-1：具有资料分类整理及归档能力 A2-2：具有解读森林资源资产评估相关法律法规的能力 A2-3：具有分析森林资源资产影响因素的能力 A2-4：具有合理选择森林资源资产评估方法的能力 A2-5：具有正确确定森林资源资产评估参数并进行价值估算的能力 A2-6：具有鉴别森林资源资产评估结果是否合理的能力 A2-7：具有综合确定森林资源资产评估结果的能力 A3-1：具有编写森林资产评估报告的能力 A3-2：具有编写森林资源资产评估说明的能力 A3-3：具有审核森林资源资产评估报告的能力 A3-4：具有解释评估结果的能力 A3-5：具有严格遵守资产评估职业道德准则的能力

六、森林资源资产评估专业人员的专业教育现状

（一）相关专业

资产评估行业作为全世界三大中介服务行业之一，细分的森林资源资产评估行业，森林资源交易也是越来越频繁，相关专业开设涉及普通本科院校和职业教育院校。普通本科院校专业有资产评估、林学等。职业教育专业有资产评估与管理（森林资源资产评估方向）、林业技术等。

（二）开设相关专业的院校（排名不分先后）

★ 相关院校：北京林业大学、南京林业大学、江西农业大学、福建农林大

学、中南林业科技大学、对外经济贸易大学、南京财经大学、江西财经大学等。

◆ 相关院校：江西环境工程职业学院、云南林业职业技术学院、福建林业职业技术学院等。

七、森林资源评估专业人员的就业创业信息

该职业从业人员分布在全国各地，各类城市均需要这类人才。森林资源评估专业人员可以在以下领域就业创业：

1. 资产评估公司：森林资源评估专业人员可以在资产评估类公司工作，从事森林资源评估和咨询服务工作。

2. 政府部门：森林资源评估专业人员可以在国家林业和草原局、地方林业局等政府部门工作，参与森林资源的管理和评估工作。

3. 环境保护机构：森林资源评估专业人员可以在环境保护机构从事森林生态系统评估和保护工作，为环境保护提供科学依据。

4. 林业企业：森林资源评估专业人员可以在林业企业从事森林资源的评估和管理工作，为企业的经营决策提供依据。

5. 研究机构：森林资源评估专业人员可以在科研机构从事森林资源评估的研究工作，推动该领域的学术发展。

6. 咨询公司：森林资源评估专业人员可以在咨询公司从事森林资源评估的咨询工作，为客户提供专业的评估咨询服务。

此外，森林资源评估专业人员还可以选择自主创业，成立森林资源评估公司，为各类客户提供森林资源评估和咨询服务。创业者可以通过建立自己的品牌和专业能力，开拓市场，提供高质量的评估服务，实现经济效益和社会效益的双赢。

八、森林资源评估专业人员的贯通发展

该职业的发展路径主要有四条。管理路线，即从普通员工晋升到主管 / 单位中层，再晋升到经理 / 单位领导层，甚至往更高的领导职务发展。专家路线，即不断提高技能水平，在职业等级上不断晋升，成为森林资源评估领域专家。复合人才路线，即向其他行业跨越或职业转型，如通过学习相关知识和技能转型为综

合性评估人才、科学研究人员等。创业路线，即基于个人兴趣爱好进行创新创业，如成立资产评估公司、林业资源调查平台等。森林资源评估专业人员的职业贯通发展如图 2-06-06-03-1 所示。

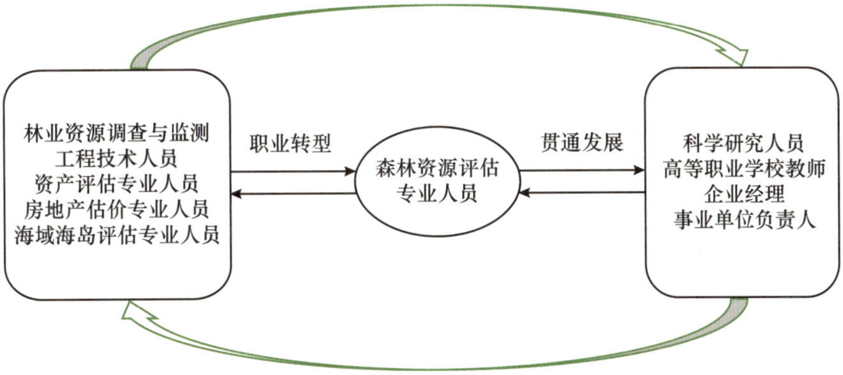

图 2-06-06-03-1　森林资源评估专业人员的职业贯通发展图

九、森林资源评估专业人员的发展前景

从市场供需看。随着全球对可持续发展和环境保护的关注不断增加，森林资源的价值得到了广泛认可。森林资源评估专业人员能够对森林资源进行评估和估值，为森林资源的管理和保护提供专业的支持。对这种专业人才的需求在不断增加，因此他们在市场上的就业机会也会相应增加。

从产业发展看。森林资源在环境保护、生态平衡和可持续发展方面起着关键作用。随着全球对可持续发展的重视和对生态环境的保护需求增加，对森林资源的评估需求也在增加。森林资源评估专业人员在森林管理、林业投资和土地开发等领域都有广泛的应用。随着林业产业的发展和土地利用的变化，对森林资源评估专业人员的需求也会增加。

从政策红利看。国家层面制定了许多政策和法规来保护和管理森林资源。这些政策的实施需要专业人员进行森林资源的评估和监测，以确保资源的可持续利用。从政策红利角度看，对森林资源评估专业人员的需求将会增加。

十、相关内容链接

国家职业标准：暂缺。

相关政策文件：见表 2-06-06-03-3。

表 2-06-06-03-3 相关政策文件

发布或通过时间	发布或通过机构	文件名称
2015 年 4 月	中共中央、国务院	《中共中央　国务院关于加快推进生态文明建设的意见》
2019 年 12 月	第十三届全国人民代表大会常务委员会	《中华人民共和国森林法》

供稿：江西环境工程职业学院　叶超飞

摄影测量员 L/S

职业编码：4-08-03-02

摄影测量的概念可追溯到 15 世纪末，摄影测量的基础是透视和射影几何原理，摄影测量通过捕捉并拼接图像信息来创建物理世界数字模型。摄影测量就像是拼图，需要先收集图片碎片，再把它们拼成一个更大的画面。摄影测量中的“拼图碎片”就是图像。捕捉和收集的图像越多，3D 模型就越真实、详细。

随着摄影测量技术的进步，物体、地点甚至工业数字孪生都可以被实时、立体地呈现，可以将用户的 3D 可视化、临场感带到新高度。这项技术还为其他开创性工具铺平了道路，例如现实捕捉技术，该技术能够采集关于现实状况的数据，进而为用户提供可靠、准确的物理对象和环境信息。摄影测量正在被越来越多的行业所采用并且变得越来越容易接入。

一、摄影测量员的一天

记录时间：2023 年 9 月 11 日　　记录人：唐某耀

上午工作情况

8 点：

1. 领取指定的测绘资料，制订摄影测量计划，检查交通工具、摄影测量设备及户外安全防护用品。（工作准备）

2. 与团队沟通，明确摄影测量任务、技术细节和注意事项。（工作交流）

9 点：

1. 检查水准仪、全站仪等测量设备，实地选取测量像控点并进行联测。

（选取像控点）

2. 对像片按规定编号，检查控制测量成果。（成果检查）

10点：

1. 收集航空摄影飞行资料和航摄仪的检定资料及相关参数，检查航空摄影飞行质量和影像质量。（影像资料获取）

2. 使用电子平板调绘系统进行调绘，判读与解译卫星遥感影像，补调、补测新增地物点，对调绘成果进行数据处理。（像片调绘）

下午工作情况

14点：

划分区域网，进行平差计算并对量测结果进行分析，对空三加密成果进行质量检查和精度评定。（空三加密）

15点：

进行DLG① 的制作，判读、解译和提取正射影像上的各类地理信息，对DEM②、DOM③、DLG成果进行质量检查和精度评定。（影像测图）

17点：

根据项目要求分类收集遥感影像资料，对影像资料进行分类处理，进行卫星遥感影像数据的几何纠正、配准与融合，制作遥感影像平面图，对遥感图像处理成果进行质量自检。（遥感图像处理）

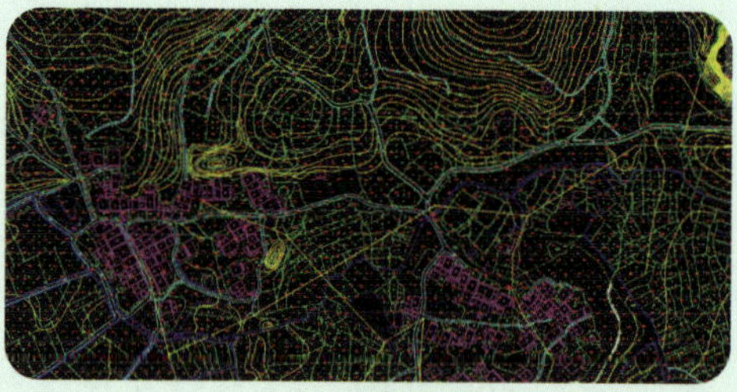

遥感图像

① DLG：digital line graphic，数字线划地图。

② DEM：digital elevation model，数字高程模型。

③ DOM：digital orthophoto map，数字正射影像。

二、什么是摄影测量员

职业定义。摄影测量员是使用大中型飞行器观测平台、数字摄影测量仪等仪器设备，进行航空航天影像数据和遥感影像的采集、调绘、加密、纠正、判译、测图等，并绘制地形原图和生产数字影像产品的人员。

定义解读。摄影测量是测绘学的分支，它的基本任务是严格地建立起摄影瞬间影像与对应目标物之间的几何关系。一旦这种对应关系得到正确恢复，就可以严密地从影像上导出关于目标物的信息。摄影测量根据摄影时摄像机所在位置的不同可分为地面摄影测量和航空摄影测量。随着数字传感器技术的发展，尤其是CCD[①] 器件和 CMOS[②] 器件的迅速发展，利用 CMOS（或 CCD）相机不需要胶片就可直接获取被测物的数字影像，这样直接基于数字影像进行摄影测量称为数字摄影测量。

关联职业。密切相关的职业有大地测量、地图绘制、不动产测绘、工程测量、海洋测绘、无人机测绘操控、地理信息采集、地理信息处理、地理信息应用作业等。

相应岗位。摄影测量员、测绘员、地图绘制员、工程测量员、无人机测绘操控员、地理信息作业员等。

三、摄影测量员的主要工作职责

1. 使用大中型飞行器观测平台，获取航空航天影像数据和遥感影像。

2. 布设野外控制点标志，进行野外控制点测量和地物、地貌等的调绘，获得精准的摄影测量资料和成果。

3. 区域网空中三角测量，加密供测图使用的控制点和数据。

4. 使用摄影测量工作站，进行影像数据的处理、几何纠正、影像判译、立体测图，绘制各种比例尺地形原图。

5. 使用遥感影像处理软件和图形工作站等，进行卫星遥感影像数据的纠正、

---

① CCD：charge coupled device，电荷耦合器件。

② CMOS：complementary metal oxide semiconductor，互补性氧化金属半导体。

配准、平差、融合、拼接和裁切等。

6. 生产数字地面模型、数字高程模型、数字正射影像等数字影像产品，满足用户需求。

7. 操作地面移动或固定的观测平台及遥感设备，获取目标的观测数据。

8. 维护保养仪器、设备、工具。使其处于正常工作状态，延长使用寿命。

四、摄影测量员的薪酬福利待遇

平均薪酬水平。该职业的薪酬福利待遇会受到多个因素的影响，包括工作地区、工作经验、学历水平、所在企业规模等。招聘平台 2023 年 8 月的公示数据显示，经济发展较快的城市，如北京、上海、广州等，摄影测量员薪资为 8000~15000 元 / 月，二线城市，摄影测量员薪资为 6000~13000 元 / 月，三线及以下城市，摄影测量员薪资为 6000~9500 元 / 月。摄影测量初级 / 中级工的月薪一般在 6000~8000 元，摄影测量高级工的月薪一般在 7500~10000 元，摄影测量技师 / 高级技师的月薪一般在 9000~15000 元。

与类似职业对比。招聘平台 2023 年 8 月的公示数据显示，该职业的薪酬一般要高于工程测量员，与无人机测绘操控员、地图绘制员接近，略低于地理信息作业员，见表 4-08-03-02-1。

表 4-08-03-02-1　类似职业薪酬水平

职业名称	薪酬水平（元 / 月）
工程测量员	5000~12000
无人机测绘操控员	6000~13000
地图绘制员	6000~13500
地理信息作业员	8000~15000

五、从事摄影测量工作需要哪些本领

该职业从业人员需要具备的知识和技能有：基础测绘、工程测量、导航定位、摄影测量与遥感、地图制图学与地理信息工程等理论与方法、各种摄影仪器及数据处理软件的使用方法、团队合作能力、技术创新能力、安全环保意识等。该职业需要具备的知识和技能见表 4-08-03-02-2。

表 4-08-03-02-2 摄影测量员需要具备的知识和技能

职业功能	工作内容	知识和技能要求
知识掌握	标准掌握	掌握航空摄影的基本理论知识，航空摄影飞行质量、影像质量的技术要求，低空数字航空摄影的规范要求。能检查航空摄影飞行质量，能检查航空摄影影像质量
像片控制测量	控制测量	掌握卫星定位测量的作业方法、水准测量的误差来源等知识；掌握基础控制点选点、观测的技术要求；掌握像片控制点精度要求。能进行平面控制点的选点与观测，能处理像控点观测过程中遇到的一般问题，能施测三、四等水准测量
	数据处理	掌握坐标换带计算的原理与方法、像片控制成果整理的要求。能进行三、四等水准测量的计算，能进行控制点坐标的换带计算，能检查作业小组的控制测量成果
像片调绘	调绘	掌握电子平板调绘系统的原理与使用方法、卫星遥感影像的判读与解译方法。能使用电子平板调绘系统进行调绘，能进行卫星遥感影像的判读与解译，能进行新增地物点的补调和补测
	数据处理	掌握数字化测图知识、像片调绘成果整理的要求和调绘成果检查的规定。能对调绘成果进行数据处理，能对作业小组的调绘成果进行整理、检查
空三加密	数据处理	掌握空三加密的作业方法、步骤与要求，平差结果误差分析的方法，减弱测量误差的主要方法和措施。能划分区域网，能进行平差计算并对量测结果进行分析，能解决量测过程中出现的一般问题
	质量检查	掌握空三加密成果的质量标准、空三加密成果质量检查的基本要求与方法。能对空三加密成果进行质量检查，能对空三加密成果进行精度评定

续表

职业功能	工作内容	知识和技能要求
影像测图	采集与编辑	掌握各种比例尺地形图的成图精度、技术指标和要求，DLG 制作的方法与步骤，DLG 制作的规范要求，地形图分幅和编号的方法。能进行 DLG 制作，能判读、解译和提取正射影像上各类地理信息，能处理地形要素采集作业过程中遇到的问题
	质量检查	掌握成果的质量检查标准，DEM、DOM、DLG 成果质量检查的基本要求与方法。能对 DEM、DOM、DLG 成果进行质量检查，能对 DEM、DOM、DLG 成果进行精度评定
	图像处理	掌握卫星遥感影像几何纠正的基本原理与方法、各类传感器获取影像的特点、遥感影像平面图制作规范要求和遥感影像处理软件应用。能进行卫星遥感影像数据的几何纠正、配准与融合，能制作遥感影像平面图，能对遥感图像处理成果进行质量自检

六、摄影测量员的专业教育现状

（一）相关专业

目前，很多院校都开设了与摄影测量员相关的专业，主要有以下几个：测绘工程、遥感科学与技术、摄影测量与遥感技术、建筑工程技术、工程测量技术、无人机测绘技术等。上述专业与摄影测量员有一定的相关性，都与地理信息、测量和空间数据处理等方面的知识和技术有关。学习这些专业可以为从事与摄影测量相关的工作打下坚实的基础，并提供相关专业知识和技能。

（二）开设相关专业的院校（排名不分先后）

★ 相关院校：中国地质大学（北京）、太原理工大学、湘潭大学、成都理工大学、中山大学、合肥工业大学、广州大学、长沙理工大学、河海大学等。

◆ 相关院校：咸宁职业技术学院、湖北国土资源职业学院、石家庄铁路职业技术学院、金华职业技术学院、陕西工业职业技术学院、重庆工程职业技术学院、江苏航空职业技术学院等。

七、摄影测量员的就业创业信息

信息技术的快速发展使地理信息产品的技术含量和网络化服务能力不断提高，加速了地理信息产业发展。我国的测绘事业也得到了前所未有的发展，需要大批的摄影测量员。他们可以在以下领域就业创业：

（1）政府部门：各省市交通、国土、城市规划、水利水电等部门。政府在基础设施建设、城市规划等领域常有相关项目需要摄影测量服务。

（2）科研机构：中国测绘科学研究院、测绘遥感信息工程国家重点实验室（武汉大学）、辽宁省摄影测量与遥感院等。

（3）工程测量领域：上海市政工程设计研究总院（集团）有限公司、中冶建工集团有限公司、中国电力建设集团等。

（4）航空遥感领域：中国四维测绘技术有限公司、西安大地测绘股份有限公司、中测新图（北京）遥感技术有限责任公司等。

此外，摄影测量员也可以选择自主创业：

（1）创办测绘和测量公司：摄影测量员可以考虑创办自己的测绘和测量公司，提供专业的测绘和地理信息服务。同时与民营机构合作，参与建筑施工、环境保护、农业等行业项目也是较好的创业就业机会。

（2）创办测量和地理信息咨询服务公司：摄影测量员可以作为独立咨询顾问提供专业的测量和地理信息咨询服务。这包括提供技术咨询、项目评估、数据处理和分析等。与专业技术公司和行业领域合作，为他们提供专业的地理信息支持和解决方案也是一种创业就业方式。

（3）开设互联网平台和技术公司：随着互联网的发展，摄影测量员可以利用互联网平台和技术进行创业就业。例如，开设在线地图服务，提供无人机测量服务平台，开发地理信息技术软件等。

八、摄影测量员的职业贯通发展

摄影测量员可以通过不断提高技能水平，深化技术学习和专业培训，提升自己在摄影测量领域的能力，除了在职业等级上不断晋升，可与工程技术人员同样进行技术职称评定，可评定为高级工程师，成为摄影测量行业领域专家。该职业的发展路径主要有四条：

1. 专家路线，即在职业等级上逐步晋升，成为高级技师。该职业可以通过考取相关的证书和资质来提升自身的专业认可度。例如，可以考取测量师资格证书、无人机驾驶员证书等，增加在行业中的信任度和竞争力。

2. 管理路线，即从员工逐步上升为项目管理者。可以通过培养自己的管理和领导能力，进一步提升自己在职场中的地位，明确职业发展方向。可以通过参加管理培训课程、担任团队领导者，积累管理经验并丰富自己的职业履历。

3. 复合人才路线，摄影测量员可以扩展自己的应用领域，通过掌握不同行业的专业知识和技能，为特定领域提供地理信息和空间数据支持。例如，可以专注于城市规划、环境保护、农业等特定领域的应用。

4. 创业路线，即基于个人兴趣爱好进行创新创业。可以选择创业或独立发展，成立自己的测量公司或咨询公司，提供独立的测量和地理信息服务。这需要具备一定的管理能力和商业头脑，但也具有更大的发展空间和自主性。

摄影测量员的职业贯通发展如图 4-08-03-02-1 所示。

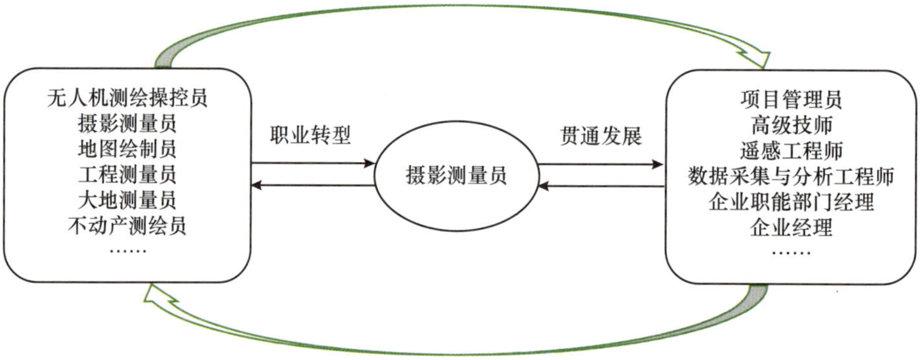

图 4-08-03-02-1　摄影测量员的职业贯通发展图

九、摄影测量员的发展前景

从市场供需看。摄影测量员的发展前景广阔，随着城市化和基础设施建设的迅速发展，对地理信息和空间数据的需求不断增加。另外，随着地理信息系统（GIS）在各行业中的应用日益广泛，从城市规划、土地管理到环境保护和农业等领域都需要准确的地理数据。摄影测量员通过无人机、卫星和其他先进技术获取高精度的地理数据，满足市场需求。摄影测量员通过提供高质量的空间数据，可以为各行各业的决策者和专业人士提供支持。这些新技术的应用将进一步推动摄影测量员的发展。随着技术的进步和需求的增长，摄影测量员将在地理信息和空间数据领域发挥越来越重要的作用。

从产业发展看。摄影测量技术在许多领域有广泛的应用，包括土地测绘、建筑与施工、城市规划、环境保护、农业等。随着无人机、卫星和激光测量等技术的快速发展，摄影测量的技术水平不断提高。新技术的应用使得摄影测量员能够更准确、更高效地获取地理数据，提供更精确的测量和地图制作服务，满足行业对高质量空间数据的需求。随着城市化进程的加速，测绘、地理信息、城市规划等行业对摄影测量员的需求也越来越大，未来这一需求量还将继续增加，摄影测量员将有更多的机会和挑战，并在专业化需求上得到认可和重视。

从政策红利看。国家出台的地理信息法规和标准要求各行业对空间数据的使用进行规范，确保数据的准确性和可靠性。这为摄影测量员提供了合规性的依据，并提升了他们的职业地位和市场认可度。政府在基础设施建设和城市规划方面的投资，常需要摄影测量员提供相关的测量和地理数据支持。政府项目和招投标政策为摄影测量员提供了商机和发展空间。另外，政府为促进科技创新和支持技术行业的发展制定了一系列政策，包括创新券、研发资助等。这为摄影测量员在技术创新和研发领域提供了一定的支持和资源。综上所述，政策红利为该职业的发展前景提供了机遇和支持。在国家地理信息战略、地理信息法规和标准、政府项目和招投标以及科技政策的推动下，摄影测量员有望在政策红利的推动下获得更多的发展机会，并提升其行业地位和市场竞争力。

十、相关内容链接

国家职业标准：扫码即可查看☞。

相关政策文件：见表 4-08-03-02-3。

表 4-08-03-02-3 相关政策文件

发布或通过时间	发布或通过机构	文件名称
2020 年 11 月	自然资源部办公厅	《关于加强测量标志保护工作的通知》

供稿：咸宁职业技术学院 钟昌清

无人机测绘操控员 L

职业编码：4-08-03-07

随着无人机的兴起和智能技术的快速发展，无人机应用场景的不断拓展，从航拍到植保、电力巡检，再到物流运输和安防领域，无人机已经悄然融入了人们的生活。然而，无人机的应用远不止于此。2021 年，人力资源社会保障部推出无人机测绘操控员这个新职业定义和标准。无人机测绘操控员的视野延伸到土地规划、能源勘探、景观设计、城市规划与建设、水利工程等广阔领域。无人机测绘覆盖领域广，并具有高效、精确、灵活的特点。无人机测绘操控员的工作既是挑战，也是机遇，他们正用无人机书写着现代技术的新篇章。无人机测绘操控员，不仅是一个职业，更是社会进步的见证者，是未来的引路人。

一、无人机测绘操控员的一天

记录时间：2021 年 7 月 17 日 **记录人：王炜**

上午工作情况

8 点：

1. 实地踏勘，根据已有测区控制点资料，对保存完好的控制点进行检核，并对测量仪器进行检校，根据任务需要，布设像控点、平面检查点、高程检查点等；使用激光测距望远镜对高楼、大高差、高压电塔等重点地点进行飞行隐患排查，并标注因大高差需补飞区域；必要时，采用小型四轴航拍机对待测绘区域进行低空鸟瞰。（现场踏勘、测区勘察）

2. 熟悉待测绘地区的地形地貌，了解当地的风力 / 风向、云雾、降水等气候状况，以及周边村落与居民点分布，选取待定的测绘无人机起降地点、测绘临时营地与地面站的设置位置；评估测绘中存在的各种风险。（风险评估）

10 点：

1. 研究并制定测绘方案，包括确定需要采用的无人机机型及相关设备、突发情况的应对方案以及团队人员的大致分工，并确定测绘无人机起降地点、测绘临时营地与地面站的设置位置，根据太阳高度角确定地物阴影倍数并计算航飞时间。（制定方案）

2. 收集航摄区域的基础资料，做区域鉴定，申请空域等，确定是否可以起飞，并向相关部门进行飞行报备。（试飞准备）

试飞准备 1

下午工作情况

13 点：

1. 设备组装后，进行航电测试，检查无人机配件、充电设备和机载飞控，确认设备工作状况良好。（测试检查）

2. 商讨测绘技术细节。结合任务要求，确定出地面分辨率、相机参数、航高、航向重叠度和旁向重叠度、相片数、航线数、拍摄面积、总航程等。确定使用的差分定位方式。（确定航测参数）

3. 收集、整理飞行前资料，包括预期成果清单、计划书和空白观测表等，以备后期测绘使用。（资料收集）

4. 协助准备野外作业所需的遮阳棚、简易帐篷、折叠座椅、野外饮食、照明设备、风速仪等工具，以及柴油发电机等物资和设备。（试飞准备）

试飞准备 2

15 点：

1. 到达航摄区域无人机起降点。安营扎寨，进行无人机测绘平台搭建。（平台搭建）

2. 结合实地物理空间及自然风况开展试飞；多次调试设备，直至确认图传、数传、地面站等设备实操功能良好，回传图像、数据有效。（设备调试及试飞）

3. 设定飞行参数，连接 cors 网络或架设实体基站，正式实施航摄，得到第一手测绘区域影像和 pos 数据；检查并拷贝飞行数据和照片。（实施航摄）

实施航摄

4. 对照成果清单、计划书和观测表，对飞行中的参数设计、任务完成情况进行总结，并检查航摄照片质量。（成果检查）

5. 对航摄效果不理想的区域进行补拍，对未航摄的区域继续拍摄，直至得到全套的待测绘区域照片和数据。（完善成果）

6. 对全套的待测绘区域照片、数据进行仔细筛选和预处理，并进行备份，报领导审查及管理。（备份与报审）

7. 对无人机设备进行清洁、维护。（清洁维护）

无人机测绘工作流程图如图 4-08-03-07-1 所示。

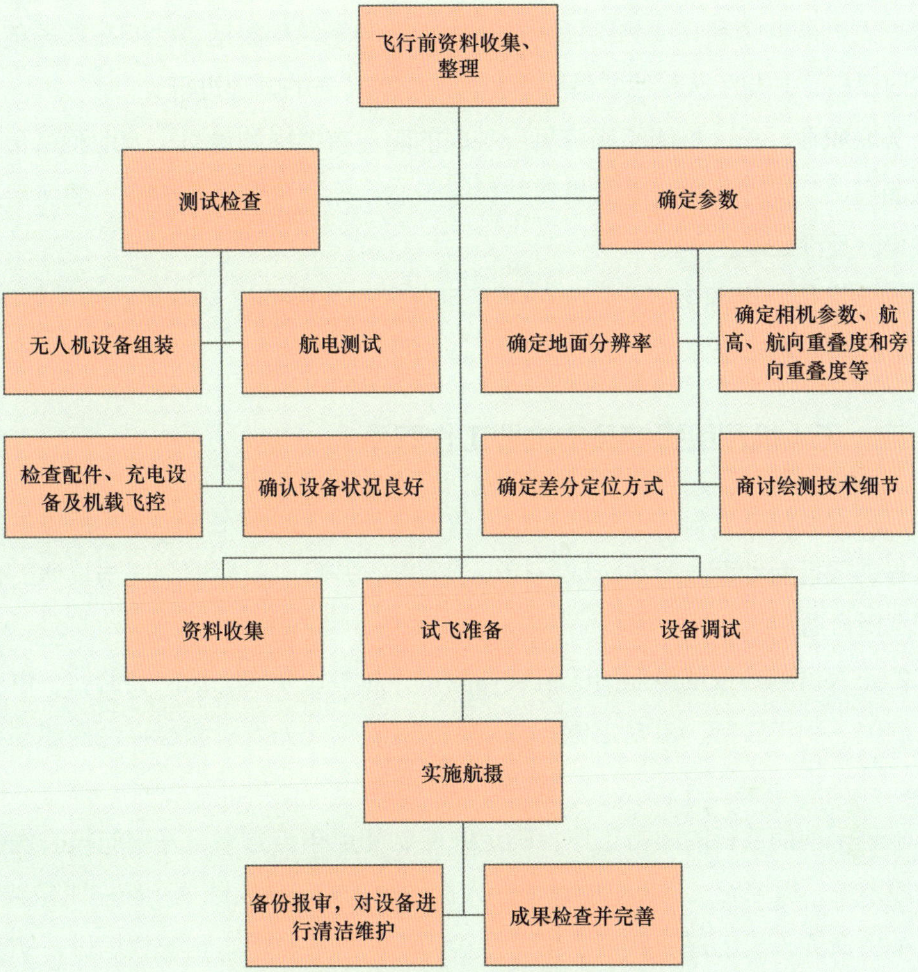

图 4-08-03-07-1　无人机测绘工作流程图

二、什么是无人机测绘操控员

职业定义。使用地面监控系统，操控无人飞行器搭载的航摄仪、传感器及其他设备，进行地表数据采集和影像预处理的人员。

定义解读。无人机又称作无人驾驶飞机，是指利用无线电遥控设备，由自备的程序控制装置操控，或者由机载计算机完全或间歇自主地操控的不载人飞机。无人机测绘操控员是指远程操控搭载航摄仪等传感器的无人机的人员，进行地标数据采集和预处理等作业。无人机测绘操控员，需要掌握无人机操控技巧，负责确保无人机能够顺利完成测绘任务，获取所需的图像和数据。他们在现场负责具体实时操控，并与团队其他成员协作，确保测绘任务的顺利进行。

关联职业。无人机测绘操控员所关联的职业有摄影测量员、大地测量员、地图绘制员、工程测量员、无人机驾驶员等职业。无人机测绘操控员主要负责数据的收集以及预处理工作。

相应岗位。根据该职业工作任务，可分为安装与调试岗位、航线规划岗位、数据采集与分析岗位等。

三、无人机测绘操控员的主要工作职责

1. 负责安排无人机的飞行路线和任务计划，并按照规定的计划和流程控制飞行过程、飞行前地面分辨率选取、相机选取等，并且可以根据测区与具体的任务情况选择合适的无人机。

2. 无人机测绘设备作业前的组装与测试，航机、空速、风门、偏航、供电系统、旋偏、纠正云台、GPS 定位、遥控器、野外作业无人机测绘平台搭建与设备调试。

3. 基于前期飞行的准备工作，确定像控制测量布点方案，开展航摄。操作地面监控系统，操控无人飞行器或其他无人机设备，采集地表数据和航空影像数据。

4. 负责无人机的遥感数据采集、传输和存储，并对收集到的数据进行初步加工和整理，以确保照片、数据的质量。对采集数据质量进行自查，并对视频、照片等采集的素材做后期的简单处理，例如均色、融合等。

5. 维护保养仪器、设备、工具：无人机设备的保养和日常维护，确保无人机的正常操作和安全。

6. 制作快速拼图，基于快速拼图确定补飞区域。

四、无人机测绘操控员的薪酬福利待遇

平均薪酬水平。无人机测绘操控员属于新兴职业，其平均薪酬水平因地区、行业、经验和技能水平的不同而有所差别。根据国内的职位招聘信息，该职位的

薪酬数据显示月薪在6000元到13000元不等（数据来源：BOSS直聘、中国人力资源网、前瞻产业研究院和中国无人机网），一些技术含量和级别较高的职位，其工资待遇更高。同时，还注意到该职位的职业市场需求量逐年增长，预计未来将会获得更丰厚的薪资和福利待遇。

与类似职业对比。该职业实际薪资情况因市场需求、岗位经验、产业竞争环境、不同的地区和企业而有所不同。据前程无忧网2022年12月数据，在上海地区，该职业的薪酬一般要高于无人机装调检修工等的薪酬，略高于无人机驾驶员的薪酬，见表4-08-03-07-1。

表4-08-03-07-1 类似职业薪酬水平

职业名称	薪酬水平（元/月）
无人机装调检修工	6000~10000
无人机驾驶员	6500~12600
地理信息采集员	5000~10000
摄影测量员	6500~12500

五、从事无人机测绘操控工作需要哪些本领

该职业从业人员需具备测量基础、计算机基本知识、空气动力学基础、安全生产与环境保护知识、无人机结构与飞行原理、导航飞控系统、无人机遥感测绘系统等知识，掌握无人机操作及测绘等核心技能。在实操技能方面，无人机测绘操控员需熟练掌握有关无人机操作、测绘等技能，并具备一定实践经验；对飞行器结构及原理有深入了解，并具有应急处理能力；对计算机软件操作熟练，有数字图像处理技术基础，熟悉GIS软件的使用方法；并具有较好的空间想象力等。该职业需具备的知识和技能见表4-08-03-07-2。

表 4-08-03-07-2 无人机测绘操控员需具备的知识和技能

职业功能	工作内容	知识和技能要求
方案设计	制定工作方案和优化方案	根据项目特点参与制定无人机测绘工作方案，优化无人机测绘操控技术实施方案
准备	协同申请航空领域使用权，负责飞行前设备检查	在综合任务情况的基础上，根据民航飞行相关法律法规，进行空域申请与空管通讯；负责对无人机及相关设备进行系统检查
	设计像控点布设方案	能够策划标记点布置并进行优化
	无人机起降场地选择	通过互联网图像数据，选择安全合适的起降场地，并做好安全风险分析和预防措施
	无人机组装	能根据测区的任务情况选择并组装合适的无人机
	航线设计	能选择合适航拍设备，制定并优化适用于不同地形区域的航线
无人机航空摄影	航摄仪等传感器及弹射回收装置安装调试	安装、设置航拍设备和参数，并搭载回收装置
	控制地面站操作	确保地面站数据连接正常，操作地面站通信、导航、监控程序，执行应急措施，确保设备安全释放和回收，调整飞行参数
	各类无人机的飞行	评估飞行气象条件，通过遥控器控制不同型号的无人机，确保飞行链路畅通，执行安全飞行任务，处理飞行紧急情况
数据检查与预处理	航拍数据的处理和管理	处理影像质量，调整传感器参数，根据规范整理航拍数据，保证质量，并进行影像拼接和增强
仪器设备维护	飞行平台的维护及优化	定期维护无人机机体、动力和电气系统，妥善管理电池，对飞行平台进行维护、优化和校准
	地面站维护	能定期对地面站控制软件进行维护和升级
	弹射回收设备维护	能定期维护弹射及回收设备
成果检查审核	成果检查	能对无人机航摄相关成果进行检查并根据情况撰写检查报告

六、无人机测绘操控员的专业教育现状

（一）相关专业

无人机测绘涉及机械电子工程、电子信息工程、信息与计算科学、地理信息科学、遥感科学与技术等领域，也与无人机应用技术、无人机测绘技术、航空航天工程等专业方向息息相关。

近年来，国内不少高校的电子信息、计算机、控制科学与工程、机械工程等专业均开设无人机测绘相关课程，例如无人机原理与应用、无人机测量与制图、遥感与 GIS 技术等。一些高校还建立了无人机综合实验室，专为学生提供专业的实践培训。

此外，还有不少无人机培训机构提供无人机测绘操控员的培训服务。这些培训机构的课程设置更加贴合无人机测绘操控员的职业要求，不仅教授学员无人机操控实践、图形图像处理软件使用、客户沟通等技能，还为学员提供场地、无人机等硬件环境和设备。

（二）开设相关专业的院校（排名不分先后）

★ 相关院校：北京航空航天大学、电子科技大学、沈阳航空航天大学、中国民航大学、中国民用航空飞行学院等。

◆ 相关院校：北京工业职业技术学院、天津现代职业技术学院、贵州航空职业技术学院、安徽水利水电职业技术学院、黄河水利职业技术学院、广东工贸职业技术学院、上海商业会计学校、江苏城乡建设职业学院、河南测绘职业学院等。

七、无人机测绘操控员的就业创业信息

该职业从业人员可以在多个领域找到就业机会，包括土地规划和开发、地质勘探和资源管理、城市规划和建设、环境监测和保护等。无人机测绘操控员可以为政府部门、测绘公司、建筑公司、环保机构等单位工作，也可以选择自主创业，为第三方提供专业的测绘服务。吸纳无人机测绘操控员就业较多的用人单位主要有以下几类。

1. 国土测绘：江西核工业测绘院集团、辽宁省地矿测绘院有限责任公司、三和数码测绘地理信息技术有限公司、山东省地矿测绘有限公司等。

2. 城市规划：中国建筑股份有限公司、中国交通建设股份有限公司、中国水利水电建设集团公司等。

3. 农业遥感：中国农业发展集团有限公司、大北农集团、北京顺鑫控股集团有限公司、上海华测导航技术股份有限公司等。

4. 公共安全：公安部第一研究所、航天宏图信息技术股份有限公司、中国安能建设集团有限公司、航天彩虹无人机股份有限公司等。

5. 海洋：广州南方海洋科技有限公司、湖北海派海洋科技发展有限公司、天津智汇海洋科技有限公司、青岛中海基业海洋科技有限公司等。

注：以上机构信息仅供参考，不代表编写出版方对其推荐或认可。

八、无人机测绘操控员的职业贯通发展

该职业的发展路径主要有四条。管理路线，即从员工晋升到部门经理、技术总监、项目经理，甚至向更高的领导职务发展。专家路线，即不断提高技能水平，在职业等级上不断晋升，成为技术专家，从事技术研发和支持工作。复合人才路线，即向其他行业跨越或职业转型，通过学习相关知识和技能转型为无人机驾驶员、无人机研发工程师、地图数据分析师等。创业路线，即结合职业技能及个人兴趣爱好进行创新创业。无人机测绘操控员的职业贯通如图 4-08-03-07-2 所示。

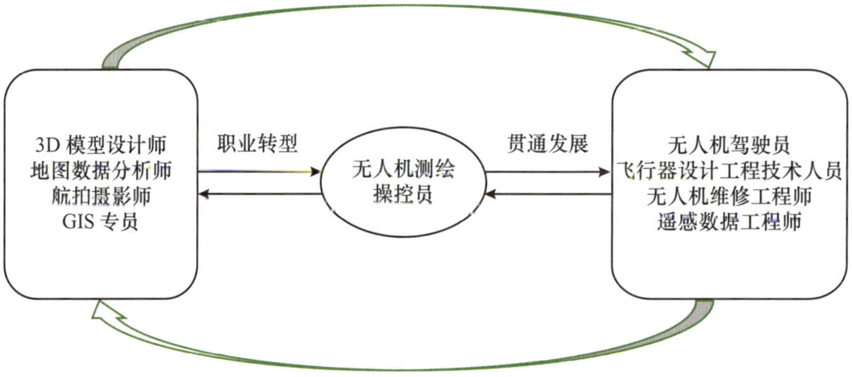

图 4-08-03-07-2　无人机测绘操控员的职业贯通发展图

九、无人机测绘操控员的发展前景

从市场供需看。无人机测绘领域包括土地测绘、建筑测量、环境监测等，对高精度、高效率的测绘数据有着持续的需求，而无人机测绘操控员正是获取这些数据的关键技术人员。而且，根据民航局相关规定，达到一定标准的工业级无人机，操作人员需要持有相应类别、等级的证照。因此，预计未来 5 年对无人机测绘操控员的需求量约为 450 万人。

从产业发展看。市场研究公司透明度市场研究报告显示，全球测绘无人机市场规模在 2019 年达到了 12.2 亿美元，预计到 2025 年将达到 22.1 亿美元，年平均复合增长率为 9.4%。随着无人机技术的普及，无人机在诸多行业的应用已经逐步形成，逐渐成为一项必不可少的工具。测绘无人机因其高效、精准、安全等优点被广泛应用，这也为无人机测绘产业发展提供了广阔的市场空间。

从政策红利看。《中华人民共和国测绘法》明确提出：国家鼓励发展地理信息产业，推动地理信息产业结构调整和优化升级，支持开发各类地理信息产品，提高产品质量，推广使用安全可信的地理信息技术和设备。同时，对用于测绘的无人机做出了明确法律规定，提出实行准入制度。随着政策的出台，无人机测绘人才需求也将呈现多元化、专业化、高素质的趋势。各省市也出台了一系列政策红利，例如，陕西省政府 2023 年 6 月宣布，将出台一系列鼓励和支持无人机产业发展的政策，为无人机企业提供财政补贴，以促进无人机技术在智慧城市建设中的应用。

十、相关内容链接

国家职业标准：扫码即可查看☞。

相关政策文件：见表 4-08-03-07-3。

表 4-08-03-07-3　相关政策文件

发布或通过时间	发布或通过机构	文件名称
2010 年 8 月	国家测绘局	无人机航摄安全作业基本要求
2010 年 8 月	国家测绘局	无人机航摄系统技术要求

续表

发布或通过时间	发布或通过机构	文件名称
2010 年 8 月	国家测绘局	低空数字航空摄影测量内业规范
2010 年 8 月	国家测绘局	低空数字航空摄影测量外业规范
2010 年 8 月	国家测绘局	低空数字航空摄影规范

供稿：上海商业会计学校　朱小燕

农产品食品检验员 L

职业编码：4-08-05-01

食品安全问题会让消费者对食品消费产生恐惧，不利于社会的稳定与发展。因此做好食品检验检测工作有利于社会的稳定，这就要求在食品种植（养殖）、生产、加工、储存、运输、销售等各个环节都对食品进行检测及评估，以保证让合格的产品进入市场，减少对人类的危害，杜绝食品安全问题的出现，激发消费者的消费热情，促进经济的科学发展。

一、农产品食品检验员的一天

记录时间：2023 年 6 月 12 日　　记录人：张某瑞

上午工作情况

9 点：

1. 抽样单位依据《食品安全监督抽检和风险监测工作规范》《食品安全监督抽检和风险监测实施细则》以及组织抽检的食品安全监管部门下达的计划制定详细的抽样方案，并准备抽样所需物资。（抽样方案的制定）

2. 到抽样地区抽取要检测的样品，根据不同样品的状态及包装形式，按国家标准相应的方法取样，抽取的样品类别、数量、状态和保质期等应达到抽样方案规定的要求，样品抽取后以妥善的方式进行封样。（样品抽取）

10 点：

1. 抽样人员使用规定的抽样单，详细完整记录抽样信息。抽样单填写完毕后，由抽样人员及被抽检单位有关负责人（或委托人）共同签名并盖章。

对被抽检单位无法提供相应合法印章的可加印手印并签字确认。(文书填写)

2. 根据样品性质和检验目的进行合理储藏、运输，确保样品不被污染。样品在储藏、运输过程中，采取适当保护措施，避免包装破损而导致样品之间的交叉污染。(样品运输)

11 点：

样品交接，并填写抽查样品移交确认单。进入实验室查看仪器设备完好度，拆解样品，混匀后用分样器或四分法逐步缩分。(平均样品的制备)

下午工作情况

14 点：

根据样品的种类和性质，按照相应国标要求进行样品的提取、浓缩、净化和衍生操作及样品的分解。(样品处理)

16 点：

按照国标的检测方法，使用仪器对检测样品进行检测、数据处理及出具检验检测报告。(样品分析检测)

18 点：

出具抽查不合格结果通知单，填写抽查结果汇总表，并做好下班前实验室安全检查及仪器设备的维护。

二、什么是农产品食品检验员

职业定义。从事农产品、粮油、食品及相关产品、食品添加剂等质量安全检验检测工作的人员。

定义解读。根据《中华人民共和国农产品质量安全法》，农产品是指来源于种植业、林业、畜牧业和渔业等的初级产品，即在农业活动中获得的植物、动物、微生物及其产品。农产品检验是指对农产品外观和内在品质，即农产品的营养成分、色香味和口感以及农产品在产地、生产过程、贮藏、运输、加工和销售等各个环节中各种有毒有害物质的检测，评价农产品的性能是否符合国家或行业标准的要求，农产品生产加工过程中所带来的可能对人、动植物和环境产生危害或潜在危害在国家许可范围之内。食品是指各种供人食用或者饮用的成品和原料以及按照传统既是食品又是药品的物品，但是不包括以治疗为目的的物品。食品检验是围绕食品所展开的，在参照相关标准、程序，并借助某一（多）种技术手段的条件下，以样本实验结果为依据，对食品的营养成分、食品添加剂、食品中有害元素、农药及药物残留、毒素（天然毒素）、激素和食品加工及包装中有害物质的检验。通过食品检验，可以达到评定食品品质，并满足消费者对食品的高安全、高营养、美味可口等要求的目的。

关联职业。自然科学和地球科学研究人员，农业科学研究人员，医学研究人员，化工工程技术人员，海洋工程技术人员，食品工程技术人员，环境保护工程技术人员，标准化、计量、质量和认证认可工程技术人员，检验检疫工程技术人员，制药工程技术人员，土壤肥料技术人员，兽医兽药技术人员，畜牧与草业技术人员，水产技术人员，药学技术人员，医疗卫生技术人员，餐饮服务人员，检验、检测和计量服务人员，环境监测服务人员，动植物疫病防治人员，农村环境保护人员，粮油加工人员，制糖人员，畜禽制品加工人员，水产品加工人员，果蔬和坚果加工人员，淀粉和豆制品加工人员，焙烤食品制造人员，糖制品加工人员，方便食品和罐头食品加工人员，乳制品加工人员，调味品及食品添加剂制作人员，酒、饮料及精制茶制造人员，化学肥料生产人员，农药生产人员，化学药品原料药制造人员，检验试验人员等职业中与农产品、粮油、食品检验相关的职业。

相应岗位。农产品质量安全检测员、粮油质量检验员、食品检验员。

三、农产品食品检验员的主要工作职责

1. 根据实验场所环境管理要求、实验室化学品安全管理要求、危险化学品管理要求等，建立并实施实验室安全管理制度。

2. 根据受理样品检验申请，准备和确认检验方法。

3. 根据所检测样品的种类和项目准备试剂、配制和标定所需的农兽药、元素

等标准溶液。

4. 根据受检样品的种类和性质采用相应的方法采集和制备样品，并根据国标进行样品预处理。

5. 运用感官和工具等，判定农产品、粮油、食品的外观特征指标及确定粮油质量等级。

6. 根据农产品的检测项目，选用气相色谱仪、液相色谱仪、原子吸收分光光度计等仪器设备，检测农产品的质量和营养成分指标，以及农兽药残留、重金属、毒素、环境污染物等指标。

7. 根据粮油的检测项目选用粉质仪、吹泡仪、脂肪酸值测定仪、X 荧光粮食镉快测仪、气相色谱仪等专用和通用仪器设备，检测粮油的定等质量指标、专用和营养品质指标、储存品质指标、食品安全指标。

8. 根据食品的检测项目选用相应的仪器设备，检验食品中营养成分、添加剂、重金属元素、自然毒素、农兽药残留指标，检验食品中细菌、病毒、寄生虫、霉菌等生物性危害指标，检验食品生产加工过程中物理性污染及放射元素危害指标。

9. 编制原始表格，记录检测数据，计算检测结果，出具检验检测报告。

10. 根据检测结果进行分析和判断，确定可能存在的安全隐患，并及时采取相应的措施。

11. 能够与农民、企业等相关方进行有效的沟通和协调，了解各方的需求和利益，为农产品质量安全检测工作提供更好的支持和保障。

12. 能维护和保养检验专用和通用仪器设备，维护检测场所卫生和安全。

13. 能进行检测质量控制，参与质量管理体系建设。

本职业包含但不限于农产品质量安全检测员、粮油质量检验员和食品检验员等工种。

四、农产品食品检验员的薪酬福利待遇

平均薪酬水平。根据看准网的统计数据，2022 年农产品食品检验员在全国的平均月薪为 11231 元。农产品食品检验员工资水平受地域、工作经验、学历等多

种因素影响。

与类似职业对比。根据看准网数据，该职业岗位 2022 年的薪酬一般要高于体系审核员、生产安全员、体系工程师和质检员的薪酬，低于产品认证工程师、失效分析工程师、汽车质量工程师，见表 4-08-05-01-1。

表 4-08-05-01-1 类似职业薪酬水平

职业名称	薪酬水平（元 / 月）
体系审核员	9968
生产安全员	9017
体系工程师	10348
质检员	6053
产品认证工程师	13337
失效分析工程师	13512
汽车质量工程师	16502

五、从事农产品食品检验员工作需要哪些本领

该职业从业人员需具备的知识和技能有：样品准备及处理、样品检测、结果记录及数据处理、实验室安全管理及仪器设备维护等。

根据《农产品食品检验员国家职业技能标准》，该职业需具备的知识和技能见表 4-08-05-01-2。

表 4-08-05-01-2 农产品食品检验员需具备的知识和技能

职业功能	工作内容	知识和技能要求
样品准备及处理	抽样	能按抽样规范、规程或标准进行抽样，能填写抽样报告单，能按规程制备样品
	样品接收和管理	能按规程进行样品的确认，能填写取样报告单，能对样品进行分类、保存

续表

职业功能	工作内容	知识和技能要求
样品准备及处理	样品前处理	能按照标准进行样品提取、浓缩、净化和衍生操作，能按照标准进行干灰化法、湿消解法、微波消解法和高压罐法操作
	检测后样品处理	能对检测后植物源样品、动物源样品进行处理
样品检测	标准溶液配制	能识别、选用化学药品和试剂，能按照标准配制元素标准溶液、农药混合标准溶液、兽药混合标准溶液、食品添加剂标准溶液，能按照标准配制脂肪酸、溶剂残留混合标准溶液
	样品检测	能按照标准用气相色谱仪进行农药残留的检测，能按标准用气相色谱仪进行脂肪酸组成、食品添加剂或溶剂残留的检测，能按标准用液相色谱仪进行兽药残留、农药残留的检测，能按标准用液相色谱仪进行食品添加剂的检测，能按标准用原子吸收分光光度计进行元素的测定，能按照标准进行小麦及小麦粉吸水率和面团揉和性能的测定，能按照标准对粮油及其制品中黄曲霉素 B1 进行测定，能按照标准进行霉菌、酵母菌、乳酸菌的检测
结果记录及数据处理	结果计算	能根据仪器的图谱记录数据，正确绘制工作曲线、计算检测结果
	数据处理	能进行方法检出限和定量限的试验和计算，能对检测结果进行分析判断
实验室安全管理及仪器设备维护	实验室安全管理	能对检验检测实验室进行安全管理和内部质量控制，协助实验室完成认证认可工作
	仪器设备维护	能熟练使用、检查和维护常用分析检测仪器设备，如气相色谱仪、液相色谱仪、原子吸收光谱仪等

六、农产品食品检验员的专业教育现状

（一）相关专业

目前已有许多院校开设了与该职业相关的专业。普通本科院校专业有食品质

量与安全、食品安全与检测、食品营养与检验教育、食品卫生与营养学、食品科学与工程等。职业院校专业有农产品加工与质量检测、食品质量与安全、食品智能加工技术等。

（二）开设相关专业的院校（排名不分先后）

★ 相关院校：江南大学、中国农业大学、华南理工大学、内蒙古农业大学、上海师范大学、湖北大学、新疆理工学院、南京中医药大学、浙江工业大学、华中农业大学等。

◆ 相关院校：杨凌职业技术学院、苏州农业职业技术学院、江苏经贸职业技术学院、广东农工商职业技术学院、浙江经贸职业技术学院、黑龙江农垦职业学院、山东药品食品职业学院、嘉兴职业技术学院、江苏食品药品职业技术学院、日照职业技术学院等。

七、农产品食品检验员的就业创业信息

农产品食品检测人员主要集中在长三角、珠三角、京成渝等地区，如深圳、苏州、东莞、上海、广州、杭州、北京、成都、宁波、重庆等城市。

吸纳农产品食品检验员就业较多的用人单位主要有以下几方面：

1. 各级市场监督管理局、质量技术监督部门、海关部门、工商部门、进出口检验检疫局、农林科学院等。

2. 第三方检测机构：四川凯乐食品检测有限公司、安徽中创食品检测有限公司、湖南省振华食品检测研究院、谱尼测试科技股份有限公司、中科检测技术服务（广州）股份有限公司、山东华安检测技术有限公司、浙江托普云农科技股份有限公司、浙江大地检测科技股份有限公司等。

3. 食品生产企业：中粮集团有限公司、旺旺集团、徐福记食品有限公司、伊利实业股份有限公司、蒙牛乳业（集团）股份有限公司、健力宝集团、浙江五芳斋实业股份有限公司等。

4. 农贸市场、农产品交易中心：中国农产品交易中心、上海西郊国际农产品交易中心、石家庄国际农产品批发交易中心、浙北农副产品交易中心、各地大型农贸市场等。

5. 绿色果蔬生产基地：北京市昌平区小汤山镇天安蔬菜基地、北京市通州区潞城镇国际都市农业科技园蔬菜基地、北京市大兴区庞各庄镇西甜瓜基地、天津市武清区大良镇青萝卜基地、河北省石家庄市晋州市周家庄乡鸭梨基地、河北省保定市阜平县天生桥镇香菇基地、山西省运城市临猗县北辛乡苹果基地、内蒙古自治区巴彦淖尔市五原县隆兴昌镇向日葵基地、吉林省松原市宁江区善友镇汇通绿色果蔬基地、浙江省台州市仙居县步路乡杨梅基地等。

注：以上机构信息仅供参考，不代表编写出版方对其推荐或认可。

八、农产品食品检验员的贯通发展

该职业的发展路径主要有四条。管理路线，即从员工晋升到组长、主任、部长等单位中层，再晋升到总监、首席质量官等单位领导层，甚至往高级领导职务发展。专家路线，即不断提高技能水平，在职业等级上不断晋升，从检验员（初、中、高级），到技师、高级技师，再到技术专家、技术总监、首席技术官，成为农产品食品检测领域专家。复合人才路线，即向其他行业跨越或职业转型，如通过学习相关知识和技能转型为产品认证工程师、质量管理内审员、供应链管理师、安全评价工程师、品质工程师等，与专业技术岗位横向贯通。创业路线，即基于个人资源能力进行创新创业。农产品食品检验员的职业贯通发展如图 4-08-05-01-1 所示。

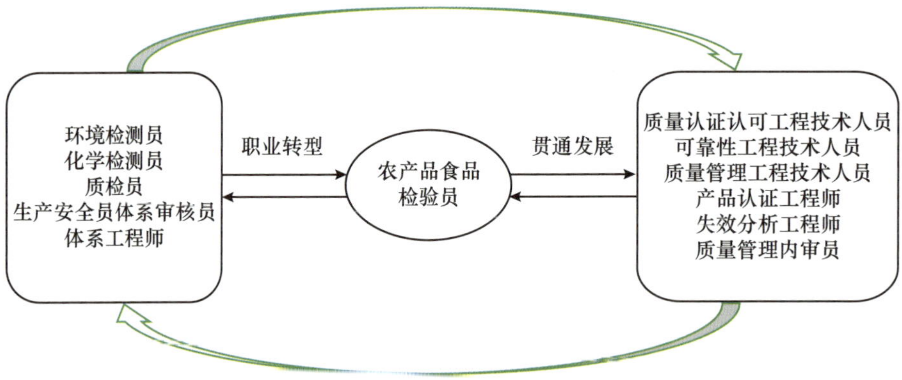

图 4-08-05-01-1　农产品食品检验员的职业贯通发展图

九、农产品食品检验员的发展前景

从市场供需看。民以食为天，食以安为先。现阶段我国食品安全问题已经受到越来越广泛的重视，相应的农产品食品检测机构的发展时间比较短，从现状来看，省市级的检测机构才刚刚满足国家检测需要，而县级以下的机构数量仍然很少，需逐渐完善县级的检测机构。在农产品的主要生产基地、加工基地、批发基地以及各类大型的农贸市场都需要建立快速检测中心，为农产品的生产者以及消费者提供自助式检测服务，加大行业的自律性检测力度。食品检测是对食品加工过程的物料及产品品质进行控制和管理，对储藏和销售过程中食品的安全进行全程质量控制，为新资源和新产品的开发，新工艺的探索提供科学依据。《中国食品安全检测市场专项调研及投资前景预测报告（2022—2027年）》指出，2021年中国相关食品安全检测企业数量为5133家，同比增长50.8%。

从产业发展看。随着经济的不断发展和消费者收入的增加，越来越多的人开始关注农产品食品的质量问题。所以，重视农产品的食品安全问题，不仅关系到消费者的身体健康，更关系到国家与社会的长治久安。现在正在大力推行的无公害农产品、绿色食品生产，在农产品生产过程中，需要严格控制化学合成农药、肥料、食品添加剂等的使用，同时要减少其他有害于人体健康的物质使用，做到从土地到餐桌的全过程生产质量控制。

从政策红利看。《中华人民共和国食品安全法》第六十四条：食用农产品批发市场应当配备检验设备和检验人员或者委托符合本法规定的食品检验机构，对进入该批发市场销售的食用农产品进行抽样检验。第八十一条：婴幼儿配方食品生产企业应当实施从原料进厂到成品出厂的全过程质量控制，对出厂的婴幼儿配方食品实施逐批检验，保证食品安全。第八十七条：县级以上人民政府食品安全监督管理部门应当对食品进行定期或者不定期的抽样检验，并依据有关规定公布检验结果，不得免检。第九十二条：进口的食品、食品添加剂、食品相关产品应当符合我国食品安全国家标准。进口的食品、食品添加剂应当经出入境检验检疫机构依照进出口商品检验相关法律、行政法规的规定检验合格。《食品生产加工企业质量安全监督管理实施细则（试行）》第三十七条：食品生产加工企业对用于生产加工食品的原材料、食品添加剂、包装材料和容器等必须实施进货验收制度，不符合质量安全要求的，不得用于食品生产加工。第三十八条：食品出厂必须经过检验，未经检验或者检验不合格的，不得出厂销售。

2021 年，国务院发布《国务院关于加快建立健全绿色低碳循环发展经济体系的指导意见》：鼓励发展生态种植、生态养殖，加强绿色食品、有机农产品认证和管理；完善法律法规政策体系，完善绿色标准、绿色认证体系和统计监测制度，加快绿色产品认证制度建设，培育一批专业绿色认证机构。2022 年 9 月，农业农村部印发《关于实施农产品"三品一标"四大行动的通知》，旨在发挥农产品"三品一标"在产品端的带动作用，打造高品质、有口碑的农业"金字招牌"。"三品一标"的"三品"指无公害农产品、绿色食品、有机食品，"一标"是农产品地理标志产品。我国农业农村部农产品质量安全中心（负责无公害农产品认证及产地认定工作，以及农产品地理标志登记管理的审查和专家评审工作）、国家认证认可监督管理委员会（负责"有机农产品"的认证与管理）等主要相关部门已经开始酝酿从"三品一标"农产品为切入点，试点并逐步推进农产品和食品的市场准入机制，并最终建立起我国主要农产品的强制追溯体系，将农产品及食品的质量安全监管与追溯制度化、常态化，从而从根本上解决我国农产品和食品质量安全问题。

十、相关内容链接

国家职业标准： 扫码即可查看☞。

相关政策文件： 见表 4-08-05-01-3。

表 4-08-05-01-3　相关政策文件

发布或通过时间	发布或通过机构	文件名称
2021 年 11 月	国家卫生健康委	《食品安全风险监测管理规定》
2005 年 8 月	国家质量监督检验检疫总局	《食品生产加工企业质量安全监督管理实施细则》

供稿：浙江广厦建设职业技术大学　陈凌

自然保护区巡护监测员 L

职业编码：4-09-05-01

习近平总书记指出“绿水青山就是金山银山”，自然保护区是自然生态系统的重要组成部分，也为保障经济社会可持续发展提供不可缺少的战略资源。保障自然保护区生态平衡，维护生物多样性，是关系国家生态安全体系和经济社会可持续发展的重要基础，对于改善生态环境，实现人与自然和谐，具有十分重要的意义。为进一步提高认识，牢固树立和全面贯彻绿色发展理念，切实把自然保护区的巡护、监测作为重要任务，是非常有必要的。为此，自然保护区巡护监测员职业应运而生。

一、自然保护区巡护监测员的一天

记录时间：2022 年 9 月 13 日　　记录人：梅某

上午工作情况

8 点至 12 点：

1. 对四川栗子坪国家级自然保护区气象站气象、水文、气压、温湿度、土壤等环境因子进行数据采集、记录。（环境因子数据记录）

2. 对自然保护区进行日常巡护，防止人为破坏活动发生，且重点观察记录国家级保护动植物以及入侵动植物的情况。（日常巡护）

3. 为防止进入自然保护区的人员携带火种等违规物品，对出入自然保护区的人员按照有关规定进行检查。（例行检查）

4. 巡护过程中发现明火，立刻利用随身携带的微型灭火器进行现场扑

灭，并及时上报。（突发状况处理）

5. 巡护过程中发现自然保护区内保护物种受到破坏，立即进行简单的应急处理，并做好标记，上报上级后进一步采取行动进行保护。（物种保护）

6. 在办公室整理自然保护区巡护监测有关档案资料。（档案整理）

下午工作情况

14 点至 18 点：

1. 深入走访，了解自然保护区内及周边社区的有关情况，与社区工作人员进行沟通，互通消息。（走访社区）

2. 建立健全自然保护区自然资源数据库，对巡护过程中首次发现的动植物记录在册。（数据库建设）

3. 查看自然保护区界桩、标志、宣传牌和各种科研设施。（查看公共设施）

4. 在临近社区进行森林防火、自然保护区资源保护等宣传工作，增强社区群众参与意识。（社区宣传）

5. 对巡护过程中发现的病虫害发生情况进行及时防治处理，对危害严重情况及时上报，并监测病虫害的发生动态。（病虫害防治）

6. 对巡护过程中发现的入侵动植物进行动态监测，尤其对近几年爆发成灾的薇甘菊、加拿大一枝花、红火蚁等进行重点监测，并上报给检验检疫局等有关部门。（入侵生物监测）

二、什么是自然保护区巡护监测员

职业定义。自然保护区巡护监测员是指从事自然保护区野外生态环境巡护、监测、检查、数据收集处理、联络沟通等工作的人员。

定义解读。自然保护区巡护监测员需要长时间在野外工作，要求掌握一定的动植物学专业知识，热爱大自然，且身体健康，适应野外工作环境。自然保护区巡护监测员是自然保护区保护队伍的主体，是自然保护区保护工作的“一线”人员，职责包括巡护、报告、执法、防火、观察、监测、保护设施的维护、与社区打交道及一些保护区特别安排的工作。具体为在科技人员指导下，定期监测、记录保护区内环境因子变化情况，对气象、水文、土壤等环境因子进行观测记录；对出入保护区的人员按有关规定进行检查和保护，以及防火的宣传；了解保护区内及周边社区的有关情况，沟通信息，提供咨询。

关联职业。密切相关的职业有野生动物保护员、野生植物保护员和护林员。其侧重点各不相同，野生动物保护员指从事野生动物及栖息地的保护，拯救、驯养、繁殖濒危珍稀野生动物，合理开发利用野生动物的工作人员。野生植物保护员指从事野生植物及其生长环境的保护工作，管护、监测、救护、培植和利用野生植物的工作人员。护林员是指从事巡护森林、报告火情、保护森林资源工作的人员。

相应岗位。自然保护区环境巡护监测工、自然保护区检查工、自然保护区社区共管联络工。

三、自然保护区巡护监测员的主要工作职责

1. 遵守巡护制度，明确监管范围，认真履行职责，严格按照指定的巡护路线进行巡护。通过对固定巡护线路和临时巡护线路的检查，按照人为活动对自然资源的干扰和破坏程度，收集各种相关数据；及时发现、制止、报告破坏自然资源的行为，协助上级部门查处破坏自然资源的案件；认真执行定期报告和巡护记录制度。

2. 监测、记录、报告自然保护区内物种以及气象、水文、土壤等环境因子变化情况。

3. 检查、监管出入自然保护区的人员、车辆。

4. 普及资源保护知识，规范访客行为；检查护林防火工作，处理火灾隐患，进行计划烧除，在森林防火期，依法进行护林防火的宣传、预防和检查工作，确保自然资源的安全。

5. 维护自然保护区内的设施、设备，认真查看保护区界桩、标志、宣传牌和各种科研设施。

6. 收集自然保护区及周边社区的情况，沟通信息，提供咨询，做好社区资源

保护宣传工作，提高社区群众参与资源保护的意识。

7. 建立健全自然保护区自然资源数据库、动植物资源监测，记录珍稀植物的发现、生长变化情况，分析野生动植物种群数量和分布，预测资源变化趋势。

8. 及时报告山体滑坡、泥石流、冰雪灾害等对自然保护区的危害情况。

四、自然保护区巡护监测员的薪酬福利待遇

平均薪酬水平。自然保护区巡护监测员主要为自然保护区内的一线工作人员，薪酬福利待遇相对较低。招聘平台公示数据显示，目前自然保护区环境巡护监测工等一线工作人员月收入平均薪酬为 3944 元。随着我国对自然环境保护意识的提高，以及对防止生物入侵等工作的重视，自然保护区巡护监测员的薪酬待遇呈现上升趋势。自然保护区巡护监测员的薪酬构成大致为：工资性收入、奖励收入、补贴收入、其他收入。

与类似职业对比。根据招聘平台公示数据显示，该职业薪酬整体与护林员等一线工种持平，低于农业工程技术人员、畜牧与草业人员等职业，详情见表 4-09-05-01-1。

表 4-09-05-01-1　类似职业薪酬水平

职业名称	薪酬水平（元 / 月）
护林员	2020~5000
农业现场实验员	4500~6000
农业工程技术人员	10000~18000
畜牧与草业人员	8000~20000

五、从事自然保护区巡护监测员工作需要哪些本领

该职业从业人员需要具备的知识和技能有：动植物学基础知识、植物病虫害防治相关知识、野外生存基础知识、安全生产知识、相关法律法规知识等。该职业需具备的知识和技能见表 4-09-05-01-2。

表 4-09-05-01-2 自然保护区巡护监测员需具备的知识和技能

职业功能	工作内容	知识和技能要求
巡护	实施巡护计划	（1）制订巡护计划，按计划进行巡护，检查和维护基本的野外巡护露营设备，选择合适的野外宿营地进行宿营，具有应对野外紧急情况发生的能力 （2）掌握 GPS 等仪器的使用方法，并在野外熟练运用 （3）对巡护区内的乱砍滥伐、乱挖滥采等违法、违规行为及时上报处理 （4）对巡护区内火险隐患和火情及时采取措施并上报 （5）掌握植物物候学和动物生活史知识，识别自然保护区内常见的保护物种，发现并报告受伤、中毒等异常状况下的重点保护对象，制定保护对象救护方案，组织开展野外救护活动 （6）具有使用地形图、GPS 等野外巡护装备识别巡护路线的能力，可以安全通过特殊地形，确定重点保护对象的位置和范围 （7）熟悉野外动植物生理特征，可以进行动物年龄组成、性别的判别 （8）根据巡护报告提出巡护计划改进建议 （9）根据野外数据绘制各类专题地图
	处理突发事件	（1）熟悉资源、环境相关法律法规，协助执法人员处理违法、违规行为及取证，对违法人员进行询问，必要时进行法律诉讼 （2）合法、恰当地滞留违法、违规人员 （3）制定防火方案，掌握防火、灭火技能，及时发现自然火源，准确判断火源位置，及时处理火警。发生大面积火灾时配合有关部门组织大规模扑火工作 （4）制定病虫害预防方案，采集病虫标本或信息，判断病虫害发生常见种类，科学配置、使用防治病虫害的药剂，确定治理方法，并对病虫害危害结果进行评估 （5）对自然保护区内的入侵生物进行记录并上报有关部门进行处理
	编写、审核巡护报告	（1）对巡护数据进行分析并编写、审核野外巡护报告 （2）就巡护中发现的有关问题提出解决办法
	巡护数据分析	（1）根据野外巡护报告提供的巡护数据进行保护状况分析，并及时调整巡护计划 （2）发现、预见、报告保护对象的异常情况

续表

职业功能	工作内容	知识和技能要求
监测	资源与环境监测	（1）具有正确操作常用监测仪器设备收集数据的能力，可以完成野外监测任务和抽样监测任务，并编写监测工作报告 （2）完成监测样方、样地、样线野外布设工作，可以在野外识别常见监测对象活动痕迹 （3）完成监测数据的处理与分析，并编写生态环境监测技术报告 （4）制定、评估、调整资源与环境监测方案 （5）利用监测成果对自然保护区管理提出建议
	人为干扰活动监测	（1）可以完成人为活动野外定位、定量监测调查任务，并对监测数据进行处理和分析，完成监测工作报告 （2）具有编写人为活动监测技术报告的能力，制定人为活动监测方案 （3）可以为社区共管方案提出建议
档案管理	档案管理	（1）整理、管理巡护监测有关档案资料，利用档案资料分析管理问题 （2）检查档案管理工作，审定档案资料管理方案 （3）熟练使用档案资料
培训与指导	培训	（1）编制培训计划，编写培训讲义 （2）对相关人员进行技术业务培训
	指导	对相关人员进行实际操作指导

六、自然保护区巡护监测员的专业教育现状

（一）相关专业

自然保护区巡护监测员的培养以短期培训为主，学历教育开始起步，服务于自然保护区巡护监测员素质提高和培养的系统教育、长短期结合的培养方式初步形成。目前，已有部分院校开设了与自然保护区巡护监测员相关的专业，主要有现代农业技术、森林资源保护与管理、植物保护（森林保护方向）、野生动植物资源保护与利用、森林草原防火技术专业等，涉及普通本科院校和职业院校。

（二）开设相关专业的院校（排名不分先后）

★ 相关院校：北京林业大学、四川农业大学、西北农林科技大学、浙江农林大学、南京林业大学、中南林业科技大学、河南农业大学、东北林业大学、福建农林大学等。

◆ 相关院校：咸宁职业技术学院、北京农业职业学院、江苏农林职业技术学院、成都农业科技职业学院、苏州农业职业技术学院、襄阳职业技术学院、黄冈职业技术学院、江苏农牧科技职业学院、河南农业职业学院、辽宁农业职业技术学院等。

七、自然保护区巡护监测员的就业创业信息

该职业的从业人员主要分布在我国各自然保护区从事一线工作，也有的在动植物检疫部门、动植物保护行业、动植物保护有关企事业、海关和农林业行政机构等从事相关工作。

吸纳自然保护区巡护监测员就业较多的用人单位主要有：

1. 自然保护区：长白山自然保护区、卧龙自然保护区、鼎湖山自然保护区、梵净山自然保护区、武夷山自然保护区、宝天曼自然保护区、梅花山自然保护区、宁德兔耳岭自然保护区、大兴安岭汗马自然保护区、黄山生物圈保护区等。

2. 涉及自然保护区保护、利用的相关协会：赤峰市野生动植物保护协会、丹东市野生动植物保护协会、中国野生动植物保护协会、安徽省野生动植物保护协会、陕西省野生动植物保护协会等。

3. 机关事业单位：江西省野生动植物保护中心、上海市金山区野生动植物保护管理站、上海市水生野生动植物保护研究中心、海南热带雨林国家公园、国家林业和草原局及下属单位等。

八、自然保护区巡护监测员的职业贯通发展

该职业的发展路径主要有三条：专家路线，即不断提高技能水平，在职业等级上晋升，成为自然保护区巡护监测领域专家，对从业人员进行培训指导；复合型人才路线，即向其他行业跨越或职业转型，如通过学习相关知识和技能转型为

野生动植物保护员、林业有害生物防治员、农业技术员等，与专业技术岗位横向贯通；创业路线，即基于个人兴趣爱好进行创新创业，自然保护区巡护监测员的职业贯通发展如图 4-09-05-01-1 所示。

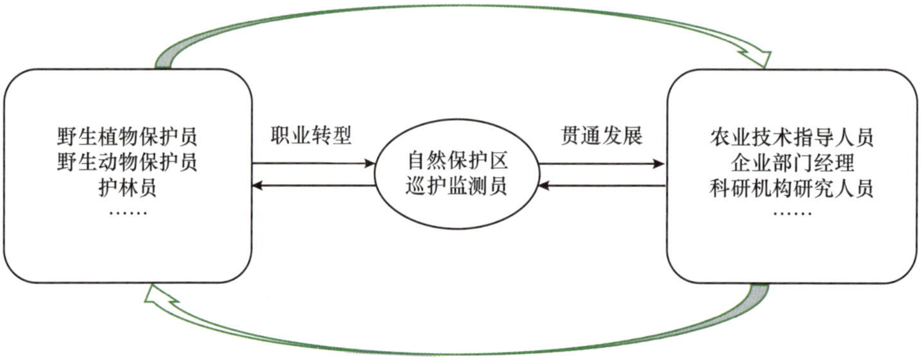

图 4-09-05-01-1　自然保护区巡护监测员的职业贯通发展图

九、自然保护区巡护监测员的发展前景

从市场供需看。我国自然保护区巡护监测员存在巨大缺口。《乡村科技》杂志发文报道，由于我国自然保护区面积较大，配置的工作人员数量却十分有限，已成为制约我国自然保护区稳定发展的主要问题。2021 年昆山杜克大学环境研究中心调查发现自然保护区巡护监测员呈现出“老龄化”“青黄不接”的现象，年轻人才流失率高。随着人们对生态平衡、生态环境、人与自然和谐相处的不断重视，自然保护区巡护监测员的需求缺口会越来越大。

从产业发展看。按照保护区的性质来划分，自然保护区可以分为科研保护区、国家公园、管理区和资源管理保护区 4 类。随着我国对生态环境的重视，以及自然保护区可以创造的科研价值和经济价值愈发被关注，给产业发展注入了新的活力。目前来看，该行业处于初级阶段，自然保护区一定程度上存在管理水平落后、自身局限性等问题，但不可否认的是，该行业已经进入了高速发展的模式，未来可期。

从政策红利看。我国各级政府对自然保护区的工作相当重视，2021 年 10 月，第一批国家公园正式成立，我国逐步形成了以国家公园为主体、自然保护区为基础、各类自然公园为补充的自然保护地系统，标志着我国对自然保护区的重视上升到了一个新的高度。在管理体制上，自然保护区的正式员工都被纳入事业单位编制。湖南省永州市道县林业部门多措并举，落实落细野生生物保护工作，加强生态保护，助推乡村振兴。青海省林业和草原局优先从贫困人口中选聘生态管护员，三江源国家公园实现园区“一户一岗”，年人均增收达到 2.16 万元，在带动群众就业增收、巩固拓展脱贫成果方面发挥了“稳定器”作用。

十、相关内容链接

国家职业标准：扫码即可查看☞。

相关政策文件：见表 4-09-05-01-3。

表 4-09-05-01-3　相关政策文件

发布或通过时间	发布或通过机构	文件名称
2017 年 10 月	国务院	《中华人民共和国自然保护区条例》
2019 年 12 月	第十三届全国人民代表大会常务委员会	《中华人民共和国森林法》
2022 年 1 月	农业农村部	《农业野生植物保护办法》（2022 年修订）

供稿：咸宁职业技术学院　徐鹏辉

野生动物保护员 L

职业编码：4-09-06-01

“没有买卖，就没有杀害”，随着自然环境的恶化，对野生动物的保护刻不容缓。野生动物是大自然留给人类的宝贵财富，是自然生态系统的重要组成部分，是人类社会必不可少的资源。由于环境恶化，人类乱捕滥猎，野生动物的生存正在面临着各种各样的威胁，野生动物资源急剧下降。保护、发展和合理利用野生动物资源，对于维护生态平衡、改善自然环境、促进人与自然的和谐、保持生物多样性、促进经济社会全面持续可协调发展有着非常重要的意义。野生动物保护员就是专业从事野生动物拯救、保护、驯养、繁育和开发利用的工程技术人员。

一、野生动物保护员的一天

记录时间：2023 年 1 月 1 日　　　　记录人：张某生

上午工作情况

8 点至 10 点：

1. 进行自然保护区或野生动物栖息地的野外巡护、监测、数据收集管理，制止并报告发生的非法猎捕野生动物和破坏野生动物栖息环境及进入保护区对区内资源破坏的行为，协助打击犯罪。（野生动物拯救、保护）

2. 驯养繁殖野生动物，为野生动物及幼雏配制饲料、喂食、看护、配种并进行疫病防治。（野生动物驯养、繁育、饲养）

10 点至 12 点：

引导游客观赏野生动物。（野生动物开发利用）

下午工作情况

14 点至 16 点：

1. 在狩猎区域对合法狩猎活动进行技术指导和监督，并按要求对猎获物进行处理。（野生动物开发利用）

2. 合理并合法猎捕野生动物。（野生动物利用）

16 点至 17 点半：

采收、分割、加工可利用的野生动物及其产出品，并制成产品。（野生动物利用）

小松鼠饲喂

夜鹭看护

二、什么是野生动物保护员

职业定义。野生动物保护员是指从事野生动物及栖息地的保护，进行拯救、驯养和繁殖濒危珍稀野生动物，合理开发利用野生动物的作业人员。

定义解读。野生动物保护指的是保护野生动物。法律所保护的野生动物，是指珍贵、濒危的陆生、水生野生动物和有重要生态、科学、社会价值的陆生野生动物。野生动物保护员是保护野生动物的第一线工作者。他们需要在野外进行巡逻，监测野生动物的活动和生存状况，及时发现和处理野生动物的问题。野生动物保护员需要具备一定的野外生存技能和野生动物保护知识，同时还需要有较强的责任心和热情，并具备较强的身体素质。

关联职业。野生动物管护工、野生动物饲养工、野生动物驯化工、野生动物繁殖工、野生动物疫病防治工、野生动物采收工、野生动物加工工、野生动物标本工、野生动物猎捕工、狩猎导猎员、野生动物监测工、野生动物实验辅助工。

三、野生动物保护员的岗位职责

野生动物保护员的主要任务包括调查、监测和评估野生动植物及其生存环境，制定拯救保护措施；制定野生动物保护利用的总体规划、经营方案、技术措施；研究野生动植物与社区关系，制定防控措施；调查、监测、分析野生动植物的生态习性和生物学规律；研究野生动植物驯化、饲养、繁殖、育种技术和管理措施；研究、应用野生动植物产品测定、分析、储藏技术等。该岗位主要职责如下：

1. 对自然保护区或野生动物栖息地进行野外巡护、监测、数据收集管理，制止并及时报告发生的非法猎捕野生动物和破坏野生动物栖息环境及进入保护区对区内破坏的活动，协助打击犯罪活动。

2. 对野生动物进行科学合理的驯养繁殖，为野生动物及幼畜配制饲料、喂食、看护、配种并进行疫病防治。

3. 对可利用的野生动物及其产品，按确定的方法进行采收、分割、加工并制成产品。

4. 根据不同种类野生动物的特点，合理并合法猎捕野生动物。

5. 在狩猎区域对狩猎活动进行技术指导和监督，并按要求对猎获物进行处理。

6. 宣传贯彻野生动植物保护的有关法律、法规和政策并监督执行。

7. 组织、指导和监督野生动物资源的保护管理和开发。

8. 负责野生动物资源的监测，协调与自然保护区管理局的业务往来；负责对森林和野生动物类型的自然保护区的划定、建设和管理；组织指导森林公园的建设和管理，履行野生动物进出口有关国际公约。

9. 审核野生动物进出口手续，办理野生动物驯养繁殖、经营利用、运输及野生植物采集的行政许可。

10. 负责野生动物肇事的统计和补偿；负责野生动物的收容救护和野生动物的迁地保护工作。

四、野生动物保护员的薪酬福利待遇

平均薪酬水平：野生动物保护涉及的岗位较多，包括野生动物饲养员、保育员、繁殖员、驯养员、兽医员、保护员等。前程无忧平台显示，野生动物保护专员的薪资为 7 万 ~10 万元 / 年；BOSS 直聘平台显示，野生动植物保护工作人员薪资为 4000~5000 元 / 月；2021 年厦门人才网显示，野生动物救助及护林巡护人员薪资为 4000~4500 元 / 月；而智联招聘网显示，野生动物保护主要面向自然保护区、野生动物饲养等单位，从事自然保护区野外巡护、监测、数据收集管理等工作，目前野生动物饲养员平均薪酬 4800 元 / 月，其中 4500~6000 元 / 月工资占比最多，占比 39.5%，发达地区如深圳的薪酬为 5000~10000 元 / 月，主要负责野生动物的救护、疫源疫病监测及野生动物保护科普教育等工作。

与类似职业对比。根据智联招聘数据显示，类似相关职业包括野生动物保育员、野生动物兽医员、野生动物驯养员，具体薪酬待遇详情见表 4-09-06-01-1。

表 4-09-06-01-1　类似职业薪酬水平

职业名称	薪酬水平（元 / 月）
野生动物保育员	5000~10000
野生动物繁殖员	4000~6000
野生动物饲养员	4000~7000
野生动物兽医员	5000~8000
野生动物兽医师	6000~12000
野生动物驯养员	4000~6000

五、从事野生动物保护工作需要哪些本领

该职业具有一定的危险性，需要具备严谨的安全意识；同时要求热爱动物，尊重自然；工作内容、任职资格和要求会因时、因境而变。该职业从业人员需具备的知识和技能有：了解和掌握野生动物保护、驯养繁殖、产品开发利用、自然保护区、野生动物资源管理等方面的基础知识，主要包括野生动物及栖息地的保护，拯救、驯养繁殖濒危珍稀野生动物及其合理开发利用等。核心技能是具有野生动物识别、饲养繁殖和救护防范的能力。

该职业需具备的基本素质和岗位能力见表 4-09-06-01-2。

表 4-09-06-01-2　野生动物保护员岗位要求

内容	岗位要求
基本素质	具有较好的沟通能力以及长期野外工作的身体素质
理论知识	具备扎实的数学、物理、化学等基本理论知识
	掌握林学、生物学、畜牧学等学科的基本理论知识
	掌握显微制片、生物化学分析、饲料营养成分分析、野生动物无线电遥测技术、野生动物种群数量及自然保护区资源调查方法等
	熟悉我国野生动物保护利用及森林资源保护的方针、政策及法规
	了解国内外野生动物保护与利用学科的理论前沿、应用前景及发展动态
基本技能	具有野生动物野外调查、巡护与监测、资源建档和管理及生物安全调查的能力
	具有野生动物日粮配制、野生动物饲养管理及救护的实践技能
	具有野生动物常见重要疾病的流行病学分析、临床诊断和防治的能力
	具有探究学习、终身学习和可持续发展的能力

六、野生动物保护的专业教育现状

（一）相关专业

目前已有较多院校开设了与该职业相关的专业，涉及普通本科院校、职业院校。普通本科院校专业有野生动物与自然保护区管理等；职业院校专业有野生动物资源保护与利用专业等。

（二）开设相关专业的院校（排名不分先后）

★ 相关院校：北京林业大学、南京林业大学、西北农林科技大学、东北林业大学、浙江农林大学、中南林业科技大学、华南农业大学、四川农业大学、西南林业大学、内蒙古农业大学、北华大学、河南农业大学、贵州大学、沈阳农业大学、华中农业大学、甘肃农业大学等。

◆ 相关院校：云南林业职业技术学院、湖南环境生物职业技术学院、山东畜牧兽医职业学院、大理农林职业技术学院等。

七、野生动物保护员的就业创业信息

可就业单位及相关工作：科研院所、海关和边境口岸、工商、自然保护区、动物园、动物饲养场等企事业单位，能在自然保护区管理、野生动物保护、自然资源可持续利用、驯养繁殖、产业开发以及教学、科研、行政管理、生产管理等部门从事相应工作。

野生动物保护相关企业：黑龙江国林野生动物保护科技有限公司、福建省集英野生动物保护有限责任公司、北京野缘野生动物繁育有限公司、上海野生动物园发展有限责任公司。

八、野生动物保护员的贯通发展

该职业的发展路径主要有三条：首先，是专家路线，即不断提高技能水平，在职业等级上晋升，成为野生动物保护领域专家或动物相关研究技术人员；其次，对从业人员进行培训指导，即为复合型人才路线，向其他行业跨越或职业转型；最后，为专业技术人才，如通过学习相关知识和技能转型为动物饲养员、育种员、兽医员、驯养员等，与专业技术岗位横向贯通。野生动物保护员职业贯通发展如图 4-09-06-01-1 所示。

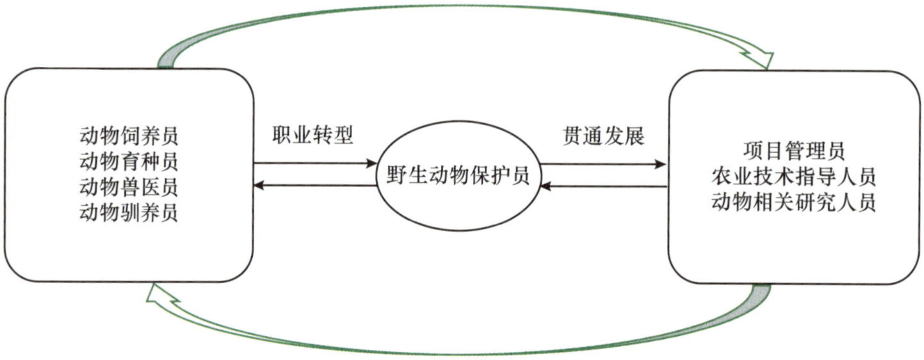

图 4-09-06-01-1　野生动物保护员的职业贯通发展图

九、野生动物保护员的发展前景

野生动物保护的发展趋势。随着人类对野生动物保护的关注度不断提高，越来越多的人参与到野生动物保护中来，并通过捐款和志愿者服务等形式为野生动物保护做出贡献。此外，全球野生动物保护市场的发展还受到了科技发展的积极推动。近年来，科技的发展为野生动物保护提供了更多有效的手段，如遥感技术、地理信息系统等，可以更有效地监测和保护野生动物。野生动物的保护发展更加强化野生动物栖息地保护管理，保护野外种群，开展濒危动物人工种群；控制资源消耗，在保护根底上合理地开发利用野生动物资源。同时，提高从业人员素质，规范保护与狩猎行为，积极提供野生动物猎捕技术指导和咨询，评估猎捕活动的影响，促进行业交流与合作，强化自律，保障野生动物保护与狩猎事业健康发展。

从市场供需看。随着人们对动物权益的关注度越来越高，动物保护也成为社会关注的焦点之一。提倡“尊重动物、保护动物”的理念得到了越来越多人的认同和支持，社会需求也随之增加。政府的相关政策也对动物保护协会的市场需求起到了推动作用。在国家和地方政府的政策支持下，动物保护得到了更多的宣传和推广，市场需求也逐渐增加。随着人口的增长，对宠物和野生动物的需求也越来越高，这就需要为保护动物提供更多的支持和帮助，市场需求也随之增加。

从产业发展看。在当今世界，环境保护和可持续发展已经成为人们关注的重要问题。作为环境科学的一部分，野生动植物与资源保护专业的地位也日益突出，人类对野生动物的保护，最初主要保护那些能够消灭农林害虫的鸟类，后来人们则逐渐意识到野生动物的用途绝不只是控制害虫，而在诸多方面都能服务于人类，尤其是人们越来越认识到野生动物在生态系统中所发挥的作用。法律保护条约已经不仅涉及鸟类、兽类、两栖爬行类、鱼类和昆虫类的保护，而且还将过去人们曾憎恶的猛禽、猛兽等列入重点保护对象，人们希望阻止和避免自然界中任何一个物种由于人类的过失而灭绝和濒危。在人类自身发展的同时，更要注重对自然环境、自然资源的保护与可持续利用，如果不加以保护，那么我们将失去一切发展下去的动力。野生动物保护通过人工繁育可获得大量子代的物种资源，将其变为一种可再生利用的资源。只要我们以科学的发展观正确处理好保护与发展的关系，野生动物资源就可以实现可持续利用，该产业的发展前景十分广阔，不仅为人类提供更好的生态环境，同时为人类美好生活日益增长需要提供条件。

从政策红利看。新修订的《中华人民共和国野生动物保护法》已正式实施。该法加强对野生动物栖息地的保护，并细化野生动物种群调控措施，进一步完善了野生动物保护和管理制度，加大了对违法行为的处罚力度，做好法律的衔接，秉持生态文明理念，推动绿色发展，促进人与自然和谐共生。新修订的野生动物保护法加强了对野生动物栖息地的保护，明确依法将野生动物重要栖息地划入国家公园、自然保护区等自然保护地进行严格保护。将有重要生态、科学、社会价值的陆生野生动物纳入应急救助范围，加强野生动物收容救护能力建设，建立收容救护场所。这些举措让野生动物有处容身，“有家可归”。细化野生动物种群调控措施。随着我国生态环境持续改善，野生动物种群得到有效恢复，一些地方野猪等野生动物泛滥成灾，危害了群众人身财产安全和农牧业生产。新法中也有相关的调控措施，如对种群数量明显超过环境容量的物种，可以采取迁地保护、猎捕等种群调控措施；在野生动物危及人身安全的紧急情况下，也可以“正当防卫”；同时中央财政加大对野生动物致害防控的补贴，加强外来物种防控。

十、相关内容链接

国家职业标准：扫码即可查看 ☞ 。

相关政策文件：见表 4-09-06-01-3。

表 4-09-06-01-3　相关政策文件

发布或通过时间	发布或通过机构	文件名称
2022 年 12 月修订	第十三届全国人民代表大会常务委员会	《中华人民共和国野生动物保护法》
2019 年 12 月	第十三届全国人民代表大会常务委员会	《中华人民共和国森林法》

供稿：咸宁职业技术学院　万海峰

野生植物保护员 L

职业编码：4-09-06-02

保护野生植物资源，维护生物多样性，是关系国家生态安全体系构建和经济社会可持续发展的重要基础，对于维护生态平衡，改善生态环境，实现人与自然和谐共生，促进经济社会可持续发展，推进生态文明建设具有十分重要的意义。为进一步提高认识，牢固树立和全面贯彻绿色发展理念，正确处理野生植物资源保护、发展和合理利用的关系，正确处理经济社会发展与生态环境保护的关系，采取有力措施，切实把野生植物保护管理作为重要任务，是非常有必要的。为此，野生植物保护员这一职业应运而生。

一、野生植物保护员的一天

记录时间：2022 年 6 月 13 日　　记录人：梅某

上午工作情况

8 点至 12 点：

1. 到某热带雨林国家公园考察野生植物的生长情况，主要观察其长势、病虫危害等情况，并做好记录。（野生植物情况记录）

2. 将无法准确识别的野生植物的叶子作为标本带回检测室，并做好标记。（无法识别标本收集）

3. 重点观察微甘菊等对其他植物造成毁灭危害的入侵植物，并做好标记，防止其大面积爆发。（入侵植物标记）

下午工作情况

14 点至 18 点：

1. 将野生植物标本放在显微镜下进行观察，将在显微镜下无法辨认的植物送检测中心进行分子鉴定。（标本鉴定）

2. 面向全社会普及野生植物保护知识，到校园进行野生植物的标本展示。（野生植物知识普及）

3. 对野生植物保护区进行严格的巡查。发现野生植物不明原因死亡的，要立即检测排查情况。（野外巡查）

4. 对野生植物进行引种试验、育苗、定植、抚育和病虫害防治，扩大野生种群。（野生植物种群扩繁）

野生植物保护员对野外病虫害发生情况进行检测

二、什么是野生植物保护员

职业定义。野生植物保护员是指从事野生植物分布区和自然保护区内野生植物的保护工作，对濒危珍稀野生植物进行救护、培植繁殖和合理开发利用的作业人员。

定义解读。野生植物保护员与植物保护员相比主要是研究对象不同，野生植物保护员更侧重于研究原生地天然生长的植物。野生植物保护员的主要任务有对自然保护区和野生植物分布区的野生植物生长环境进行巡护、监测、数据收集管理，及时报告并制止非法采集以及破坏野生植物资源的犯罪活动；对野生植物进行引种试验、育苗、定植、抚育和病虫害防治，扩大野生种群；在指定区域，按批准的种类和数量采集野生植物，用确定的方法对采集的野生植物进行加工处理；对野生植物的物候期进行观测记录，并辅助进行珍稀野生植物的繁殖试验。

关联职业。与野生植物保护员密切相关的职业有林业有害生物防治员和农作物植保员。三者的主要区别在于研究对象的不同，林业有害生物防治员的工作侧重于林业有害生物预防、除治作业及技术服务；农作物植保员的工作侧重于预防和控制有害生物对农作物及其产品的危害；野生植物保护员的工作则侧重于野生植物的相关保护。

野生植物保护员进行野外巡护

相应岗位。野生植物管护巡护工、野生植物监测工、野生植物物候期观测工、野生植物救护工、野生植物实验辅助工、野生植物培植工、野生植物采集工、野生植物加工。

三、野生植物保护员的主要工作职责

1. 负责组织实施管辖区域内的林地管护工作。

2. 建立完整的林地管护档案，及时、准确地提交有关报表信息和统计资料，逐步实现档案管理，不断提高管理水平。

3. 宣传森林资源保护政策和有关法律、法规。

4. 制止盗伐滥伐森林和林木、毁林开垦和侵占林地的行为，并及时报告有关情况。

5. 负责森林防火巡查，制止违章用火，发现火情及时采取有效控制措施并报告有关情况。

6. 及时发现和报告森林有害生物发生情况。

7. 制止破坏野生植物的违法行为，并及时报告有关情况。

野生植物保护员学习 GPS 等仪器的使用方法

8. 阻止牲畜进入管护责任区毁坏林木。

9. 及时报告山体滑坡、泥石流、冰雪灾害等对森林资源的危害情况。

10. 巡山护林，记录好巡山日记，每月书面总结森林管护情况。

11. 配合、协助公安、林业行政执法人员查处破坏森林资源和非法侵占林地的案件。

四、野生植物保护员的薪酬福利待遇

平均薪酬水平。野生植物保护员涉及行业较多，包括护林员等一线岗位，以及育种研发员等专业人员。招聘平台公示数据显示，目前护林员等一线工作人员月平均薪酬为 3612 元，北京等一线城市育种经理等技术含量较高工种月平均薪酬可达 10000~16000 元，高于新一线城市的 6000~10000 元。随着我国对环境保护的意识提高，以及对防止生物入侵等工作的重视，野生植物保护员的薪酬待遇呈现上升趋势。野生植物保护员的薪酬构成大致为工资性收入、奖励收入、补贴收入和其他收入。

与类似职业对比。根据招聘平台公示数据显示，在北京等野生植物保护员岗位需求较多的城市，该职业薪酬整体高于植物保护员、花卉园艺师、农业种植技术人员，低于农业工程技术人员、畜牧与草业人员，详见表 4-09-06-02-1。

表 4-09-06-02-1 类似职业薪酬水平

职业名称	薪酬水平（元 / 月）
植物保护员	5000~12000
花卉园艺师	10000~12000
农业种植技术员	6000~15000
农业工程技术人员	10000~18000
畜牧与草业人员	8000~20000

五、从事野生植物保护工作需要哪些本领

该职业从业人员需要具备的知识和技能有植物生物学基础知识、保护生物学基础知识、野外生存基础知识、安全生产知识、相关法律法规知识等，详见表 4-09-06-02-2。

表 4-09-06-02-2　野生植物保护员需要具备的知识和技能

职业功能	工作内容	知识和技能要求
管护巡护	野外巡护	对巡护区内的道路非常熟悉，能按巡护计划沿固定巡护路线进行日常巡护；掌握 GPS 等仪器的使用方法，并在野外熟练运用；有足够的野外生存的能力，对突发情况可以展开救护；对巡护区内的乱砍滥伐、乱挖滥采等违法、违规行为及时上报处理；对巡护区内火险隐患和火情要及时采取相应措施并上报；对不能鉴定的野生植物进行正确的标本采集；掌握巡护区内常见野生植物病虫害发生表现和症状的识别方法，并采取相应的措施进行防治；可以按巡护计划收集巡护信息填写巡护记录表；掌握植物识别的基础知识，能辨别巡护区内目的植物，发现外来植物物种；能在野外露营时选择合适的露营地
	管护	具有使用相机、摄像机等相关设备记录到目的植物及其典型特征的能力；掌握防火、灭火基础知识，能用树枝、劳动工具等器械扑灭微火，消除火灾隐患，掌握利用对讲机等设备上报火情；掌握巡护表格的填写方法，辨别并记录进入巡护区内的外来人员；掌握病虫害防治器具使用方法，使用镊子、喷雾器等防治器具进行病虫害治理；可以在合适位置张贴宣传标语、设立简易的宣传牌；掌握有毒化学药剂注意事项等知识；具有对重点保护植物进行挂牌的能力
监测	生长环境监测	了解监测仪器设备的性能并掌握其使用方法，可以识别、准备野外监测所需要的各种仪器和设备；具备按照要求使用温度计、指南针等常规监测仪器获取数据的能力；熟悉雨量计、土壤温湿度计、小气象站等生境监测仪器的使用方法，并记录生境监测数据

续表

职业功能	工作内容	知识和技能要求
监测	干扰活动监测	掌握影响野生植物生长的相关因素，尤其是人为活动和动物活动对植物生长影响的基本知识，能够按照监测方案记录对目的植物有影响的人为活动的数量和强度；能够判断对目的植物有影响的家畜及野生动物种类及活动情况；掌握监测记录表填写知识，可以将影响因子正确填入调查表
	物候监测	掌握植物主要物候期特征的相关知识，识别植物主要物候期的典型特征，以及典型群落典型植物的物候监测
救护	受损植物的救护	掌握识别植物受损程度的方法，在日常巡护中发现野生植物受损情况和评估受损程度；掌握砍刀、挖掘工具等常用工具的使用方法，并使用常用救护工具进行受损植物的救护
	目的植物的扩繁	掌握目的植物扩繁的相关知识，按照扩繁实施方案准备工具及材料
采集	植物识别	掌握植物识别的相关知识，根据植物营养器官（根、茎、叶）和生殖器官（花、果实、种子）鉴定植物种类
	植物采集	掌握常用采集工具的使用方法，可以按照要求使用枝剪、刀具等采集工具采集植物材料；掌握采集证查验方法，并查验采集证
培植	准备基地培植圃	掌握整地知识、育苗作业方法，可以根据设计要求进行整地；具有根据种植要求进行作床的能力；掌握基肥使用方法，可以根据要求施基肥；掌握消毒药剂使用方法并具有使用消毒药剂进行土壤消毒的能力
	培植植物体	掌握种子播种方法，并根据培植要求进行播种；掌握穗条采集和扦插方法，并按照要求采集穗条和制作插穗进行扦插；掌握基质填装和播种方法，进行容器基质的填装及播种；掌握清洗、消毒方法，对组织培养器皿进行清洗、消毒
	培植管理	掌握苗期管理方法，按照要求进行除草、松土；按照要求进行苗木的灌溉、施肥；掌握常见林业病虫（鼠）害知识并进行常规的防治，按照要求喷施药剂

六、野生植物保护员的专业教育现状

（一）相关专业

野生植物保护员的培养以短期培训为主，学历教育开始起步，服务于野生植物保护员素质提高和培养的系统教育、长短期结合的培养方式初步形成。目前已有部分院校开设了与野生植物保护员相关的专业，主要有植物保护（森林保护方向）、野生植物资源保护与利用、现代农业技术专业等，涉及普通本科院校、职业院校。

（二）开设相关专业的院校（排名不分先后）

★ 相关院校：中国农业大学、南京农业大学、南京林业大学、西北农林科技大学、华中农业大学、浙江大学、四川农业大学、河南农业大学、东北农业大学、云南农业大学。

◆ 相关院校：咸宁职业技术学院、江苏农林职业技术学院、苏州农业职业技术学院、江苏农牧科技职业学院、襄阳职业技术学院、河南农业职业学院、新疆农业职业技术学院、辽宁农业职业技术学院、成都农业科技职业学院、北京农业职业学院。

七、野生植物保护员的就业创业信息

该职业的从业人员主要分布在动植物检疫部门、动植物保护行业管理部门、植物保护有关企事业单位、海关和农林业行政机构等。

吸纳野生植物保护员就业较多的用人单位主要有：

1. 涉及野生植物保护、利用的相关公司：海南热带野生动植物园有限公司、福建省集英野生动物保护有限责任公司、临江林业有限公司、长白山森工集团、黄泥河林业有限公司等。

2. 涉及野生植物保护、利用的相关协会：中国野生动植物保护协会、赤峰市野生动植物保护协会、丹东市野生动植物保护协会、安徽省野生动植物保护协会、陕西省野生动植物保护协会等。

3. 相关公务员 / 事业单位：江西省野生动植物保护中心、上海市金山区野生动植物保护管理站、上海市水生野生动植物保护研究中心、海南热带雨林国家公园、国家林业和草原局及下属单位等。

八、野生植物保护员的职业贯通发展

该职业的发展路径主要有三条：一是专家路线，即不断提高技能水平，在职业等级上晋升，成为野生植物保护领域专家，对从业人员进行培训指导；二是复合型人才路线，即向其他行业跨越或职业转型，如通过学习相关知识和技能转型为农作物植保员、林业有害生物防治员、农业技术员等，与专业技术岗位横向贯通；三是创业路线，即基于个人兴趣爱好进行创新创业。

野生植物保护员的职业贯通发展如图 4-09-06-02-1 所示。

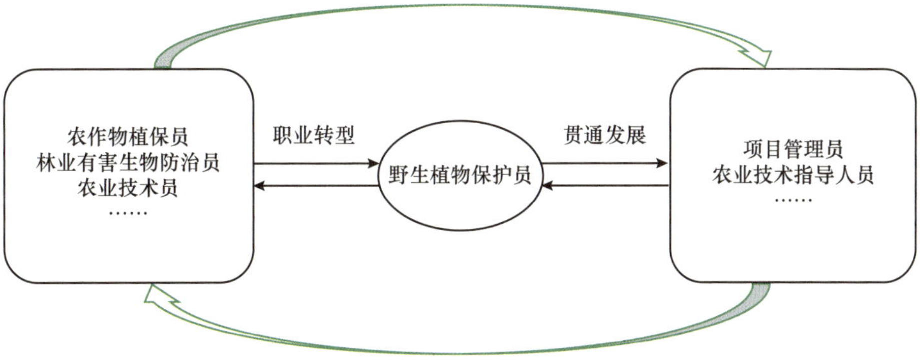

图 4-09-06-02-1　野生植物保护员的职业贯通发展图

九、野生植物保护员的发展前景

从市场供需看。我国野生植物保护员存在巨大缺口。2017 年，国家林业局公布的数据显示，我国现有乡村护林员 170 多万人，远远不足以支撑我国的野生植物保护事业。《乡村科技》杂志发文报道，由于我国自然保护区面积较大，配置的工作人员数量却十分有限，已成为我国野生动植物保护工作存在的主要问题。随着人们对生态平衡、生态环境、人与自然和谐相处的不断重视，野生植物保护员的需求缺口会越来越大。

从产业发展看。野生植物保护行业对中国已经产生了较为深远的影响，目前来看，野生植物保护行业处于初级阶段，存在管理水平落后、行业本身局限性等问题，但不可否认的是，该行业已经进入了高速发展的时期，从 2012 年开始，江浙沪地区野生植物保护行业市场规模及增长率呈连年增长趋势，随着产业的扩大，行业地位逐步提高，2021 年野生植物保护行业市场规模同比增长 19.4%，市场需求旺盛。

从政策红利看。各级政府对野生植物的保护工作相当重视，《国家林业局关于切实加强野生植物培育利用产业发展的指导意见》指出，野生植物培育利用产业发展要纳入当地林业发展规划，作为林业重点产业项目予以优先扶持。在符合相关政策的条件下，重点对野生植物培育种源基地、示范基地、龙头企业和种植大户给予贷款贴息、财政专项和扶贫项目支持，加快推动产业升级，充分发挥带动作用。健全银行、保险、林业、财政等部门的沟通协调机制，积极开展林权抵押贷款、小额贷款和农民联保贷款以及政策性保险等业务，提供融资支持。山东省人民政府 2023 年 5 月 19 日召开新闻发布会，对如何加大农业野生植物保护，严防滨海外来物种入侵，全领域保护生物多样性做出了重要指示。湖南省永州市道县林业部门多措并举，落实落细野保工作，加强生态保护，助推乡村振兴。

十、相关内容链接

国家职业标准：扫码即可查看☞。

相关政策文件：见表 4-09-06-02-3。

表 4-09-06-02-3 相关政策文件

发布或通过时间	发布或通过机构	文件名称
2017 年 10 月修订	国务院	《中华人民共和国野生植物保护条例》

供稿：咸宁职业技术学院 徐鹏辉

污水处理工 L

职业编码：4-09-07-01

在现代社会中，随着城市化和工业化进程的不断加快，为加强对水资源的管理和保护，通过污水处理获得循环用水，实现废物利用与资源利用相结合，降低水资源污染的压力，污水处理成为一项越来越重要的工作。污水处理工作人员通常在污水处理厂、污水处理设施相关专业领域内工作，通过使用各种设备和技术，对污水进行处理。

一、污水处理工的一天

记录时间：2023 年 6 月 21 日　　记录人：黄某豪

上午工作情况

8 点：

1. 到达污水处理厂，更换工作服，检查污水处理设备的运行情况。（巡查）

2. 开始处理污水：首先进行初级过滤，去除污水中的较大颗粒物，然后通过生物处理方法降解污水中的有机物。（污水初次处理）

10 点：

污水处理工对污水处理设备进行例行检查，确保设备正常运行。（巡查）

下午工作情况

13 点：

采用化学方法处理污水，去除重金属和其他有害物质。（污水处理）

16 点：

进行二次过滤和消毒工作，确保出水达到国家环保要求。（过滤消毒）

17 点：

污水处理工关闭处理设备，对设备进行清洁和维护。（清洁维护）

二、什么是污水处理工

职业定义。污水处理工是指从事城镇污水和污泥处理设施的运行、维护，化验处理结果，记录日常处理情况等工作的人员。

定义解读。作为技术性工作，污水处理工需要治理和控制污染物，洁化污水，包括分解和去除浓度较大的有毒有害成分、调整水质、去除沉淀等，以符合环境和法规标准。大多数污水处理工的工作场所是污水处理厂，他们使用各种设备和处理化学品、微生物处理和物理模型进行较复杂的处理和精准化调整，以最大程度节约资源和满足环境保护的要求。

关联职业。从事污水处理工作的专业技术人员，在环境监测、水利工程、城市排水、环境工程和环保工程等领域中都有着广泛的关联职业。这些职业都需要严格执行国家法律法规，同时需要注重技术提高和人才培养，从而推动环保领域可持续发展。

相应岗位。从事污水处理工作的专业人员可以担任污水处理厂的工程师、技术员等，包括污水处理操作员、污水质量分析师、污水处理设备维护技术人员、实验室技术员、设备操作员、质量控制员、管理人员、维护工程师。本职业包含但不限于下列工种：城镇污水处理工、污泥处理工。

三、污水处理工的主要工作职责

污水处理工的主要工作任务包括运行和维护城镇污水及雨水处理设施和设备，

样品采集与分析，调整和处理污水处理过程，故障排除和维修，记录和报告，安全和环保管理，设备检修和维护，处理异常情况，管理污泥处理，节能和优化，合规监管，进行水净化处理与再生；运用维护城镇污泥处理设施和设备，进行污泥无害化处理与利用；填写生产运行记录，整理归档。

该职业的岗位工作职责包括负责污水处理站的生产管理、设备管理、安全管理和场地卫生管理，组织班组职工努力完成工作任务和各项指标，严格遵守环保法规和公司各项管理规定和要求，带头遵守公司有关规章制度，接受主管部门和职工监督，主持污水处理一般性技术改造、应用、推广及运行调试工作，查看化验、运行记录，随时掌握污水运行情况，及时解决生产过程中出现的问题，确保污水处理体系运行正常，废水达标排放，并及时向上级领导汇报工作，提出合理化建议，倾听职工意见，努力完成主管部门交办的其他任务。

四、污水处理工的薪酬福利待遇

平均薪酬水平。污水处理工的薪酬水平受地区和经验等影响而有所不同。一般来说，污水处理工薪资相对较高，根据中国职业薪酬网提供的信息，污水处理工平均薪酬水平为 4000~7000 元 / 月。工作经验和学历也是影响薪资水平的因素，经验丰富的高级污水处理工可以获得更高的薪资待遇。需要注意的是，如今相关污水处理行业对人才的培养和发展已进入快车道，随之会不断涌现出新的高新环保领域和新的招聘流程，污水处理工薪资也将继续稳步提高。

与类似职业对比。污水处理工的薪酬水平一般处于中等水平。以下是一些与污水处理工相似或相关的职业的平均薪酬水平，见表 4-09-07-01-1。

表 4-09-07-01-1　类似职业薪酬水平

职业名称	薪酬水平（元 / 月）
环境工程师	6000~15000
环保工程师	6000~12000
水利工程师	8000~20000

薪酬水平会受到各种因素的影响，包括工作经验、地理位置、企业规模、企业的发展情况以及国家和地方政策等因素。同时，各个地区的薪酬水平也可能出现较大差异。

五、从事污水处理工作需要哪些本领

从事污水处理工作需要掌握以下知识和技能：

1. 熟悉污水处理流程和理论知识。

2. 具备化学基础知识，掌握化学试剂的性质、用途等。

3. 熟悉常见的污水处理设备、仪器及其操作方法，有一定的维修和保养能力。

4. 具有良好的数据记录和数据分析能力，能够有效应对各种突发情况。

5. 具备较强的协调和沟通能力，能够和不同层次的人员进行良好的合作。

6. 持续关注环保领域的技术发展和法律法规动态，了解最新的环保政策、环保监管等，并能够及时跟进、调整污水处理工作中的方法和工艺。

需要注意的是，污水处理工作是一项具有较高风险的工作，污水处理工需要具有安全意识和责任心，必须具备以“安全第一”为前提的操作和管理思想。

六、污水处理工的专业教育现状

（一）相关专业

1. 环境工程专业：主要学习环境管理、环境监测、环境保护、环境修复等方面的知识，是从事污水处理工作的重要专业之一。

2. 城市水务工程专业：主要学习水污染控制、水资源规划、水环境保护、水环境监测等内容，是从事污水处理工作的重要专业之一。

3. 化学、环境科学、生物科学、土木工程等专业：这些专业都涉及污水处理行业所需要的一些技术和知识，例如化学试剂的使用、微生物分类及其应用、建筑原理和设计等。

需要注意的是，尽管这些专业可以为从事污水处理工作提供必要的理论和技术支持，但在日常工作中，污水处理工还需要不断学习和了解新的技术和方法，从而不断优化工作流程并适应行业的发展变化。

（二）开设相关专业的院校（排名不分先后）

★ 相关院校：中国环境科学研究院、中国石油大学（华东）、同济大学、大连理工大学、武汉大学。

◆ 相关院校：河南职业技术学院、河南城建学院、淄博职业学院。

七、污水处理工的就业创业信息

污水处理工的就业和创业前景较好。以下是一些相关信息：

1. 就业方向：污水处理工可以在城市污水处理厂、工矿企业、医药企业、环保科研所、环评咨询公司等单位从事污水处理、环保技术、环保监测等方面的工作。

2. 创业前景：污水处理技术在国内尚处于起步阶段，市场需求较大，因此污水处理行业创业前景较好。创业者需要具有一定的资金和技术储备，才能在这个市场上占据一席之地。

3. 技能培训：为了提高自身技能水平，污水处理工可以参加一些相关的技能培训和职业技能认证考试，如工业废水处理技术员、环保工程技术员、环保监测技术人员等。这些证书可以证明自己的专业能力和水平，提高求职竞争力。

需要注意的是，污水处理工不仅需要具备一定的专业知识和技能，同时也需要具备责任心和安全意识。因此，在进入污水处理行业之前，需要充分了解行业现状、相关规定和安全注意事项等，以确保个人安全和工作质量。

八、污水处理工职业的贯通发展

该职业的发展路径主要有四条。管理路线，即从普通员工晋升到主管 / 单位中层，再晋升到经理 / 单位领导层，甚至往更高的领导职务发展。专家路线，即不断提高技能水平，在职业等级上不断晋升，成为污水处理领域专家。复合人才路线，即向其他行业跨越或职业转型，如通过学习相关知识和技能转型为水资源管理专家、环境工程师、水资源规划师、水质监测和评估师、环境影响评估师、环境治理规划师等，与专业技术岗位横向贯通。创业路线，即基于个人兴趣爱好进行创新创业，选择方向有污水回收和资源化利用、污水处理咨询和工程服务、新能源与污泥处理等。污水处理工职业贯通发展如图 4-09-07-01-1 所示。

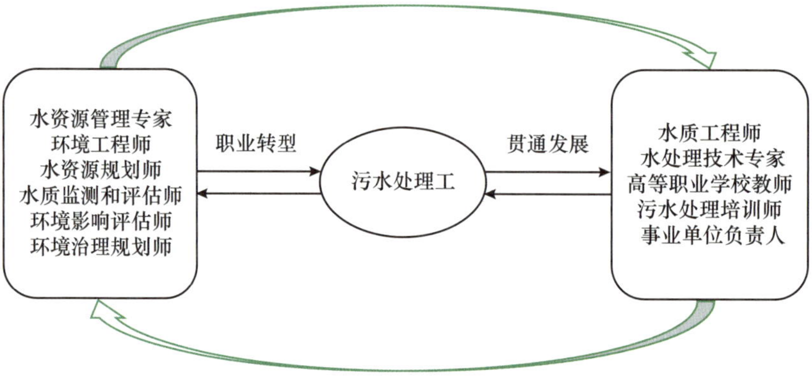

图 4-09-07-01-1　污水处理工职业贯通发展图

九、污水处理工的发展前景

从市场供需看。污水处理行业存在巨大的人才缺口，据权威咨询机构预测，未来 5 年我国区域人才缺口在 20 万人以上，住房城乡建设部发布的《城市建设统计年鉴》数据显示，2011—2019 年中国污水排放量逐年增长，2019 年中国城市污水排放量为 555 亿吨，县城污水排放量为 102 亿吨，村镇污水排放量为 216 亿吨，合计 873 亿吨，我国的污水处理工作刻不容缓。随着我国农村对污水处理建设的加强，污水处理能力不断上升，全国农村污水处理量逐年递增，其中，2019 年为 94.4 亿立方米，2020 年全国农村污水处理量约为 109.2 亿立方米。通过此数据可得出，污水处理工存在巨大的人才缺口。

从产业发展看。污水处理工在国家和地方污水处理厂的建设、维护、扩容等领域有很大的需求，为国家应对环境污染和节约资源提供了坚实的支撑。在新冠感染防控工作中，废水的排放和处理工作显得尤为重要，成为污水处理产业快速发展的更大动力。同时，污水处理工作在推进国家生态文明建设中发挥了不可或缺的作用。随着污水处理行业的不断发展和完善，人才需求量不断增加，这也为污水处理工创造了更多的就业机会和发展空间。

从政策红利看。随着我国环境保护政策的不断出台，各地的环境保护意识逐渐增强，对污水处理行业从业人员的需求量不断增多。污水处理行业也是国家

“大气十条”等政策中提到的重点行业之一，国家在设施设备更新和技术研究方面都给予了政策支持和财政补贴，大大提升了污水处理行业的发展前景。在城市建设中对污水处理的需求也越来越大，政策红利对于城市污水处理厂的建设、运营、维护等方面的扶持效应十分明显。

十、相关内容链接

国家职业标准：暂缺。

相关政策文件：见表 4-09-07-01-2。

表 4-09-07-01-2　相关政策文件

发布或通过时间	发布或通过机构	文件名称
2021 年 1 月	国家发展改革委、科技部、工业和信息化部、财政部、自然资源部、生态环境部、住房城乡建设部、水利部、农业农村部、市场监管总局	《关于推进污水资源化利用的指导意见》
2021 年 6 月	国家发展改革委、住房城乡建设部	《“十四五”城镇污水处理及资源化利用发展规划》

供稿：广州市公用事业技师学院　黄海韵

工业固体废物处理处置工 L

职业编码：4-09-07-02

工业固体废物是指在工业生产活动中产生的固体废物，简称工业废物。工业废物包括工业生产过程中排入环境的各种废渣、粉尘及其他废物，可分为一般工业废物（如高炉渣、钢渣、赤泥、有色金属渣、粉煤灰、煤渣、硫酸渣、废石膏、脱硫灰、电石渣、盐泥等）和工业有害固体废物（危险废物）。工业固体废物处理处置工负责固体废弃物产生、存储、转运、处置等环节的工作，确保废物得到有效安全的处理。工业固体废物处理行业的发展必然要培养大量具备专业技能和职业素养的专业技术技能人才。

一、工业固体废物处理处置工的一天

记录时间：2023 年 6 月 9 日　　　　记录人：肖某光

上午工作情况

8 点至 12 点：

1. 根据当天工作安排，整理好工作服、劳保用品、工器具等。（工作梳理与准备）

2. 佩戴好安全防护用品，前往生产车间巡查设备设施运行状况，并做好巡查记录。（运营巡查）

3. 协助运输车辆将废物转移至仓库或者料坑。（废物转运）

4. 按取样作业制度进行炉渣、飞灰、锅炉水等取样，并送往检测中心。（取样送检）

下午工作情况

13 点至 17 点：

1. 记录生产线电耗、水耗、天然气消耗、药剂消耗等生产数据。（数据记录）

记录生产数据

2. 记录工业固体废物处理量、炉渣产生量、飞灰产生量。（工作整理）

3. 向上级反馈检测中心出具的化验报告，按指令调整进料量、天然气量、锅炉加药量等。（反馈执行）

4. 根据设备维修保养计划，配合设备维修人员进行设备检修和保养。（配合检修保养）

5. 总结当天工作中的进步与不足，包括工艺、设备、安全等方面。（自我提升）

二、什么是工业固体废物处理处置工

职业定义。工业固体废物处理处置工是指从事工业固体废物收集、储存、处理、利用和处置工作的人员。

定义解读。2021 年《中国生态环境统计年报》数据显示，2021 年各工业行业一般工业固体废物产生量约39.66亿吨，其中综合利用的一般工业固体废物约18.6亿吨。2021年，在《排放源统计调查制度》确定的统计调查范围内，全国工业危险废物产生量为8653.6万吨。2021年，生态环境部印发《"十四五"时期"无废城市"建设工作方案》，同年，国家发展改革委、科技部等联合发布《关于"十四五"大宗固体废弃物综合利用的指导意见》，这些相关政策及要求促使我国积极应对工业固体废物的处理处置问题。工业固体废物处理处置工作为这个行业全过程处理环节的重要角色，需要为其所在组织和企业解决收集、储存、转运、处置、利用等技术和安全问题。这要求工业固体废物处理处置工必须具备工业固体废物处理的专业技术知识和安全意识。

关联职业。与工业固体废物处理处置工密切相关的职业有生活垃圾处理工和热能动力专工。生活垃圾处理工的主要工作任务侧重于生活垃圾的分拣、转运和处置环节的任务执行。热能动力专工的主要工作任务侧重于工业固体废物处理过程中能量利用方面的数据整理和设备管理。工业固体废物处理处置工的主要工作任务侧重于工业固体废物的处理各环节的任务执行。

相应岗位。固废工程师、化工工程师、热能动力工程师、技术研发工程师等。

三、工业固体废物处理处置工的主要工作职责

1. 负责监督废物的包装和运输过程，确保废物安全到达处置场所。

2. 操作破碎设备、筛分设备，进行废物的破碎和分选工作。

3. 对产生的废物进行填埋、压实和覆盖工作。

4. 操作水泥、石灰、沥青、化学试剂等添加剂的注入设备和搅拌设备，进行固体废物固化和稳定化处理。

5. 操作好氧堆肥、厌氧消化等生物反应设备和设施，进行固体废物生物处理。

6. 负责记录生产设备能耗、原辅料消耗等数据。

7. 负责废物处置设备的检修和保养，管理备品备件，配合维修人员进行系统维护。

8. 对生产线污染物排放指标进行监测，根据监测结果及上级指令调整生产工艺参数。

9. 对产生的废气、废水和固废等二次废物进行收集处理。

10. 协助上级，根据废物特性制定相应的废物处理方案，按照相关法律法规的规定操作，确保废物安全处理和环保达标。

11. 统计废物产生量与处置量，及时报告上级领导，按指令进行下一步处理，保持废物处理系统运转正常。

四、工业固体废物处理处置工的薪酬福利待遇

平均薪酬水平。据看准网最新数据，工业固体废物处理处置工相关职位的企业招聘平均年薪约 10.46 万元。据猎聘网最新数据，相关固废处理工程师、技术专业人才职位薪酬较高，平均年薪（按平均工作年限）约为 17.38 万元。1 年以下平均年薪为 12.65 万元，1~3 年平均年薪为 14.83 万元，3~5 年平均年薪为 25.68 万元，5 年以上平均年薪为 28.37 万元。这与工作年限、学历等紧密相关。

与类似职业对比。北极星、建筑人才网、猎聘网等最新招聘数据显示，该职业薪酬水平与生活垃圾处理工、热能动力专工等差距不大，见表 4-09-07-02-1。

表 4-09-07-02-1　类似职业薪酬水平

职业名称	薪酬水平（元 / 月）
生活垃圾处理工	6000~8500
热能动力专工	8000~13000

五、从事工业固体废物处理处置工作需要哪些本领

该职业从业人员需具备的基本知识和技能有工业固体废物治理相关国家技术标准、规范和法律法规知识，电仪、设备运行与管理知识，化学基础、化工机械基础、安全环保消防等方面的专业知识。

该职业需要具备的知识和技能见表 4-09-07-02-2。

表 4-09-07-02-2　工业固体废物处理处置工需要具备的知识和技能

职业功能	工作内容	知识和技能要求
处理处置准备与操作	生产及安全准备	能识读工艺流程简图、设备操作规程；能识读安全防护器具说明书，正确佩戴劳保用品、正确使用消防设施等
	开停机操作与运行	熟悉处置设备的检查、开机、停机等流程，并能正确操作。能完成设备巡检，能按指令完成投料、出料、调整工艺参数等
故障判断与处理	故障判断	能发现设备工艺参数的异常、设备运转异常、仪表、电器异常等。能发现设备跑冒滴漏等现象
	故障处理	能按指令处理工艺和设备异常情况，能及时报告故障
设备维护与保养	设备维护	熟悉检修和设备维护知识，能更换盘根、密封垫、滤网、滤袋等配件，能识别设备维护工具，能清理相关设备、仪表、阀门等
	设备保养	熟悉设备保养方法和计划，能对设备、仪表、电器进行日常保养

六、工业固体废物处理处置工的专业教育现状

（一）相关专业

随着工业固体废物处理行业的发展，已有部分院校开设了相关专业，如能源与动力工程、环境工程、化学工程与工艺等专业，涉及普通本科院校和职业院校。

能源与动力工程专业：能源与动力工程专业培养具备能源动力工程、流体机械、流体传动及控制等方面的基础知识和能力，能够从事热能与动力工程领域的设计、制造、运行管理、实验研究、开发、营销管理等方面工作的专业技术人才。毕业生可在水力机械、电站动力设备、工程机械、建筑机械、流体传动与控制、液力传动等研究制造部门以及电力、石化系统从事设计、制造、研究与开发工作，也可在高校从事科研与教学工作。

环境工程专业：本专业培养具备可持续发展理念，掌握污染防治和环境规划

和资源保护等方面的知识，具有进行污染控制工程的设计及运营管理、制定环境规划和进行环境管理的能力，具有从事环境工程方面的新理论、新工艺和新设备的研究和开发能力，能在政府部门、规划部门、经济管理部门、环保部门、设计单位、工矿企业、科研单位、学校等从事规划、设计、管理、教育和研究开发方面工作的环境工程应用型人才。

化学工程与工艺专业：本专业培养具备化学工程与工艺方面的知识，具有高度社会责任感、良好的道德文化修养和健康的身心素质，具有创新意识和较强动手实践能力，能在化工、能源、环保、材料、冶金、信息、生物工程、轻工、制药、食品和军工等部门从事工程设计、技术开发、工程操作与技术管理、科学研究等工作的工程技术人才。

（二）开设相关专业的院校（排名不分先后）

★ 相关院校：清华大学、北京大学、北京理工大学、西安交通大学、昆明理工大学、重庆大学、华东理工大学、同济大学、西南大学、哈尔滨工业大学等。

◆ 相关院校：安庆职业技术学院、天津工业职业学院、重庆水利电力职业技术学院、扬州工业职业技术学院、信阳职业技术学院、湖北生态工程职业技术学院、乌海职业技术学院、兰州资源环境职业技术大学、山东城市建设职业学院、温州科技职业学院、广西工程职业学院、枣庄职业学院、山东理工职业学院、重庆化工职业学院、新疆师范高等专科学校、重庆资源与环境保护职业学院、黑龙江省教育学院、河北环境工程学院等。

七、工业固体废物处理处置工的就业创业信息

随着工业的迅速发展，国家有关工业固体废物处理的政策和标准不断出台。这标志着该行业景气度在提高，行业需求正在逐渐释放。因此，社会对工业固体废物处理处置工的需求逐渐增加，相关企业也越来越重视其职业素质水平。该职业从业人员主要集中在长三角、珠三角、东北等工业发展相对集中的地区，比如长三角地区有上海、南京、杭州等地。珠三角地区有深圳、广州、珠海、东莞等地。东北重工业基地有沈阳、鞍山、大连等地。

吸纳工业固体废物处理处置工就业较多的用人单位主要有：

1. 环保企业：中兰环保科技股份有限公司、北京清新环境技术股份有限公司、北京首创生态环保集团股份有限公司等。

2. 水泥制造企业：红狮控股集团有限公司、中国中材集团有限公司、华新水泥股份有限公司等。

3. 企事业单位：固体废物管理中心、环境保护局等。

注：以上机构信息仅供参考，不代表编写出版方对其推荐和认可。

八、工业固体废物处理处置工的贯通发展

该职业的发展路径主要有以下几条：

1. 学习与进修：持续学习和进修是提升自身能力和知识的关键。可以通过参加专业培训、研修班、行业会议等形式，不断更新自己的专业知识，提高自身的专业技能，紧跟行业发展的最新趋势。

2. 多领域交叉学习：除了深耕工业固体废物处理领域的专业知识，也可以拓宽视野，学习其他相关领域的知识，如垃圾发电、化工、资源利用、能源利用等。通过跨学科的学习和交叉应用，提升自身的综合素养和解决问题的能力。

3. 跨岗位经验积累：在职业发展过程中，可以主动争取跨部门、跨岗位的机会，担任不同角色，参与不同环节的工作。例如，从执行到管理、从设计到施工、从运维到项目管理等，通过积累丰富的工作经验，全面了解工业固体废物处理的各个方面。

4. 参与项目管理：了解和掌握管理的方法和技巧，增强对整个项目或公司的把控能力。通过参与管理，可以提升组织协调能力、沟通协作能力和问题解决能力。

5. 担任管理职位：通过积累丰富的专业经验和管理经验，逐步晋升到管理层岗位，负责团队或部门的工作。在管理岗位上，需要具备良好的领导能力、决策能力和组织协调能力，为团队和组织的发展做出贡献。

6. 科研和创新：积极参与科研项目和技术创新，推动工业固体废物处置技术的发展和应用。可以与科研院所、高校或企业合作，共同开展科研项目，探索新的技术方法和解决方案。

工业固体废物处理处置工职业贯通发展如图 4-09-07-02-1 所示。

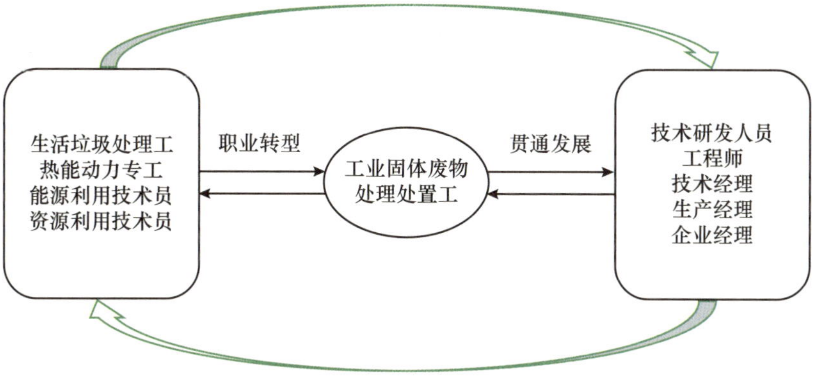

图 4-09-07-02-1　工业固体废物处理处置工的职业贯通发展图

九、工业固体废物处理处置工的发展前景

从市场供需看。2021 年《中国生态环境统计年报》数据显示，2021 年各工业行业一般工业固体废物产生量约 39.66 亿吨，其中综合利用的一般工业固体废物约 18.6 亿吨。2021 年，在《排放源统计调查制度》确定的统计调查范围内，全国工业危险废物产生量为 8653.6 万吨。工业固体废物的产生量日益增长促使行业发展迅速，因而，相关技术、管理人才需求量也日益增长。

从产业发展看。2012—2019 年，我国工业固体废物的处理量呈现“V”字形的发展特征，2017 年以来工业固体废物的处理能力明显提升，主要依托焚烧、固化处理、快速碳酸化、等离子气化等方式进行处置。“十三五”时期受绿色经济发展的影响，工业固体废物的处理能力进一步提升。处理量从 2015 年的 74208 万吨增加至 2019 年的 87754 万吨，尾矿、有色冶炼废物处理是重点。据相关资料统计，2015 年工业固体废物处理市场产值约为 5000 亿元，按照 675 元 / 吨的处理产值，测算 2019 年我国工业固体废物的处理规模约为 5923 亿元。因此，工业固体废物的产业发展趋势良好，处理规模逐年增长。

从政策红利看。2021 年 7 月，国家发展改革委印发《“十四五”循环经济发展规划》提出发展循环经济，推行“无废城市”建设试点项目。2021 年 12 月，生态环境部印发《“十四五”时期“无废城市”建设工作方案》，为“无废城市”建设做出了具体的安排。同年，国家发展改革委、科技部等联合发布《关于“十四五”大宗固体废弃物综合利用的指导意见》，要求大力推进大宗固废源头减量、资源化利用和无害化处置，强化全链条治理，着力解决突出矛盾和问题，推动资源综合利用产业实现新发展。

十、相关内容链接

国家职业标准：暂缺。

相关政策文件：见表 4-09-07-02-3。

表 4-09-07-02-3　相关政策文件

发布或通过时间	发布或通过机构	文件名称
2020 年 4 月	第十三届全国人民代表大会常务委员会	《中华人民共和国固体废物污染环境防治法》
2021 年 3 月	国家发展改革委、科技部、工业和信息化部、财政部、自然资源部、生态环境部、住房城乡建设部、农业农村部、市场监管总局、国管局	《“十四五”大宗固体废弃物综合利用的指导意见》

供稿：北京清新环境技术股份有限公司　夏杨

危险废物处理工 L

职业编码：4-09-07-03

危险废物会对社会、环境和人类造成严重危害，必须以无害的方式进行处理。在以危险废物为原料进行生产或生产危险原料时，必须有达标准要求的贮存、使用及处理装置，运输工具，生产技术等，并且不得对环境造成污染。为安全高效处置危险废物，减轻其对生态环境的危害，危险废物处理处置行业迅速发展，危险废物处理工这一职业应运而生。

危险废物处理工的主要任务是危险废物的分拣、贮存、转运和预处理等。具备良好职业技能和素养的危险废物处理工，已成为危险废物处理处置过程中的重要角色之一。

一、危险废物处理工的一天

记录时间：2022 年 10 月 13 日　　记录人：朱自强

上午工作情况

8 点至 12 点：

1. 参与部门会议，熟悉上级领导安排的工作任务。（熟悉任务）

2. 根据公司收运计划，对接危险废物入厂工作，做好接车准备，配备好叉车、托盘、吨桶、吨袋等设备和物资。（废物入厂接收）

3. 配合检测中心做好入厂危险废物取样工作。（配合取样）

4. 根据上级领导的指示对确认合格的危险废物进行卸货。（废物卸货）

5. 根据公司操作规范要求对入厂危险废物进行分拣、粘贴标签并分类储存。（辨识储存）

下午工作情况

13 点至 17 点：

1. 根据排产计划对危险废物进行预处理。（废物预处理）
2. 将已经预处理完成的危险废物转运至破碎装置和料坑。（转运废物）
3. 记录危险废物的处理量、二次废物产生量等数据。（数据记录）
4. 对危险废物处理设备进行定期巡检，做好巡检记录。按维保计划进行设备维修和保养。（维修保养）
5. 熟悉危险废物处理处置行业规范、标准和法律法规等。（知识技能学习）
6. 对当天的分拣、储存、转运及预处理过程中的处理方法和安全问题进行经验总结，创新废物处理方法。（分析总结）

二、什么是危险废物处理工

职业定义。危险废物处理工是指从事危险废物或放射性废物收集、运输、储存和处理处置工作的人员。

定义解读。危险废物是指列入国家危险废物名录或者根据国家规定的危险废物鉴别标准和鉴别方法认定的具有危险特性的废物，主要分为工业危险废物、医疗危险废物和社会危险废物。为了高效安全解决危险废物处置问题，许多国家都在积极探索危险废物的处理处置工艺。1990 年我国签署《巴塞尔公约》，标志着我国开始认识危险废物，后续颁布了《中华人民共和国固体废物污染环境防治法》，发布了《危险废物污染防治技术政策》《危险废物焚烧污染控制标准》《危险废物填埋污染控制标准》等多项政策标准。2021 年 12 月生态环境部印发《“十四五”时期“无废城市”建设工作方案》。这些相关政策及要求促使我国向环境友好型经济发展。危险废物处理工需要为其所在组织和企业解决危险废物收集、分拣、储运、处理的技术和安全问题。这要求危险废物处理工不仅要熟知危险废物处理的专业知识，还要在生产安全方面体现出一定水平。

关联职业。与危险废物处理工密切相关的职业有核准技术员和 IQC[①] 检验员。核准技术员的主要工作任务侧重于制定危险废物入厂取样和入库要求，以及预接收和处理处置成本核算。IQC 检验员的主要工作任务侧重于入厂危险废物的危险特性和主要危害成分的辨识和确认，以及生产过程中库存危险废物的检测。危险废物处理工的主要工作任务侧重于危险废物的收集、分拣、贮存、转运、处理等，保证危险废物顺利安全处理处置。

相应岗位。实验室检测员、焚烧处理工、物化处理工等。

三、危险废物处理工的主要工作职责

1. 熟悉危险废物处理处置行业相关的国家标准、规范、处理处置流程及相关工艺。按公司要求处理危险废物。

2. 根据收运计划，做好危险废物接车准备工作，配备好叉车、托盘、吨桶、吨袋等。

3. 配合检测中心人员对入厂危险废物进行取样。

4. 根据危险废物分类标准和制度，进行危险废物的分拣、分类贮存。

5. 负责危险废物的预处理及处理设备的操作，包括开机准备、开机、停机等。

6. 负责处理设备的巡检、维修和保养工作。

7. 负责记录生产线危险废物处理量、二次废物产生量等基础数据。

8. 负责配合其他专业（电仪、化验、工艺等）人员，保证设备设施正常运行和安全处置危险废物。

四、危险废物处理工的薪酬福利待遇

平均薪酬水平。据看准网最新数据，危险废物处理工相关职位的平均月薪为 12145 元。其中，月薪 2000~7000 元的占比约为 20%，月薪 7000~12000 元的

① IQC：Incoming Quality Control，来料质量控制。

占比约为 41%。月薪 12000 元以上的占比约为 39%，这主要跟工作年限和学历有关。企业招聘平均年薪逐年增长：2020 年为 10.97 万元、2021 年为 12.27 万元、2022 年为 13.98 万元。截至 2023 年 9 月，2023 年平均年薪为 16.37 万元。

与类似职业对比。猎聘网、看准网等最新招聘数据显示，该职业薪酬水平与 IQC 检验员、核准技术员等接近，见表 4-09-07-03-1。

表 4-09-07-03-1 类似职业薪酬水平

职业名称	薪酬水平（元 / 月）
IQC 检验员	3000~10000
核准技术员	4000~10000

五、从事危险废物处理工工作需要具备哪些本领

该职业从业人员需具备的基本知识和技能有危险废物焚烧、物化、填埋处置工艺相关知识，危险废物相关国家技术标准、规范和法律法规知识，热能动力、化工机械、电气仪表、安全防护等方面的专业知识。该职业需具备的知识和技能见表 4-09-07-03-2。

表 4-09-07-03-2 危险废物处理工需具备的知识和技能

职业功能	工作内容	知识和技能要求
处理处置准备	防护物资准备	熟悉安全防护的相关制度和要求，能正确佩戴防毒面具、防护服、正压呼吸器等，能正确使用灭火器、消防栓等设备设施
	设备工具准备	熟悉处理工具和设备的操作方法和注意事项，能正确使用废液泵、破碎机、搅拌机、打包机等预处理设备，能正确操作回转窑、锅炉、烟气处理设备等，保证处理过程安全进行
方案执行	分拣、辨识、贮存	能根据公司分拣、分类制度的规定进行废物的转运和贮存
	预处理	熟悉废物预处理的方法，能按排产计划要求进行废物的预处理

续表

职业功能	工作内容	知识和技能要求
维护与保养	设备维护	熟知设备的管理制度和故障处理方法，能通过培训、学习和实践完成设备相关零部件的更换
	设备保养	能根据设备的维保手册或计划，完成设备的保养
分析与总结	作业分析	能根据废物处理现象和结果，分析处理方法可行性，创新废物处理的方法
	作业总结	能通过学习和工作经验总结，熟知各类废物处理方法

六、危险废物处理工的专业教育现状

（一）相关专业

随着危险废物处理处置行业的发展，已有部分院校开设了相关专业，如能源与动力工程、环境工程、化学工程与工艺等专业，涉及普通本科院校和职业院校。

能源与动力工程专业：能源与动力工程专业培养具备能源动力工程、流体机械、流体传动及控制等方面的基础知识和能力，能够从事能源与动力工程领域的设计、制造、运行管理、实验研究、开发、营销管理等方面工作的专业技术人才。毕业生可在水力机械、电站动力设备、工程机械、建筑机械、流体传动与控制、液力传动等研究制造部门以及电力、石化系统从事设计、制造、研究与开发工作，也可在高校从事科研与教学工作。

环境工程专业：本专业培养具备可持续发展理念，掌握污染防治和环境规划和资源保护等方面的知识，具有进行污染控制工程的设计及运营管理、制定环境规划和进行环境管理的能力，具有从事环境工程方面的新理论、新工艺和新设备的研究和开发能力，能在政府部门、规划部门、经济管理部门、环保部门、设计单位、工矿企业、科研单位、学校等从事规划、设计、管理、教育和研究开发方面工作的环境工程应用型人才。

化学工程与工艺专业：本专业培养具备化学工程与工艺方面的知识，具有高度社会责任感、良好的道德文化修养和健康的身心素质，具有创新意识和较强动手实践能力，能在化工、能源、环保、材料、冶金、信息、生物工程、轻工、制药、食品和军工等部门从事工程设计、技术开发、工程操作与技术管理、科学研究等工作的工程技术人才。

（二）开设相关专业的院校（排名不分先后）

★ 相关院校：清华大学、北京大学、北京理工大学、西安交通大学、昆明理工大学、重庆大学、华东理工大学、同济大学、西南大学、哈尔滨工业大学等。

◆ 相关院校：安庆职业技术学院、天津工业职业学院、重庆水利电力职业技术学院、扬州工业职业技术学院、信阳职业技术学院、湖北生态工程职业技术学院、乌海职业技术学院、兰州资源环境职业技术学院、山东城市建设职业学院、温州科技职业学院、广西工程职业学院、枣庄职业学院、山东理工职业学院、重庆化工职业学院、新疆师范高等专科学校、重庆资源与环境保护职业学院、黑龙江省教育学院、河北环境工程学院等。

七、危险废物处理工的就业创业信息

随着工业的迅速发展，危险废物的产生量逐年递增，大量的危险废物需要专业机构去妥善处置。其他企事业单位也会争相进入这个领域，从而提高危险废物的处置利用率。因此，危险废物处理工的需求量也会大大增加。就目前国内就业形势来看，该职业从业人员主要集中在广东、山东、江苏、浙江等危险废物产生量大的地区。相关技术管理型人才主要集中在北京、上海、广州、深圳等一线地区。

吸纳危险废物处理工就业较多的用人单位主要有：

1. 环保企业：北京清新环境技术股份有限公司、北京首创生态环保集团股份有限公司、北京高能时代环境技术股份有限公司、北京控股集团有限公司等。

2. 水泥制造企业：广东塔牌集团股份有限公司、安徽海螺水泥股份有限公司等。

3. 房地产企业：雅居乐、财信集团等。

4. 能源企业：中国石化集团、苏伊士环能（中国）能源技术有限公司等。

5. 企事业单位：固体废物管理中心、环境保护局等。

注：以上机构信息仅供参考，不代表编写出版方对其推荐和认可。

八、危险废物处理工的贯通发展

1. 学习与进修：持续学习和进修是提升自身能力和知识水平的关键。可以通过参加专业培训、研修班、行业会议等形式，不断更新自己的专业知识，提高自身的专业技能，紧跟行业发展的最新趋势。

2. 多领域交叉学习：除了深耕危险废物处理领域的专业知识，也可以拓宽视野，学习其他相关领域的知识，如垃圾发电、化工、资源利用、能源利用等。通过跨学科的学习和交叉应用，提升自身的综合素养和解决问题的能力。

3. 跨岗位经验积累：在职业发展过程中，可以主动争取跨部门、跨岗位的机会，担任不同角色，参与不同环节的工作。例如，从执行到管理、从设计到施工、从运维到项目管理等，通过积累工作经验，全面了解各方面的工作内容。

4. 参与项目管理：了解和掌握管理的方法和技巧，增强对整个项目或公司的把控能力。通过参与管理，可以提升组织协调能力、沟通协作能力和问题解决能力。

5. 担任管理职位：通过积累丰富的专业经验和管理经验，逐步晋升到管理层岗位，负责团队或部门的工作。在管理岗位上，需要具备良好的领导能力、决策能力和组织协调能力，为团队和组织的发展做出贡献。

6. 科研和创新：积极参与科研项目和技术创新，推动危险废物处置技术的发展和应用。可以与科研院所、高校或企业合作，共同开展科研项目，探索新的技术方法和解决方案。

危险废物处理工的职业贯通发展如图 4-09-07-03-1 所示。

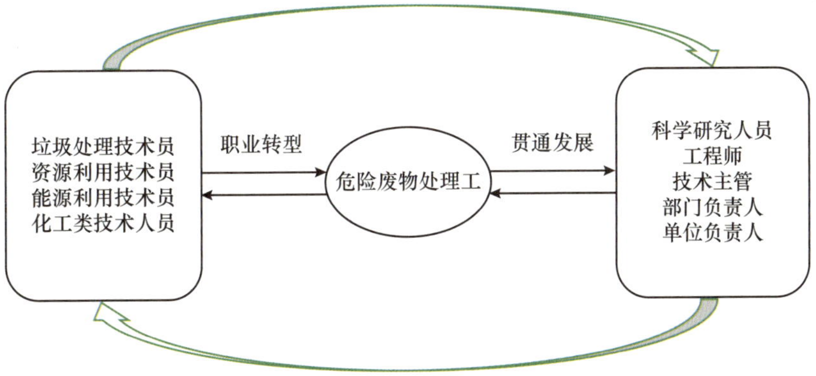

图 4-09-07-03-1　危险废物处理工的职业贯通发展图

九、危险废物处理工的发展前景

从市场供需看。危险废物处理处置行业作为法律、政策引导型行业，随着2016年修订版《国家危险废物名录》和《最高人民法院、最高人民检察院关于办理环境污染刑事案件适用法律若干问题的解释》的出台，危险废物精细化管理成为行业目标。“十三五”期间环保投入加大，危险废物处理处置行业迎来了很大的发展机遇。2018年《中国统计年鉴》数据显示，2017年全国危险废物产生量为6936.9万吨，较2016年增长29.73%。近年来，我国危险废物产生量均保持较高的增长，对危险废物处理工的需求也逐渐增加，危险废物处理工成为该行业必不可少的关键人才。

从产业发展看。从危险废物治理产业链来看，上游包括各类危险废物的来源，即生产制造过程中产生危险废物的行业，主要为化工、电子元器件制造、石油精炼、金属冶炼、医疗机构及制药等产废行业，其中，工业企业是危险废物的主要来源。此外，上游还包括危废专用设备供应商，主要提供危废转运设备、危废处理设备等。中游为提供危险废物处置服务、运营服务的服务商，处理技术主要分为无害化处理和资源回收利用。下游为危险废物综合利用产品应用市场，危险废物治理企业通过回收经济效益高的危险废物，进行深度资源化综合利用，生产有色金属、专业化学药剂等综合利用产品，再将其销售给下游相关需求企业。因此，完整的产业链也促使这一职业有较好的发展前景。

从政策红利看。“十五”规划期间我国正式开始了对危险废物安全处理的标准与法律法规制定，发布了《危险废物污染防治技术政策》《危险废物焚烧污染控制标准》等多项政策标准规范，国内危险废物处理和处置投资额达138.7亿元，在全国范围内规划建设31个综合性危险废物处理中心。2021年7月，《“十四五”循环经济发展规划》提出发展循环经济，推行“无废城市”建设试点项目。2021年12月，生态环境部印发《“十四五”时期“无废城市”建设工作方案》，为“无废城市”建设做出了具体的安排。在产业政策的指引下，危险废物处理处置行业需求逐渐释放，行业景气度提高。

十、相关内容链接

国家职业标准：扫码即可查看☞。

相关政策文件：见表 4-09-07-03-3。

表 4-09-07-03-3　相关政策文件

发布或通过时间	发布或通过机构	文件名称
2021 年 5 月	国务院	《国务院办公厅关于印发强化危险废物监管和利用处置能力改革实施方案的通知》
2016 年 2 月修订	国务院	《危险废物经营许可证管理办法》
2020 年 4 月	第十三届全国人民代表大会常务委员会	《中华人民共和国固体废物污染环境防治法》
2021 年 11 月	生态环境部、公安部、交通运输部	《危险废物转移管理办法》

供稿：北京清新环境技术股份有限公司　夏杨

碳排放管理员 L

职业编码：4-09-07-04

减少温室气体排放、积极应对气候变化，已成为全球共识。2020 年，我国提出了力争 2030 年前二氧化碳排放达到峰值，努力争取 2060 年前实现碳中和以及中国单位国内生产总值二氧化碳排放将比 2005 年下降 65% 以上的减排目标。碳排放权交易作为推动实现碳达峰目标与碳中和愿景的重要政策工具，其价值作用日益凸显。我国自 2013 年起就陆续启动了北京、上海、天津、深圳、广东、重庆和湖北等多个碳排放权交易试点，并在 2021 年 7 月，正式启动了全国碳排放权交易市场电力行业配额交易，建材、钢铁、化工、石化、有色、造纸、航空等多个行业也将逐步纳入。随着碳排放权交易机制的运行完善，碳排放管理员的岗位应运而生。合格的、具备良好职业素养的碳排放管理员，肩负着开展企业碳排放基础数据监测与统计、碳排放情况核算与核查、履行相关交易与咨询等重任，已成为当前和未来较长一段时间碳排放权交易市场维持良好运行急需的人才。

一、碳排放管理员的一天

记录时间：2023 年 9 月 7 日 **记录人：刘某**

上午工作情况

8 点至 12 点：

1. 查阅政府公文，阅读了解碳市场主管部门对发电行业碳排放数据监测的最新要求，结合企业实际情况，修订企业碳排放数据质量控制计划。（制定、审定监测计划或方案）

2. 通知化验科、财务部、磅房、生产部等按照数据质量控制计划中的最新要求，用指定的设备仪器，监测发电行业碳排放有关的数据，并按要求对监测设备和仪器仪表进行检定。（实施监测计划或方案）

3. 协调化验科、财务部、磅房、生产部等部门，到发电机组生产现场与各有关部门，识别碳排放来源和对应的排放设备，采集复制碳排放有关的活动水平数据、排放因子数据与对应的监测信息。（采集复制数据信息）

4. 运用碳排放统计核算公式，计算企业的年度碳排放量，并通过主管部门规定的在线平台，上报企业碳排放基础数据、排放量、数据质量控制计划、证明文件等。（统计核算碳排放量）

下午工作情况

14 点至 18 点：

1. 与第三方核查机构确定核查具体时间及核查工作所需资料和信息，并提前做好准备。（核查前准备）

2. 带领第三方核查机构核查员在生产厂区、有关部门进行巡查与访问，解答第三方核查机构的各项问题，并保存好过程中的各项文件。（接受核查）

3. 依据企业排放量信息和配额发放情况，制定碳交易策略。（碳排放交易管理与战略）

4. 在碳排放权交易系统上购买 / 卖出碳配额，并在碳排放权注册登记系统上上缴与排放量相等的配额，完成履约。（碳排放交易实施）

二、什么是碳排放管理员

职业定义。碳排放管理员是指从事二氧化碳等温室气体排放监测、统计核算、核查、交易和咨询等工作的人员。

定义解读。为了应对二氧化碳大量排放所导致的全球温室效应加剧，许多国家都在积极探索二氧化碳减排发展路径，实现碳达峰碳中和是一场广泛而深刻的经济社会系统性变革，党的二十大报告提出，要积极稳妥推进碳达峰碳中和，完善碳排放统计核算制度，健全碳排放权交易市场制度。2023 年 3 月，生态环境部发布的《关于做好 2021、2022 年度全国碳排放权交易配额分配相关工作的通知》中明确要求，12 月 31 日前全部重点排放单位完成履约，全国碳市场第二个履约期相关工作正式启动。碳排放管理员是一种新兴的职业，其主要职责是监测、统计与碳排放有关的数据、信息，按照一定的方法核算企业碳排放情况，通过第三方核查确保碳排放数据和信息的准确性，并借助交易机制完成碳市场履约义务。同时，碳排放管理员也应具备完成与碳市场有关的咨询工作的能力。

关联职业。与碳排放管理员密切相关的职业有碳管理工程技术人员和碳汇计量评估师。碳管理工程技术人员的主要工作任务侧重于基于碳减排和负排放技术规划制定低碳发展方案并推动实施。碳汇计量评估师的主要工作任务侧重于应用生态系统的碳汇计量方法评估碳汇项目。碳排放管理员的主要工作任务侧重于围绕碳市场监测、报告与核查体系和交易履约机制，去核定碳排放情况并制定企业碳管理策略。

相应岗位。民航碳排放管理员、碳排放监测员、碳排放核算员、碳排放交易员、碳排放咨询员等。

三、碳排放管理员的主要工作职责

1. 开展数据监测：识别主管部门对企业碳排放相关的活动水平、排放因子监测要求，制定 / 修订数据质量控制计划或方案，按照要求进行数据监测，并定期对监测设备进行检定与校准。

2. 核算企业排放：识别碳排放来源，整理企业数据材料信息，甄别、提取温室气体核算相关信息和数据，按照核算指南要求，核算企业组织层级温室气体排放量，编制排放报告，通过系统平台或其他方式，报送企业排放信息与支撑材料。

3. 配合第三方核查：对接第三方核查机构，为第三方核查机构提供支持性文件，沟通协调现场核查时间，接受文件评审与现场评审，并按要求修改排放报告、数据质量控制计划。

4. 开展第三方核查：收集核查工作背景资料，提出核查工作目标，编制核查工作计划，审查企业排放报告、数据质量控制计划、支持性材料，实施文件评审与现场核查，并对核查质量进行管理。

5. 交易企事业单位碳排放权：按照碳排放权注册、登记、交易、结算等规则，开通/变更企业碳排放权登记、交易、资金账户，根据碳排放交易方案发起买卖申报，完成交易后对交易凭证进行归档。

6. 提供碳排放咨询服务：审定不同类型咨询项目的咨询边界和范围，分析咨询工作所需各项数据、资料，开展书面调研与现场调研，完成碳排放管理、双碳规划、产品碳足迹等项目的调研/咨询报告，并通过专家评审。

四、碳排放管理员的薪酬福利待遇

平均薪酬水平。根据猎聘网发布的《2022 Q1 中高端人才就业趋势大数据报告》等数据，碳排放管理员相关职位的企业招聘平均年薪逐年增长，2019 年为 15.36 万元；2020 年为 18.53 万元；2021 年为 25.55 万元，2022 年第一季度对应的招聘平均年薪均超过 26 万元，碳中和新发职位同比上升 408.26%。

与类似职业对比。Boss 直聘网 2023 年 6 月数据显示，该职业薪酬与碳管理工程技术人员、碳汇计量评估师等相近，见表 4-09-07-04-1。

表 4-09-07-04-1 类似职业薪酬水平

职业名称	薪酬水平（元/月）
碳管理工程技术人员	10000~35000
碳汇计量评估师	10000~28000

五、从事碳排放管理员工作需要具备哪些本领

该职业从业人员需具备温室气体基础知识，碳排放管理工作涵盖范围和基本内容，用能、用热、用电知识，主要生产和服务业务的工艺流程概况，数据统计计算等基本知识。该职业从业人员需具备的核心技能是碳排放覆盖范围的识别、碳排放量的核算及碳管理策略的制定。

该职业需具备的知识和技能见表 4-09-07-04-2。

表 4-09-07-04-2　碳排放管理员需具备的知识和技能

职业功能	工作内容	知识和技能要求
实施监测计划或方案	识别监测计划或方案	能阅读监测计划或方案，能收集、整理监测计划案例
	登记管理监测设备	能识别碳排放监测设备和仪器仪表，能登记监测设备，能对监测设备进行基本管理
统计核算碳排放量	识别碳排放及其相关数据	能区分主要的温室气体种类，能识别和收集碳排放基本数据
	划分统计核算边界	能识别碳排放来源，能识别排放设施
	统计核算排放量	能运用碳排放统计核算公式，能确定活动水平，选取排放因子，能阅读和使用碳排放统计核算图表
实施核查计划或方案	核查前的准备	能识别核查工作所需资料和信息，能与核查工作涉及的主体进行前期对接
	配合核查	能收集和保存文件评审资料，能记录和保存现场核查情况
交易碳排放权	识别碳排放权交易主体	能识别和选择碳排放权交易标的物
	注册、登记、交易和结算	能使用碳排放权交易系统查询交易信息，能准备碳排放权登记的材料

六、碳排放管理员的专业教育现状

（一）相关专业

伴随着国家政策的落地，碳管理领域相关行业进入高速发展阶段，已有部分院校开设了碳管理相关专业，涉及普通本科院校和职业教育院校。普通本科专业有能源与动力工程、环境工程、能源服务工程、能源动力、金融工程等。职业教育专业有新能源发电工程、热能与发电工程、建筑智能化工程技术、环境工程技术等。

（二）开设相关专业的院校（排名不分先后）

★ 相关院校：清华大学、西安交通大学、上海交通大学、东南大学、浙江大学、四川大学、北京师范大学、华北电力大学、南京航空航天大学、山东交通学院等。

◆ 相关院校：北京电子科技职业学院、深圳职业技术大学、广东环境保护工程职业学院、南京工业职业技术大学、郑州电力高等专科学校、武汉电力职业技术学院、常州工业职业技术学院、酒泉职业技术学院、兰州资源环境职业技术大学、重庆能源职业学院等。

七、碳排放管理员的就业创业信息

随着国家 2030 年碳达峰、2060 年碳中和目标的提出和全国碳排放权交易市场的正式启动，碳排放管理员从业人员已遍布全国各地，涉及电力、石化、化工、建材、钢铁、有色、造纸、航空等多个重点行业。

吸纳碳排放管理员就业较多的用人单位主要有：

1. 电力企业：中国华能集团有限公司、中国大唐集团有限公司、中国华电集团有限公司、中国国电集团有限公司等。

2. 钢铁企业：首钢集团有限公司、鞍钢集团有限公司、本钢集团有限公司、武钢集团有限公司等。

3. 石化、化工企业：中国石油天然气集团有限公司、中国石油化工集团有限公司、中国海洋石油集团有限公司等。

4. 有色企业：紫金矿业集团股份有限公司、中国铝业股份有限公司等。

5. 建材企业：中国建材集团有限公司、中建西部建设股份有限公司、上海建工集团股份有限公司等。

6. 造纸企业：玖龙纸业（控股）有限公司、金光纸业（中国）投资有限公司、山东晨鸣纸业集团股份有限公司等。

7. 航空企业：春秋航空、南方航空、中国国际航空、海南航空和东方航空等。

8. 咨询、认证机构：中环联合（北京）认证中心有限公司、中国国检测试控股集团股份有限公司、中国质量认证中心等。

注：以上机构信息仅供参考，不代表编写出版方对其推荐或认可。

八、碳排放管理员的贯通发展

该职业的发展路径主要有三条。管理路线，即从普通员工晋升到主管 / 单位中层，再晋升到经理 / 单位领导层，甚至往更高的领导职务发展。专家路线，即不断提高技能水平，在职业等级上不断晋升，成为碳管理领域专家。复合人才路线，即向其他行业跨越或职业转型，如通过学习相关知识和技能转型为综合能源服务员、科学研究人员等。碳排放管理员的职业贯通发展如图 4-09-07-04-1 所示。

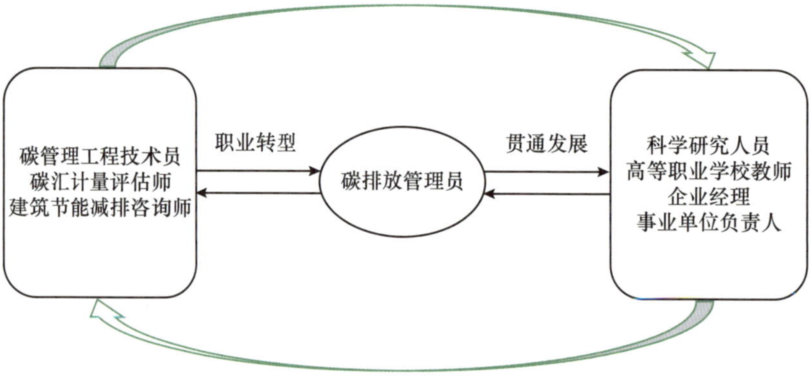

图 4-09-07-04-1　碳排放管理员的职业贯通发展图

九、碳排放管理员的发展前景

从市场供需看。 随着我国一系列“双碳”政策落地，电力、水泥、造纸、化工、石化、钢铁等高耗能行业对碳管理人才的需求日益增长。例如在石化行业，规模以上企业数量已达到 2.6 万 ~2.7 万家，碳管理方面的人才缺口在 8 万 ~12 万人。根据《财经十一人》的统计，碳相关从业者从此前约 1 万人，增长至 2022 年上半年的约 10 万人，预计 2025 年会增长 50 万 ~100 万人。猎聘网发布的《2022 Q1 中高端人才就业趋势大数据报告》显示，2022 年第一季度新发职位同比增长最多的是碳管理领域，同比增长 408.26%。

从产业发展看。 根据 2020 年 12 月生态环境部颁布的《碳排放权交易管理办法（试行）》，年度温室气体排放量达到 2.6 万吨二氧化碳当量的发电、钢铁、水泥等八大行业 20 个子行业约 8000 家重点排放单位，需要开展碳排放管理工作。随着全国碳市场配额交易行业不断扩大，数据质量监管要求更加严格，碳排放管理不仅满足主管部门履约要求，也促进企业实施碳减排和负排放技术，形成绿色低碳发展良性循环。

从政策红利看。2023 年 8 月，在习近平总书记提出碳达峰碳中和目标三周年之际，国家发展改革委等十部门联合印发《绿色低碳先进技术示范工程实施方案》，明确了绿色低碳先进技术示范工程的 12 个重点方向，布局了一批技术水平领先、减排效果突出、减污降碳协同、示范效应明显的示范项目，对于加快绿色低碳技术成果转化、促进绿色低碳产业发展具有重要意义。

2021 年，国务院发布的《中共中央 国务院关于完整准确全面贯彻新发展理念做好碳达峰碳中和工作的意见》《2030 年前碳达峰行动方案》均提出，要加快建设完善全国碳排放权交易市场，发挥全国碳排放权交易市场作用，逐步扩大市场覆盖范围，丰富交易品种和交易方式，完善配额分配管理。从党中央对碳达峰碳中和工作的系统谋划和总体部署层面提出了碳市场建设的目标要求。目前已有部分城市要求重点排放单位配备碳排放管理员，例如深圳市施行的《深圳市碳排放权交易管理办法》第十二条规定，重点排放单位应当建立健全碳排放管理体系，配备碳排放管理人员。

十、相关内容链接

国家职业标准：扫码即可查看☞。

相关政策文件：见表 4-09-07-04-3。

表 4-09-07-04-3 相关政策文件

发布或通过时间	发布或通过机构	文件名称
2020 年 12 月	生态环境部	《碳排放权交易管理办法（试行）》
2021 年 9 月	国务院	《中共中央 国务院关于完整准确全面贯彻新发展理念做好碳达峰碳中和工作的意见》
2021 年 10 月	国务院	《2030 年前碳达峰行动方案》

供稿：北京中创碳投教育咨询有限公司 刘焰真

保洁员 L

职业编码：4-09-08-01

随着人们生活水平的不断提高，人们对工作生活环境的要求也越来越高，为此保洁员职业应运而生。保洁行业是我国新兴的清洁产业，在净化生活生产环境、构建社会主义和谐社会的过程中有着不可或缺的作用。

一、保洁员的一天

记录时间：2022 年 6 月 13 日　　记录人：梅某

上午工作情况

8 点至 12 点：

1. 将办公区域各办公室前一天的办公垃圾清理干净，统一放置到垃圾放置点。（办公垃圾清理）

2. 将办公室桌面及地面清理干净，将大厅前台台面擦拭干净，以便开始一天的正常工作。（桌面地面清理）

3. 打扫大厅卫生，包括大厅的地面及展架。做到及时打扫，地面保持干净，展架保证无杂物和灰尘。（大厅卫生清理）

4. 对各会议室进行打扫，保证会议室地面、讲台、会议桌及相关电器设备整洁，保证无死角卫生问题。（会议室清理）

下午工作情况

14 点半至 17 点：

1. 统一清理卫生工具，保证抹布和拖把干净无异味。（卫生工具清理）

2. 对其他办公区域产生的垃圾及时进行清理，检查大厅摆放的样品是否整齐。（垃圾清理）

3. 将重点区域，尤其大厅地面彻底打扫一遍。（重点区域清理）

4. 检查会议室及其他办公场所是否有业务员遗失或丢弃的物品，检查卫生间的水源和门窗。（物品整理）

二、什么是保洁员

职业定义。保洁员是指从事公共场所、公共区域、公共设施、公共水域的水面以及建筑物内外清洁、维护工作的人员。

定义解读。保洁一词源自英文 House Keeping，保洁员的职责从最初的保持室内清洁，慢慢扩展到保持环境清洁这一更为广泛的概念。工作地点涉及楼宇大厦、物业小区、学校、医院、工厂、街道、建筑物外墙等各种与人有关的建筑物，保洁服务更是从传统的废弃物清除、垃圾清理等工作内容转变为室内外空气消毒、虫控（害虫的控制）服务、空气净化、河道清洁等一系列的服务内容，为人类的生存环境和卫生环境提供有效的保障。

关联职业。与保洁员密切相关的职业有生活垃圾清运工和生活垃圾处理工。生活垃圾清运工的主要工作侧重生活垃圾收集、转运、分拣、运输等。生活垃圾处理工的主要工作侧重生活垃圾无害化处理、处置和资源化利用等。保洁员的主要工作侧重于生活垃圾的初步集中、整理、分类，保持环境内外清洁。

相应岗位。清扫工、公厕保洁员、高空外墙清洗员、水面保洁员等。

三、保洁员的主要工作职责

1. 使用清扫、冲洗等机具或人工方式，清扫、清洗道路、广场等公共场所和公共区域，对清扫车、冲洗车等专用机具进行日常维护和保养。

2. 使用清洁、冲洗等机具或人工方式，清洁、维护公共设施及建筑物外立面和内部公共区域，维护保养清洁设备，检查安全作业设备等。

3. 使用清洁、冲洗等机具或人工方式，清洁、打扫公共厕所，维护公共厕所及其附属设施，对公共厕所的异味和蚊蝇密度等进行控制。

4. 清理、保洁和维护公共水域的水面，对水面保洁作业专用船舶、码头、机具等进行日常维护、保养。

5. 定期灭鼠灭蟑，防止其他卫生害虫及城市害虫危害。

6. 根据季节变化做好环境绿化工作，定期浇灌和修剪花草树木，保持所栽植物的环境卫生。

7. 根据工作要求，做好日常保洁工作或及时推进卫生检查工作。完成临时性工作或领导布置的其他工作。

四、保洁员的薪酬福利待遇

平均薪酬水平。根据中国科学院发布的最新报告，2022 年北京市保洁员月平均薪酬为 8123 元，为全国最高。近三年全国保洁员月平均薪酬呈现上升趋势，但上升幅度不大，2022 年保洁员月平均薪酬为 3616 元。保洁员的薪酬构成大致为工资性收入、奖励收入、补贴收入和其他收入。

与类似职业对比。网络招聘平台数据显示，该职业薪酬整体低于保安、安检员等职业，详见表 4-09-08-01-1。

表 4-09-08-01-1　类似职业薪酬水平

职业名称	薪酬水平（元 / 月）
保安	4551
安检员	5465
押运员	5598
护工	5567

五、从事保洁员工作需要具备哪些本领

该职业从业人员需要具备的知识和技能有除尘消毒、清运垃圾、除污养护、公共卫生间服务、杀灭有害生物等。核心技能是除尘消毒和公共卫生间服务。保洁员需具备的知识和技能见表 4-09-08-01-2。

表 4-09-08-01-2 保洁员需具备的知识和技能

职业功能	工作内容	知识和技能要求
除尘消毒	室内外除尘	掌握室内外除尘工具的使用方法，具有根据作业要求备齐保洁工具和清洁剂的能力，可以自查作业质量、清理作业现场，巡查并维护作业现场
	室内外消毒	掌握消毒工具、消毒药液的使用规范及化学溶剂的配制方法，掌握室内外消毒作业的作业流程、质量标准。可以对设施表面、公共卫生间、楼宇外围广场、垃圾桶、作业工具进行消毒
清运垃圾	垃圾收集	掌握各类垃圾收集工具的使用常识、垃圾收集的作业流程、垃圾收集的质量标准；可以收集作业产生的垃圾和巡查发现的垃圾
	垃圾装载	掌握垃圾分类标准和各类垃圾装载工具的使用常识，掌握垃圾装载的作业流程和质量标准
	垃圾运输	掌握各类垃圾运输工具的使用常识，掌握垃圾运输的作业流程、质量标准和垃圾清运安全防护知识；可以运输垃圾到指定地点，并采取措施防止垃圾遗洒
除污养护	污垢识别	具有识别常见被清洁物材质和常见污垢的能力，并正确选择除污作业工具和清洗液
	污垢清除	掌握除污工具和药液的使用方法，各类除污作业的操作规程，除污的质量标准；可以使用清洁工具、清洁液清洗污垢，并自查除污质量
	物品养护	可以正确判断养护物品材质，并选择适当的养护工具、药剂和操作方法对物品进行养护，达到养护标准；具有采取防护措施防止物品被污染的能力

续表

职业功能	工作内容	知识和技能要求
清洗地面	洗刷准备	掌握清洗地面工具的种类和特点，可以自主准备清洗地面所需的设备、工具、药剂；掌握清洗地面药剂的种类和特点；掌握清洗地面作业的现场布置要点，可以识别地面受污情况
	洗刷地面	掌握清洗地面工具的使用方法，并使用洗地机洗地；掌握清洗地面药剂的使用方法，可以使用吸水机收集地面水，使用吹干机吹干地面；掌握清洗地面操作规程；掌握洗刷地面的质量标准，可以自检地面洗刷质量
公共卫生间服务	如厕服务	可以指导如厕人员正确使用厕内各种设施，并对老人、儿童、孕妇、残疾人如厕提供服务
	日常管理	识别公共卫生间内各种设施运行状态，统计每日水电用量，做好交接班记录
	紧急情况处理	遇到火情、匪情等紧急情况时，及时报警；遇到跑水、设备故障等情况时，及时报修，并采取紧急措施，防止损失扩大
杀灭有害生物	识别有害生物	掌握有害生物的习性，正确识别有害生物；可以根据有害生物的控制方法、虫控作业的工具、药剂种类和特点等实施虫控方案
	布饵补饵	根据药品配比度进行施药作业，定期更换药饵，处理被杀灭有害生物的尸体
	安全防护	掌握正确实施人畜误服杀虫药的紧急应对方法；选择、佩戴安全防护工具；处理误喷到人体或衣服上的化学药剂
地毯保洁	清洗准备	掌握物品养护工具、药剂的种类和适用特点；掌握地毯的种类知识；掌握地毯污渍的种类与成因知识；掌握常用地毯清洗的方法；根据作业要求，备齐清洗设备工具、清洁剂
	地毯清洗	掌握各种地毯清洗机的使用和保养方法；掌握鉴别各种污渍的种类；掌握去除各种污渍的方法；使用吹干机吹干地毯，对地毯局部除污
	地毯养护	掌握养护设备、工具的使用方法；掌握养护药剂的使用方法；掌握地毯养护的操作规程；熟悉地毯养护的质量标准

续表

职业功能	工作内容	知识和技能要求
地面保洁	打蜡准备	可以识别常见地面的材质种类；掌握地面打蜡工具、药剂种类和适用特点；掌握地面打蜡作业的现场布置要点；根据地面材质，选择打蜡的设备、工具、药剂
	地面打蜡	掌握地面打蜡操作流程的技术要求，清洗并干燥地面；掌握打蜡、封蜡、抛光的方法，可以正确地对地面进行相关操作；掌握剥离蜡层的方法，正确选择剥离剂剥离原蜡层；掌握打蜡工具、药剂的使用方法；检验作业质量
	蜡面养护	掌握补蜡设备、药剂的选择和使用方法；掌握补蜡的方法；可以对地面进行补蜡、抛光；对地面蜡面养护质量进行自检
晶面处理	作业准备	识别需要晶面处理的材质，掌握晶面处理工具、药剂种类和适用特性；掌握晶面处理的原理常识，选择晶面处理的设备工具、药剂和标识牌；掌握晶面处理作业的现场布置要点，可以布置作业现场；正确使用清洗机器清洗地面
	作业实施	掌握晶面处理的操作规程；使用研磨机进行晶面处理，并进行研磨工艺的制定和调整；掌握晶面处理的亮度检测方法；使用护理剂抛光地面
	日常保养	制订日常保养的计划和安排，使用相关的设备、工具、药剂对晶面进行日常保养；掌握日常保养的方法及流程；对日常保养质量进行自检

六、保洁员的专业教育现状

（一）相关专业

保洁员的培养以短期培训为主，学历教育已开始起步，服务于保洁员素质提高和培养的系统教育、长短期结合的培养方式初步形成。目前已有部分院校开设了与保洁员相关的专业，主要有家政服务、家政服务与管理等，涉及高职院校、中职院校等。

（二）开设相关专业的院校（排名不分先后）

◆ 相关院校：重庆三峡医药高等专科学校、江苏卫生健康职业学院、江苏医药职业学院、安徽医学高等专科学校、山东圣翰财贸职业学院、黑龙江护理高等专科学校、苏州卫生职业技术学院、遵义医药高等专科学校、天津医学高等专科学校、贵阳护理职业学院。

▼ 相关院校：四川城市技师学院、济南阳光职业中等专业学校、黎平县中等职业学校、西安市技工学校、西安市劳动技术学校、嘉善信息技术工程学校、宁波特殊教育中心学校、常山县职业中等专业学校、天水职业中等专业学校、郑州科技中等专业学校。

七、保洁员的就业创业信息

该职业的从业人员主要分布在城市管理、社区服务、街道办事处等企事业单位，以及专业的物业公司和家政服务公司等。

吸纳保洁员就业较多的用人单位主要有：

1. 物业公司：绿城物业服务集团有限公司、中海物业管理有限公司、深圳市彩生活服务集团有限公司、长城物业集团股份有限公司、雅居乐雅生活服务股份有限公司、保利物业服务股份有限公司等。

2. 家政服务公司：济南阳光大姐服务有限责任公司、广州市正祥和家政服务有限公司、江苏华南服务有限公司、杭州巾帼西丽家政服务集团有限公司、厦门小羽佳家政股份有限公司等。

3. 酒店、餐饮等服务行业，各地环境卫生保护局、街道办事处、城市管理行政执法局等。

注：以上机构信息仅供参考，不代表编写出版方对其推荐和认可。

八、保洁员的职业贯通发展

该职业的发展路径主要有三条：一是专家路线，即不断提高技能水平，在职业等级上晋升，成为保洁领域专家，对从业人员进行培训指导；二是复合型人才路线，即向其他行业跨越或职业转型，如通过学习相关知识和技能转型为企业经理、家政服务人员、育婴师、月嫂等，与专业技术岗位横向贯通；三是创业路线，即基于个人兴趣爱好进行创新创业，其职业贯通发展如图 4-09-08-01-1 所示。

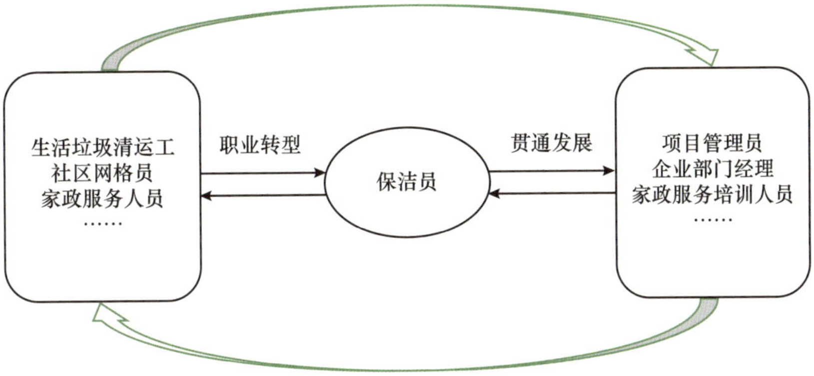

图 4-09-08-01-1　保洁员职业贯通发展图

九、保洁员的发展前景

从市场供需看。我国保洁员存在巨大缺口。人力资源社会保障部的公开数据显示，2022 年第一季度保洁员在 100 个我国短缺的职业中排名第八，且近几年常年排在紧缺职业前十名。随着社会的发展，人们对舒适整洁环境的需求越来越高，保洁员的需求缺口会越来越大。

从产业发展看。首先，保洁服务需要日益专业化、高效化。保洁企业需要不断提升技术水平，以迎合客户的需求，提升服务质量。其次，保洁企业需要将更多的精力放到环保和绿色清洁领域。特别是近年来全国普及的绿色建筑标准，使得楼宇保洁需要增加生态清洁的考虑，保洁企业需要不断发展绿色清洁。最后，随着人们对保洁需求的不断提高，保洁企业需要将服务拓展到更多领域，如对老年人、儿童等特殊群体提供专业服务。

从政策红利看。2019 年 6 月，国务院办公厅印发了《关于促进家政服务业提质扩容的意见》；2022 年，为深入贯彻党的二十大精神和中央经济工作会议部署，推动家政服务业提质扩容，进一步扩大居家养老、育幼服务供给，增加社区就业，创新消费场景，引导家政服务充分融入社区生态体系，国家发展改革委、商务部等部门印发了《关于推动家政进社区的指导意见》；2022 年以来，中共中央、国务院及各部委发布了多个涉环卫领域的政策标准，通过梳理政策要点，简单总结出以下几点：进一步健全农村生活垃圾收运处置体系，加强县域、农村环卫设施建设，推动农村生活垃圾分类减量与资源化处理利用，提升人居环境质量，全力打造美丽乡村；城乡环卫清洁服务范围细分，完善作业人员安全防护措施，加强环卫工人安全作业教育和技能培训，提高安全意识和能力；支持社会资本参与农村人居环境整治提升五年行动，鼓励银行保险机构结合生态环境保护和治理，开拓创新，加大对城镇污水垃圾处理、固体废弃物处理、建筑垃圾治理和资源化利用等环保领域的支持力度；构建智慧环卫，扩大智能感知设施和技术在环卫领域的应用，提升各项环卫工作的质量和效率，助力环卫行业实现全过程智能化、数字化和精细化管理，为保洁行业的发展提供强有力的支撑。

十、相关内容链接

国家职业标准： 扫码即可查看☞。

相关政策文件： 见表 4-09-08-01-3。

表 4-09-08-01-3　相关政策文件

发布或通过时间	发布或通过机构	文件名称
2014 年 4 月	第十二届全国人民代表大会常务委员会	《中华人民共和国环境保护法》
2017 年 3 月	国务院	《城市市容和环境卫生管理条例》

供稿：咸宁职业技术学院　曾媛媛

园林绿化工 L

职业编码：4-09-10-01

园林绿化是运用工程技术和艺术手段，通过改造地形或进一步筑山、叠石、理水，种植树木花草，营造建筑和布置园路等创作优美环境和游憩场所。随着城市的全面发展，绿色环境已被认为是城市建设和绿色可持续发展的必要前提。园林绿化是城市建设最重要的内容之一，对城市环境达到漂亮、舒适、宜居的三个要求起着至关重要的作用。

各种压力和需求都促使人们更加重视城市绿化和生态环境保护。随着社会经济的发展和人们环保意识的增强，园林绿化行业将继续蓬勃发展，并为相关从业人员提供就业和发展机会。

一、园林绿化工的一天

记录时间：2023 年 8 月 20 日　　记录人：董嘉伟

上午工作情况

8 点至 12 点：

1. 树木报批迁移专章调查，调查树木胸径、树高、冠幅、生长势、立地情况、存在问题、华测 RTK 对树木定位等。（树木保护专章调查）

2. 编制树木保护专章，进行方案比选、编写树木迁移必要性等。（树木保护专章报告）

3. 绘制树木保护规划图、建规证与现场树木叠图。（树木保护专章）

4. 根据树木迁移实施方案，组织管理现场树木迁移，组织工人和机械完成树木迁移。(树木迁移)

下午工作情况

13 点至 17 点：

1. 跟进报批树木迁移进度，做好前期资料准备，走报批流程。(树木迁移报批)

2. 编制树木迁移实施方案，迁入地选定，确定树木迁移距离。(树木迁移实施方案)

3. 报批全过程及时汇报业主，与业主沟通。(树木迁移沟通)

4. 树木迁移后，对树木做"一树一档"。(树木档案制作)

二、什么是园林绿化工

职业定义。园林绿化工是指从事园林绿化施工、养护，园林植物的繁殖、栽培和出圃，树木修剪、园林有害生物防治等工作的人员。

定义解读。园林绿化工是实现园林设计意图的技术人员，其专业技术水平和综合素质直接影响着园林工程施工进度和质量水平。园林绿化工需要进行周密规划和设计工作；需要具备一定的技能和专业知识，例如熟悉植物的生长规律和栽培技术、掌握建筑材料和设备的使用方法、了解环保法规和政策等；还需要具备一定的审美素养和沟通能力，以便能够设计出美观实用的景观；同时还需要能与客户、团队成员进行有效的沟通和协作。

关联职业。由于园林绿化行业是一个综合性、多专业跨界融合的行业，关联的职业比较多。与其最密切相关的职业是园林设计师、园林施工员。园林设计师在城市建设、园林、林业部门和花卉企业从事风景区、森林公园、城镇各类园林绿地的规划、设计、施工、园林植物繁育栽培、养护及管理等工作。园林施工员是负责园林工程建设和管理的专业技术人员，主要负责园林的规划、设计、施工和后期维护，涵盖了从项目初期到竣工验收的全过程。

相应岗位。花卉园艺工、园林植保工、绿化造园工、园林养护工、园林修剪工。

三、园林绿化工的主要工作职责

1. 在规划阶段，要考虑到自然环境和人文环境的因素，例如，地形地貌、气候条件、土壤质量、周边建筑和人群的需求等。在设计阶段，要在规划的基础上，细化设计方案，进行园林绿化规划设计、园林植物种植设计、造景设计，包括选择植物、设计景观、建造设施、安排灯光等。

2. 在建设阶段，园林绿化工要负责选择合适的建设材料和设备，进行施工和安装工作，进行园林植物的种植、施工、养护管理。建设工作需要遵守环保原则，保证施工过程不会对环境造成污染。同时，要确保设计方案能够得到最好的实现效果。

3. 在维护阶段，园林绿化工要对绿化景观进行日常维护，保证其美观、卫生、安全和环保。这一阶段的工作具体包括剪枝、浇水、施肥、除草、喷洒杀虫剂等。园林绿化工还要及时发现并处理绿化景观中出现的问题，例如病虫害、土壤质量、设施损坏等问题。

4. 研究、开发城市园林植物应用，进行野生园林植物资源的调查、保护、开发和利用；建立园林植物的良种繁育和育种基地，研究、开发园林植物现代化苗圃、温室、大棚等商品化生产的使用管理技术；调查园林绿地的生态环境效益、社会效益，设计改善方案等。

四、园林绿化工的薪酬福利待遇

平均薪酬水平。园林绿化工的工资根据不同地区和企业的情况不同而有所差异。一般来说，初级园林绿化工的月薪为 3000~5000 元，有经验的高级施工员的月薪在 8000 元以上，全国园林绿化工薪资平均值为 5515 元 / 月。一些大型园林绿化项目可能会提供更高的薪资待遇。

园林绿化工收入根据工作经验增加逐渐递进，具有 1~3 年工作经验的园林绿化工平均工资为 4400 元 / 月，具有 3~5 年工作经验的园林绿化工平均工资为 6100 元 / 月，具有 5~10 年工作经验的园林绿化工平均工资为 10600 元 / 月。

与类似职业对比，该职业薪酬与景观设计师、园林施工员相当，但园林绿化工不同工作岗位薪酬差异较大，详见表 4-09-10-01-1。

表 4-09-10-01-1 园林绿化工类似职业薪酬比较

职业工种	3~5 年工作经验人员月薪酬（元 / 月）
景观设计师	6000~8000
园林施工员	10000~15000

五、从事园林绿化工作需要具备哪些本领

园林绿化工需要根据客户的需求对私人和公共的庭院、公园、体育及娱乐场所进行设计、安装和维护。根据工作的需要，园林绿化工需要具备和客户沟通的能力，并掌握相关法律、法规，熟悉所有软质材料（植物、土壤等）、硬质材料（岩石、木材等）、设施设备（电器、管道和灌溉系统）等的制作与安装技能，能进行植物的种植与养护、景观的营造和管理，并懂得从事的职业对环境的影响及可持续性发展等问题。园林绿化工需具备的知识和技能要求见表 4-09-10-01-2。

表 4-09-10-01-2 园林绿化工作知识和技能要求

模块	知识和技能要求
工作组织和管理	熟练解读图纸、图表，掌握材料的特性，合理使用合适的工具，在规定的时间和预算内完成任务；团队合作高效，工序安排流畅、合理，并充分考虑人体工学、健康与安全及个人的劳动保护；确保场地整洁和安全
客户服务和沟通	在满足客户意愿的前提下施工，同时注重结合当地法律法规及环保的要求，向客户提供维护和保养方面的建议
设计和解读	要求从业人员具备设计完整花园的能力，该花园能反映环境的特点，并最大程度地利用地形、位置、土壤等条件

续表

模块	知识和技能要求
天然石材、砼预制件的加工与安装	把图纸尺寸转化为全尺寸，并使用合适的工具在材料或场地上标记，以方便加工和放线；使用工具并按规范和环保要求加工各类材料；评估、处理并压实基础；安装各类水平、倾斜、垂直构件及单个或多个物品；正确使用水泥、黏合剂和辅助材料；通过坡度或其他措施处理排水；在确保安全、环保的前提下选择合适的存储和物流方式处理和搬运材料
木材等非坚硬材料的加工与组装	阅读图纸，把图纸尺寸转化为全尺寸，通过计算准确标记、切割木材（木料）；使用紧固件来组装木料并对其表面进行装饰或加工（如磨砂纸打磨）；按要求使用工具安装水平、倾斜或垂直构件，并用仪器或设备测量其水平、垂直、角度及面积；建议、采购和安装配套设施、设备；施工中注重排水、选择适应环境及可持续性材料
基层、土壤等	具备测试和评估土壤状况的能力；根据植物需求在土壤中添加合适肥料、土壤介质；根据种植植物和草坪（皮）的要求整理土壤
植物和树木种植与养护	正确准备和处理（含假植、去除包装、修剪病残枝及枯叶等）植物（蔬菜、草药，一年生、多年生及地被植物等）；按规范要求种植树木和草坪（确保草坪的根系和土壤密接，平整、无缝隙）；种植时考虑植物的生长模式（留出生长空间）及视觉效果（单株的植物之间、植物组团之间以及绿色空间和整个花园之间的效果）；提供持续养护

六、园林绿化工的专业教育现状

（一）相关专业

风景园林、园林技术、园林工程技术、环境工程、园艺、环境艺术设计等专业都涉及园林绿化工的培养，其中以风景园林、园林技术、园林工程技术专业匹配度最高。

（二）开设相关专业的院校（排名不分先后）

★ 相关院校：中国农业大学、北京林业大学、南京林业大学、华南农业大学、中南林业科技大学、西北农林科技大学等。

◆ 相关院校：深圳职业技术大学、江苏农林职业技术学院、广州市公用事业技师学院、浙江建设技师学院、苏州农业职业技术学院、潍坊职业学院、江西环境工程职业学院、广西农业职业技术大学、上海农林职业技术学院、湖北生态工程职业技术学院等。

七、园林绿化工的就业创业信息

该职业从业人员分布在全国各个城市，但薪资水平较高、人员需求量较大的主要有北京、上海、广州、深圳等一线城市，以及经济发展较快或园林艺术传统积淀较深厚的城市，如南京、杭州、济南、苏州等。

国内比较著名的园林绿化企业有广州普邦园林股份有限公司、杭州市园林绿化股份有限公司、内蒙古蒙草生态环境（集团）股份有限公司、上海园林（集团）有限公司、北京东方园林环境股份有限公司、棕榈园林股份有限公司、岭南生态文旅股份有限公司、深圳铁汉园林有限公司、深圳文科园林股份有限公司、苏州园林发展股份有限公司等。

八、园林绿化工的贯通发展

该职业的发展路径主要有四条。一是管理路线，即从普通员工晋升到主管/单位中层，再晋升到经理/单位领导层，甚至往更高的领导职务发展。二是专家路线，即不断提高技能水平，在职业等级上不断晋升，成为园林绿化领域专家。三是复合人才路线，即向其他行业跨越或职业转型，如通过学习相关知识和技能转型为园林工程项目经理、生态修复工程师等。四是创业路线，即基于个人兴趣爱好进行创新创业，如创办园林工程公司、景观工程公司、园艺装饰公司等。该职业的贯通发展图如图 4-09-10-01-1 所示。

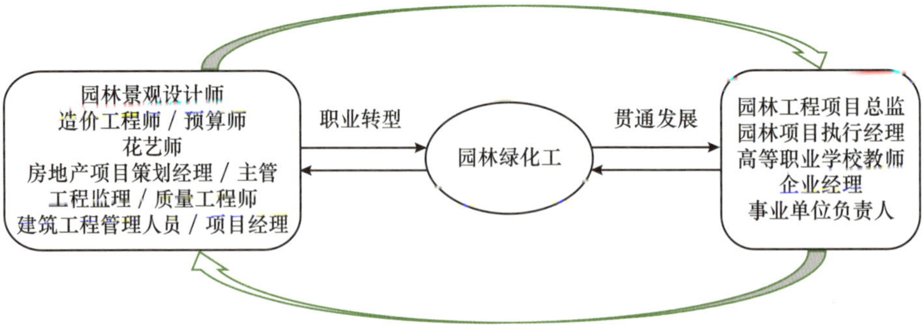

图 4-09-10-01-1　园林绿化工的职业贯通发展图

九、园林绿化工的发展前景

园林绿化工作未来的前景乐观，原因如下：

1. 城市化进程加快：随着城市化的不断推进，城市中的绿地需求与日俱增。园林绿化能够提供宜人的自然环境，改善城市生活质量，满足人们对休闲、健身和美丽环境的需求。

2. 环保意识提升：全球对环境保护的重视度不断提升，园林绿化被认为是改善生态环境、缓解气候变化等方面的有效手段。政府和社会都越来越重视园林绿化项目的发展，投资和支持力度逐渐增大。

3. 生态城市建设：许多国家和地区正在推动建设生态城市，通过增加城市绿地覆盖率、引入植被和水体等方式改善城市生态系统。这为园林绿化工作提供了巨大的机遇和需求。

4. 旅游业发展：园林景观作为旅游业的重要组成部分，吸引了大量的游客和投资。为了提升旅游体验和吸引更多游客，园林景观的设计和建设将得到持续关注和发展。

5. 城市森林化：城市森林化是一种新的城市规划理念，强调在城市内部增加绿地和森林面积，提高市民与自然的互动和环境质量。这将为园林绿化工作提供更多的项目和机会。

从市场供需看。改善生态环境、提高人居质量，目前正成为我国城市建设的主旋律。在此背景下，中国园林绿化行业得以快速发展，其市场规模由 2008 年的 1584.4 亿元增长至 2020 年的 5870.8 亿元。

在绿色发展的大形势下，各地大力进行园林景观建设，为园林行业提供了很大的机遇，对园林从业人员的需求大大增加。招聘网站相关数据显示，2023 年较 2022 年行业对园林绿化工的全国需求量增长 146%。

从产业发展看。园林绿化标准不断提高，城市生态绿化改造扩建需求市场空间非常广阔。园林绿化景观作为房地产开发商提升产品价值的重要手段，在房地产行业当前的市场竞争环境下，将会发挥更加突出的作用。未来园林绿化产业发展趋势表现为以下几个方面：

1. 产业链一体化经营趋势。园林绿化业务链各环节之间存在相互促进、相辅相成的关系，园林绿化企业要做大做强，必须建立产业链一体化经营模式，充分发挥一体化经营的业务协同效应。

2. 从景观功能向生态功能转变。园林绿化作为城市自然生态环境的重要组成部分、城市有生命的基础设施建设，园林绿化建设正从景观至上原则，强调园林绿地的视觉景观而转向用生态的标准进行园林建设，营造自然平衡的生态环境。

3. 从同质化竞争过渡到品牌实力的竞争。由于该阶段对园林绿化工程项目的质量要求不高，导致园林绿化企业间的竞争被同质化，主要以价格竞争为主。随着园林绿化行业的快速发展，同行业竞争不再仅仅以价格作为衡量标准，而是转变为包含品牌、工程质量、规模及服务能力等多方面指标在内的园林绿化企业综合实力。

4. 行业集中度不断提高。在行业规模迅速增长的同时，行业内优胜劣汰效应逐渐显现。大企业凭借完整的业务结构、跨区域经营能力、大项目施工能力等优势，在抗风险经营及市场开拓能力方面远高于中小企业，行业内的人才资金、客户资源不断整合并最终流向少数企业，行业集中度逐渐提高。

5. PPP①/EPC② 成为行业发展的主流趋势。通过运用现代项目管理的理论和方法，对园林工程项目进行管理，并以专业技术和企业品牌进行辅助，使项目协调交叉工作少、设计变更少、工期缩短，从而更好地满足施工要求。针对行业发展趋势，公司未来将通过自身综合优势，大力拓展 EPC 项目工程。

从政策红利看。《“十四五”林业草原保护发展规划纲要》国土绿化目标提出，力争到 2025 年全国森林覆盖率达到 24.1%，森林蓄积量达到 180 亿立方米，草原综合植被盖度达到 57%，湿地保护率达到 55%，沙化土地治理面积 1 亿亩。《全国湿地保护规划（2022—2030 年）》提出，到 2030 年，湿地保护高质量发展新格局初步建立，湿地生态系统功能和生物多样性明显改善，湿地生态系统综合服务功能增强、固碳能力得到提高，湿地保护法治化水平持续提升，使我国成为全球湿地保护修复的重要参与者、贡献者和引领者。

---

① PPP：Public-Private Partnership，政府与社会资本合作。

② EPC：Engineering，Procurement and Construction，工程设计、采购和施工。

十、相关内容链接

国家职业标准： 暂缺。

相关政策文件： 见表 4-09-10-01-3。

表 4-09-10-01-3 相关政策文件

发布或通过时间	发布或通过机构	文件名称
2021 年 10 月	中共中央、国务院	《关于推动城乡建设绿色发展的意见》
2020 年 6 月	国家发展改革委、自然资源部	《全国重要生态系统保护和修复重大工程总体规划（2021—2035 年）》
2021 年 9 月	中共中央、国务院	《关于深化生态保护补偿制度改革的意见》
2021 年 8 月	国家林业和草原局、国家发展改革委	《“十四五”林业草原保护发展规划纲要》

供稿：广州市公用事业技师学院　杨蕾

综合能源服务员 L

职业编码：4-11-01-03

综合能源服务作为一种能源服务新业态，以多种能源互通互济、源网荷储协同互补为特点，能够满足客户多元化用能需求，提升能源使用效率，降低用能成本，在推动能源结构转型、服务经济社会发展方面具有多重价值和意义。全社会综合能源服务是以支撑建设新型能源体系、推动能源经济高质量发展为愿景，以满足全社会日趋多样化的能源服务需求为导向，提供多能源品种、多环节、多客户类型、多种内容、多种形式的能源服务。综合能源服务不再局限于原来单纯的节约能源，而是能够发展成为对能源系统进行重构的力量。顺应能源变革新时代的发展背景，一个全新的职业工种——综合能源服务员诞生了！

一、综合能源服务员的一天

记录时间：2023 年 3 月 30 日 **记录人：明鉴**

上午工作情况

8 点：

1. 到客户能源管控站上班。（场景浸入）
2. 对安全异常事项进行初步分析和研究。（系统管理）

9 点：

1. 与现场操控人员交流系统运行情况。（运维管理）
2. 对照现场进行实地踏勘和系统查验。（运维管理）

运维管理场景图

11点：

1. 提出当前需要开展的有关意见或建议，按客户预约及时做好沟通汇报，并征得客户的许可。（方案策划）

2. 立即组织有关专业人员对异常事项进行整改处置。（组织实施）

3. 做好系统运行和临检处置的措施，确保系统安全可靠运行。（安全管理）

下午工作情况

14点：

1. 召集有关专业人员就异常事项和现场查验开展研讨，分析出具异常事项报告，总结整改成效。（方案策划）

2. 对异常事项全过程追溯并做综合分析，组织开展现场技术交底和针对性培训。（技能培训）

16点：

1. 结合系统能源运行需求，征得客户许可，研究采用新技术迭代更新举措。（客户营销）

2. 组织新产品应用，并开展相关运行调试和现场实操培训，满足系统要求和人员适应。（技能培训）

17 点：

开展技术创新经验总结评价，形成报告。（系统管理）

系统管理场景图

二、什么是综合能源服务员

职业定义。综合能源服务员是指从事客户用能情况诊断，综合能源方案策划，并组织实施和运维管理的人员。

定义解读。综合能源服务涵盖多个领域，包括电力、暖通、热动、电气、自控、给排水等专业，能够最大程度地实现节能降耗、低碳运营，以顶层的思维和系统的规划来管理供能、用能设备设施全系统高效运维。综合能源服务员不仅要具备扎实的理论基础，也要在系统操作、设备维保、故障处理等方面具有较强的动手能力，并掌握经济安全运行模式。综合能源服务员还需具备节能诊断、方案编制能力以及评价能力，如能耗数据统计、分析、诊断，节能方案制定、执行，节能效果评价及反馈，组织开展平台日常运行维护及培训等。

关联职业。综合能源服务员关联职业主要为综合能源运维管理员工种。

相应岗位。锅炉运行值班员、燃料值班员、汽轮机运行值班员、燃气轮机值班员、发电集控值班员、电气值班员、火电厂氢冷值班员、余热余压利用系统操作工、水力发电运行值班员、光伏发电运维值班员、锅炉操作工、风力发电运维值班员、供热管网系统运行工、变配电运行值班员、继电保护员等。

三、综合能源服务员的主要工作职责

综合能源服务员可以帮助用能企业建立能源服务相关管理制度，提出综合能源项目管理措施，提供专业化运维服务及增值服务等，实现用户和企业双赢的目的。主要职责包括：

1. 分析、预测、开发综合能源市场，在市场开发方面具备一定技能。

2. 对接客户，梳理客户能源使用需求，使用能效诊断技术分析客户用能效率等情况，具备形成项目建议书的能力。

3. 独立开展调查客户项目外部能源环境，为项目实施可能性做出分析研判。

4. 分析项目的内外部情况及冷、热、电、气等多种能源供应、使用以及能效等状况，策划、制定综合能源利用和节能降耗方案。

5. 按照客户委托，进行项目工程建设的启动、计划、组织、执行、控制管理，验收新投入和检修后的设备。

6. 巡视、检查、维护综合能源系统及其附属设备，处理异常及故障设备，填写运行日志和技术记录。

这一新职业的设立和发展将有利于降低企业投资运营成本，增强能源安全保障能力，提高全社会综合能效，推动综合能源服务产业高质量发展，提升国民经济整体效能，减少碳排放，对于推动经济、能源、环境高质量协同发展具有重要的现实意义和战略意义。从业人员可以通过综合能源运维管理的职业培训，提高就业竞争能力，提升社会就业率。同时，综合能源服务人才的发展和培养，将进一步助力国家“碳达峰、碳中和”目标早日实现。

四、综合能源服务员的薪酬福利待遇

综合能源服务员作为能源服务业的分支，其薪酬福利待遇与能源电力行业技术服务人员对比，呈现水平大体相当的特点。

平均薪酬水平：综合能源服务员的平均薪酬水平参考从事电力、热力、燃气及水生产和供应业人员的数据。非私营单位从事电力、热力、燃气及水生产和供应业人员 2021 年平均薪酬为 125332 元。私营单位从事电力、热力、燃气及水生产和供应业人员 2021 年平均薪酬为 59271 元。

与类似职业对比：能源电力行业技术服务业人员 2021 年平均薪酬为 151776 元。类似职业薪酬水平见表 4–11–01–03–1。

表 4–11–01–03–1　类似职业薪酬水平

职业名称	薪酬水平（元 / 月）
供电营业员	7000~12000
电力交易员	7500~13000
碳排放管理员	8000~32000

五、从事综合能源服务员工作需要具备哪些本领

综合能源服务员既要懂项目、懂运营，又要精通电力市场，精通包括节能服务、电力交易、碳资产服务在内的知识。出类拔萃的综合能源服务员需要成为“杂家”，不光需要知识庞杂，还要精通实践。综合能源服务，横向可实现“电热冷气水”连接，纵向能打通“源网荷储用”互动。作为为用户提供服务方案策划的一种新职业，综合能源服务员要求具备较全面的综合素质。具体体现在：

1. 跨领域、跨行业和跨专业的综合素质。首先，从业人员要对能源转型和电力市场化改革有深入认识；其次，从业人员要对相关政策有深入研究；最后，从业人员要能为用户提供清洁低碳、安全高效的综合能源服务。

2. 敏锐的市场洞察力和技术敏感力。从业人员既要懂技术又要懂市场，要能够辨别用户的用能需求，发现市场痛点，进而预判用户的价值偏好并快速学习和运用新技术。

3. 亲和力与耐心。项目开发成功率一般较低，推广一项技术需要付出极大的努力，需要与客户长期反复地沟通交流，在能源管理过程中也需要投入大量时间和精力。这些对综合能源服务员个人素质提出较高要求。以五级工为例，综合能源服务员五级工应该具备的知识和技能要求见表 4–11–01–03–2。

表 4-11-01-03-2　综合能源服务员五级工需具备的知识和技能

职业功能	工作内容	技能要求	相关知识要求
组织实施	图纸识读	能识读工程系统图；能核对现场实际与系统图是否一致	风电、光伏、燃气发电、冷 / 热、储能、充 / 换电等设计图纸标识，电气、暖通、给排水等系统图表示方法
	工程施工	能按照施工方案要求开展施工；能正确执行施工现场安全措施	技术交底要求，材料进场要求、机具应用方法，工程施工方法，施工安全工作规程
运行维护（任选两项）	风电系统运行	能进行风电系统监控平台操作；能进行风电机组监视与运行操作；能进行风电辅助系统监视与运行操作；能进行风电设备巡视与检查；能进行风电运行日志与运行数据的记录	风力发电基本原理及电气运行基本知识，风力发电场运行规程，风力发电场安全规程，风电设备巡视与检查程序及注意事项
	光伏系统运行	能进行光伏系统监控平台操作；能进行光伏设备监视与运行操作；能进行光伏辅助系统监视与运行操作；能进行光伏设备巡视与检查；能进行光伏发电运行日志与运行数据的记录	光伏发电基本原理及电气运行基本知识，光伏发电站运行规程，光伏发电站安全规程，光伏设备巡视与检查程序及注意事项
	燃气发电系统运行	能进行燃气发电系统监控平台操作；能进行燃气发电机组监视与运行操作；能进行燃气发电辅助系统监视与运行操作；能进行燃气发电设备巡视与检查；能进行燃气发电运行日志与运行数据的记录	燃气发电基本原理及电气运行基本知识，燃气发电系统运行规程，燃气发电设备巡视与检查程序及注意事项，燃气电站天然气系统安全规程
	供冷系统运行	能进行供冷系统监控平台操作；能进行供冷设备、蓄冷装置监视与运行操作；能进行供冷辅助系统监视与运行操作；能进行制冷设备及管网巡视与检查；能进行供冷运行日志与运行数据的记录	制冷原理知识，制冷系统运行规程，制冷设备、蓄冷装置、管网的巡视检查程序及注意事项

续表

职业功能	工作内容	技能要求	相关知识要求
运行维护（任选两项）	供热系统运行	能进行供热系统监控平台操作；能进行供热设备监视与运行操作；能进行供热辅助系统监视与运行操作；能进行供热系统设备、蓄热装置及管网巡视与检查；能进行供热运行日志与运行数据的记录	供热原理知识，供热系统运行规程，供热设备、蓄热装置、管网的巡视检查程序及注意事项
	储能系统运行	能进行储能系统监控平台操作；能进行储能系统监视与运行操作；能进行储能辅助系统监视与运行操作；能进行储能系统巡视与检查；能进行储能运行日志与运行数据的记录	储能基本原理及电气运行基本知识，储能系统运行规程，储能系统安全规程，储能设备巡视与检查程序及注意事项
	充 / 换电系统运行	能进行充 / 换电系统运行监视与运行操作；能进行充 / 换电设备巡视与检查；能进行充 / 换电系统监控平台操作；能进行运行日志与相关数据的记录	充 / 换电系统运行监视与运行操作方法，充 / 换电设备巡视与检查程序及注意事项，充 / 换电系统监控平台操作方法，充 / 换电系统安全规程
安全管理	风险辨识与管控	能进行风险点识别；能进行作业风险评估；能制定风险控制措施	风险识别方法，风险评估方法，风险控制方法
	安全工器具使用	能选择与工作内容相关的安全工器具；能检查与工作内容相关的安全工器具；能使用与工作内容相关的安全工器具	安全工器具的选择方法，安全工器具的保管、送检、使用、报废要求，安全工器具的使用方法
	应急处置	能脱离危险源；能判断伤员伤情；能采用心肺复苏法进行现场紧急救护；能使用消防器材	脱离危险源方法，判断伤员意识、呼吸、脉搏方法，心肺复苏法，消防安全基本知识、消防器材使用方法

六、综合能源服务员的专业教育现状

（一）相关专业

能源与动力工程、新能源科学与工程、储能科学与工程、能源服务工程、氢能科学与工程、节电技术与管理、工业节能技术、氢能技术应用、电力客户服务与管理、分布式发电与智能微电网技术。

（二）开设相关专业的院校（排名不分先后）

★ 相关院校：北京航空航天大学、上海电力大学、天津大学、河北科技大学、华北理工大学、吉林大学、东北大学、东北电力大学、哈尔滨工业大学、东南大学。

◆ 相关院校：重庆电力高等专科学校、山东信息职业技术学院、乌海职业技术学院、广东松山职业技术学院、北京工业职业技术学院、秦皇岛职业技术学院、保定电力职业技术学院、唐山工业职业技术学院、河北工业职业技术大学、淮南职业技术学院、黑龙江交通职业技术学院、哈尔滨电力职业技术学院、山西电力职业技术学院等。

七、综合能源服务员的就业创业信息

综合能源服务产业已经成为稳增长、调结构、促转型的重要抓手，必将迎来新一轮的发展热潮，综合能源服务员的人才需求将极大增加，对从事综合能源运维管理的人员能力要求也会逐步提高。综合能源服务员为能源输配、储存和购销及能源生产、加工转换企业等用能提供安全、优质、高效、环保、低碳、智能化服务。

国内已有大量提供综合能源相关服务的优秀企业，如国家电网有限公司、南方电网有限公司、中国节能环保集团有限公司、国家电力投资集团有限公司、远景能源有限公司、中裕能源控股有限公司、协鑫能源科技股份有限公司、新奥集团股份有限公司等。

八、综合能源服务员的贯通发展

电力与能源行业作为技术高度密集型产业，是国家能源安全发展的重要物质基础。综合能源服务员这一职业的正式发布，体现了国家对综合能源服务能力的重视，这是从国家层面对这一新兴职业社会价值的充分肯定，明确了职业定义和主要工作任务，为行业人才的培养与选用提供了权威依据，指明了职业发展方向。该职业的设立将会使综合能源服务员的理论知识、专业技能优化升级，不断提升其职业素养，有效推进能源低碳、经济、安全、环保、智能化利用，为国家双碳战略目标落地增砖添瓦。

综合能源服务员具有从初级工、中级工、高级工到技师、高级技师的完整晋升路径。其贯通发展是一个综合能力的提升过程，需要不断学习和更新能源技术和行业知识，关注能源政策和市场动态，参与相关的培训和认证项目。通过不断提升自身的综合能力，综合能源服务员能够更好地满足客户的需求，推动可持续发展和能源转型。

综合能源服务员的职业贯通发展图，如图 4-11-01-03-1 所示。

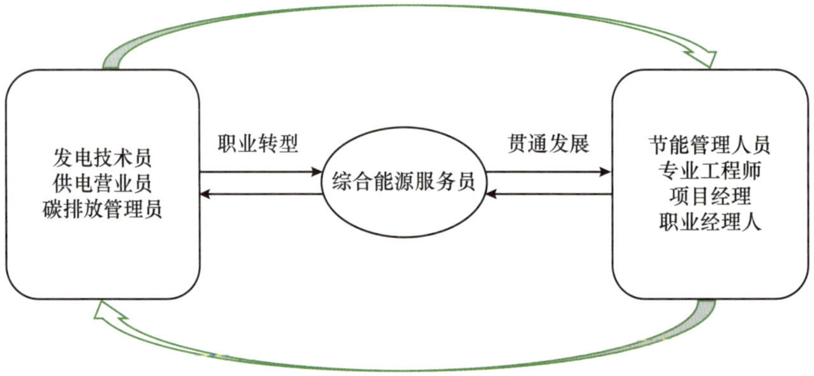

图 4-11-01-03-1　综合能源服务员的职业贯通发展图

九、综合能源服务员的发展前景

综合能源服务行业已然成为一个前途远大、充满希望的朝阳产业，越来越引起社会各界的高度重视和广泛关注，综合能源服务员的发展前景良好。

从市场供需看。综合能源服务员就业范围特别广泛，钢铁、有色金属、建材、石油化工、水泥、煤炭、园区建设、建筑、交通、物流、仓储、公共机构、电力、热力、燃气及水生产、污水处理、汽车、印刷、工业涂装、废物处理等一切和能源相关的企业都需要相关人才，随着产业发展、政策支持的推进，综合能源服务相关产业快速发展，人员需求旺盛。

从产业发展看。我国节能服务总产值位居世界第一，2021 年总产值达到 6743 亿元。合同能源管理服务作为综合能源服务的主要业务模式，近年来得到国家政策的支持，总投资稳步增长。据统计，2021 年我国合同能源管理服务业总投资额为 1336 亿元，同比增长 9.63%。综合能源服务行业发展潜力巨大。

从政策红利看。2021 年 12 月国务院印发的《"十四五"节能减排综合工作方案的通知》，2022 年 2 月国家发展改革委、国家能源局发布的《关于完善能源绿色低碳转型体制机制和政策措施的意见》及 2022 年 3 月国家发展改革委、国家能源局、工业和信息化部、财政部、生态环境部、住房城乡建设部、交通运输部、农业农村部、国家机关事务管理局、中国民用航空局等 10 部门联合印发的《关于进一步推进电能替代的指导意见》等政策均有利于壮大综合能源服务人才队伍，有利于加强政府有关部门及监察执法机构、企业等综合能源服务工作人员培训力度，有助于开发综合能源服务领域新职业。

十、相关内容链接

国家职业标准：扫码即可查看 ☞ 。

相关政策文件：见表 4-11-01-03-3。

表 4-11-01-03-3　相关政策文件

发布或通过时间	发布或通过机构	文件名称
2022 年 1 月	国务院	《"十四五"节能减排综合工作方案》
2022 年 1 月	国家发展改革委、国家能源局	《关于完善能源绿色低碳转型体制机制和政策措施的意见》
2021 年 10 月	国务院	《2030 年前碳达峰行动方案》

续表

发布或通过时间	发布或通过机构	文件名称
2022年3月	国家发展改革委、国家能源局、工业和信息化部、财政部、生态环境部、住房城乡建设部、交通运输部、农业农村部、国家机关事务管理局、中国民用航空局	《关于进一步推进电能替代的指导意见》

供稿：国网综合能源服务集团有限公司　牛少华

电池及电池系统维修保养师 L

职业编码：4-12-01-03

当今社会，新能源汽车已经走进千家万户。高质量的电池及电池系统维修保养，对新能源汽车的稳定运行和寿命延长起到至关重要的作用。然而，电池及电池系统维修保养专业性强、技术要求高，合格的电池及电池系统维修保养技术人才缺乏，市场需求量大，“职工荒”现象十分突出。电池及电池系统维修保养师就在这样的背景下应运而生。

一、电池及电池系统维修保养师的一天

记录时间：2023 年 3 月 22 日　　　　记录人：张某云

上午工作情况

8 点：

1. 从维修顾问处接取故障车辆车钥匙，并将故障车辆移至维修工位。（接车）

2. 与故障车辆车主沟通交流，记录车辆故障现象和出现故障的时间、频率等信息。（查明故障现象）

3. 使用专用仪器连接车辆，读取车辆故障信息，判断故障点和故障原因。（查明故障原因）

4. 使用专用检测设备、仪器连接电池，读取电池参数，与出厂信息进行比对，判断电池功能是否异常。（检测电池功能）

5. 使用维修工具打开电池包，进行维修。（维修电池包）

6. 填写任务工单，记录故障原因以及维修更换零部件的名称、数量、维修工时。（填写维修操作文件）

下午工作情况

15点：

1. 使用检测设备连接电池，进行电池及电池系统的健康评估，确定是否需要保养。（检测电池状态）

2. 对电池及电池系统关键部件进行保养。（保养电池及电池系统）

3. 使用仪器设备对保养后的电池系统进行必要的功能检测。（验证电池系统功能）

4. 清洁维修工位，清点维修工具。（执行工艺规范）

5. 与维修顾问交接钥匙和任务工单。（还车）

二、什么是电池及电池系统维修保养师

职业定义。电池及电池系统维修保养师是指使用工、夹、量具和仪器仪表、检修和均衡等设备，评估、维护、拆装、修理、故障修复、报废、拆解、重新匹配组装和调试电池及电池系统的人员。

定义解读。电池系统俗称电池保姆或电池管家，主要是为了智能化管理及维护各个电池单元，防止电池出现过充电和过放电，延长电池使用寿命，监控电池健康状态。电池系统的常见功能包括测量功能、状态计算功能、系统辅助功能和通信与诊断功能。电池及电池系统维修所需要的工具设备主要包括万用表、解码仪、电池升降台、通信调试系统等。

关联职业。与电池及电池系统维修保养师密切关联的职业有汽车维修工、二手车整备工等。汽车维修工一般使用工、夹、量具，仪器仪表及检修设备进行汽车的维护、修理和调试，是汽车的维护、修理和调试的人员。汽车维修工的作业对象是包含所有车辆软硬件在内的整车，且以传统燃油车为主，对新能源汽车尤

其是电池及电池系统涉及较少。二手车整备工的主要工作是负责将二手车从内到外清洗干净，然后进行内饰、外观的处理，包括内饰的清洗翻新，外观漆面的抛光上光等，工作重点在于清洗、翻新，并不涉及维修工作。

相应岗位。废旧电池及电池系统处置员、电池及电池系统维护员。

三、电池及电池系统维修保养师的主要工作职责

1. 安装、使用绝缘防护、检验检测、维修更换等工具、设备，检查工作环境。
2. 管理电池及电池系统维修保养需要的一般物料和保养操作文件。
3. 使用专用工具和设备，进行电池及电池系统功能检测、电子功能维护、拆装、电性能维护、整体安全性评估。
4. 根据故障现象和功能检测结果判断功能故障点，选择适合的维修方案。
5. 使用电池及系统功能检测等设备，进行电池及电池系统的健康评估、功能检测评估、报废评估和残值评估。
6. 使用专用仪器或工具，根据维护保养作业流程进行电池及电池系统的硬件功能检测和保养。
7. 电池系统及配套组件的常规维护并使用操作仪器和设备对维修后电池系统的功能进行验证。
8. 维护电池维修保养的工、夹、量具和仪器仪表、检修和均衡等设备，排除故障。
9. 使用专用工具和设备，进行电池及电池系统拆解、重新匹配与调试。
10. 使用仪器设备和工具对维修保养后的电池系统进行气密性、绝缘性等必要的功能验证。
11. 执行工艺规范、填写维修记录并清洁作业场地。

四、电池及电池系统维修保养师的薪酬福利待遇

平均薪酬水平。根据国家统计局 2022 年就业和工资数据，制造业行业年平均工资增长 11.17%，增长速度在 19 个行业中排第 4 位。按照专业技能水平获取职业技能等级认定，三级 / 初级电池及电池系统维修保养师平均工资为 5000~8000

元/月，二级/中级电池及电池系统维修保养师平均工资为9000~15000元/月，一级/高级电池及电池系统维修保养师平均工资为16000~30000元/月。

与类似职业对比。根据职友集网2022年数据，在北京地区，该岗位职业的薪酬一般要高于汽车维修工、二手车专员的薪酬，略低于电池设计师的薪酬，见表4-12-01-03-1。

表4-12-01-03-1　类似职业薪酬水平

职业名称	薪酬水平（元/月）
汽车维修工	6000~8000
二手车专员	4000~7000
电池设计师	20000~30000

五、从事电池及电池系统维修保养师工作需要具备哪些本领

该职业从业人员需具备的知识和技能有电池结构基础知识、电池及电池系统维护保养基本概念、保养方法和解决方案、安全生产知识、电池系统的检测，核心技能是电池系统的拆解与维修。

根据《电池及电池系统维修保养师国家职业标准》，该职业需具备的知识和技能见表4-12-01-03-2。

表4-12-01-03-2　电池及电池系统维修保养师具备的知识和技能

职业功能	工作内容	知识和技能要求
工装与作业准备	工装与物料准备	能确认绝缘防护、操作工具等各类工装的性能、品质是否符合作业要求
	作业环境	能根据作业指导书对现场设备、电源、水、气等设施进行定期检查、维护

续表

职业功能	工作内容	知识和技能要求
电池及电池系统功能检测	电池功能检测	能识别电池型号和组装工艺，正确连接检修仪等一般检测设备、仪器，并读取相应参数；能根据厂商提供的产品信息判定电池或系统对应功能是否正常，并给出维修保养建议
	系统组件检测	能完成电池系统主要组件、连接检测；能解读功能参数，判断功能是否正常，填写维修保养记录单并给出维修保养建议
电池及系统的基础保养与维护	电池箱体的维护保养	能根据硬件检测结果填写保养和维护报告，并给出后续维保建议；能处理应急事故并进行现场安全防护管理
电池系统故障判断与替换性维护	系统箱体及各配套基础组件的故障器件判断与替换性维护	能操作工具和设备，进行故障基础零部件（箱体支架、连接器、接头、应急维修开关、线束等）的故障检测和验证
	电池系统内组件的维护、保养和维修	能操作仪器设备对系统配套组件的功能故障进行诊断；能操作工具和设备进行电池箱体的开盖与合盖操作以及故障零部件（电池模组、电压电流温度传感器、接头、线束等）的替换
	对故障零件做修复	能使用专用工具和仪器设备对故障零部件（电池模组、电压电流温度传感器、接头、线束等）进行功能修复
	电芯和模组替换性维修	能使用专业设备对电池系统内故障电芯和模组数量进行诊断和定位；能使用专用设备对电芯和模组做替换性维修
电池及系统一致性评价及均衡性维护	电池及系统的一致性评价	能使用专用设备实现设备通信，并对电池系统内每一单体电芯或单体并联模组做测评；能根据仪器测试结果给出电池及电池系统的测评报告，做出电池替换维护或维修建议
	电池及系统的均衡维护	能按工作流程，对多型号电池箱体开盖，使用专用设备修复；能按工作流程，对已经修复的电芯进行电池系统箱体合盖操作

六、电池及电池系统维修保养师的专业教育现状

（一）相关专业

目前已有较多院校开设了与该职业相关的专业，涉及本科院校和职业教育院校。本科院校开设有车辆工程、汽车服务工程、智能车辆工程、新能源汽车工程等专业。职业教育院校开设有新能源汽车技术、汽车电子技术、智能网联汽车技术等专业。

（二）开设相关专业的院校（排名不分先后）

★ 相关院校：华南理工大学、湖南大学、苏州大学、中国矿业大学（北京）、浙江师范大学、北京建筑大学、长沙理工大学等。

◆ 相关院校：长春汽车工业高等专科学校、湖北交通职业技术学院、淄博职业学院、北京工业职业技术学院、福州职业技术学院、南京六合中等专业学校、江苏省姜堰中等专业学校、合肥汽车机械技术学校等。

七、电池及电池系统维修保养师的就业创业信息

该职业从业人员主要集中分布在汽车工业增加值占当地 GDP 比重较大的地区，如吉林、上海、天津、重庆等地，以及动力电池产业发展指数靠前的江苏、福建、广东、四川等地和新能源汽车发展指数靠前的城市，如北京、武汉、重庆、合肥等地。吸纳电池及电池系统维修保养师就业较多的用人单位主要有：

1. 动力电池生产企业：宁德时代新能源科技、国轩高科、中创新航科技、天津力神电池、惠州亿纬锂能、远景动力科技、深圳市沃特玛电池、江苏塔菲尔斯新能源科技等。

2. 电池回收利用企业：格林美、宁波容百新能源科技、江西赣峰锂业、天齐锂业、浙江南都电源动力、杭州富阳双隆再生资源回收、万华化学集团等。

3. 新能源汽车生产主机厂：上汽集团、吉利汽车、奇瑞汽车、特斯拉汽车、长城汽车、一汽集团、比亚迪汽车、广汽集团等。

4. 造车新势力企业：理想汽车、蔚来汽车、小鹏汽车、威马汽车、哪吒汽车（合众新能源）、零跑汽车、爱驰汽车等。

5. 汽车维修保养企业：途虎养车、华胜汽修、博世车联、车工坊、车享家、天猫养车等。

6. 品牌汽车 4S 店：奥迪、奔驰、宝马、捷豹路虎、一汽大众、东风日产、上汽大众、一汽丰田等。

7. 新能源汽车运营机构：滴滴打车、哈啰出行、高德打车、美团打车、T3 出行、曹操出行、滴答打车等。

8. 各地区新能源公交场站、维修场站等。

注：以上地区及机构排名不分先后，不代表相关实力排名。

八、电池及电池系统维修保养师的贯通发展

该职业的发展路径主要有四条：一是管理路线，即从普通员工晋升到主管 / 单位中层，再晋升到经理 / 单位领导层，甚至往高级领导职务发展；二是专家路线，即不断提高技能水平，在职业等级上不断晋升，从三级 / 初级工晋升为二级 / 中级技师，再晋升到一级 / 高级技师，最终往电池工程师、高级工程师方向发展，不断成为电池及电池系统行业领域专家；三是复合人才路线，即向其他行业跨越或职业转型，如通过学习相关知识和技能转型为各级政府负责新能源电池和综合利用工作的管理人员或涉及电池管理系统、咨询、研究、检测服务及第三方机构等咨询顾问，与专业技术岗位横向贯通；四是创业路线，即基于个人兴趣爱好和自身技术储备进行创新创业。电池及电池系统维修保养师的职业贯通发展如图 4-12-01-03-1 所示。

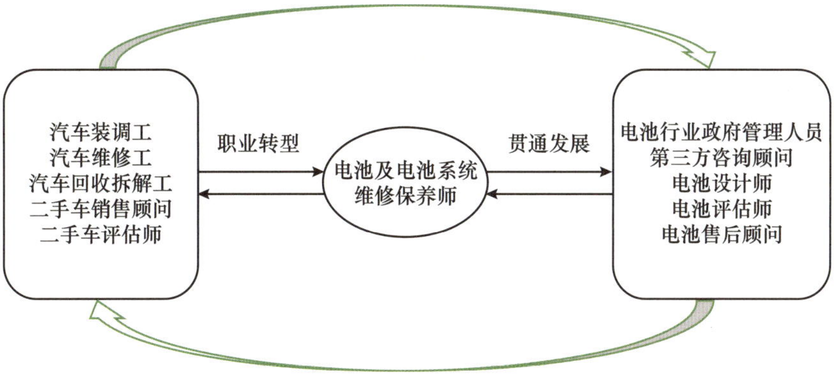

图 4-12-01-03-1　电池及电池系统维修保养师的职业贯通发展图

九、电池及电池系统维修保养师发展前景

从市场供需看。我国电池及电池系统维修保养师市场缺口巨大。根据教育部、人力资源社会保障部、工业和信息化部等部门共同编制的《制造业人才发展规划指南》，到 2025 年，节能与新能源汽车的人才总量预计达到 120 万人，但人才缺口预计可达 103 万人。其中，新能源汽车维修领域将面临 80% 的人才空白。电池及电池系统维修保养行业要求从业人员具备汽车维修工证、电工证（低压电工上岗证）等国家认证证书，同时，还需要掌握新能源汽车维修的基本原理等知识，因此，电池及电池系统维修保养行业专业性强、技术要求高，从业人员成长路程长，进一步加剧了从业人员的紧缺程度。

从产业发展看。据中国汽车工业协会统计分析，2023 年 6 月，新能源汽车产销分别完成 78.4 万辆和 80.6 万辆，环比分别增长 9.9% 和 12.5%，同比分别增长 32.8% 和 35.2%。2023 年 1—6 月，新能源汽车产销分别完成 378.8 万辆和 374.7 万辆，同比分别增长 42.4% 和 44.1%。与 2021 年同期相比，分别增长 212% 和 211%。《新能源汽车产业发展规划（2021—2035 年）》提出，到 2025 年，新能源汽车新车销售量将达到汽车新车销售总量的 20% 左右，到 2035 年，纯电动汽车成为新销售车辆的主流。电池和电池系统作为新能源汽车的主要零部件，其价格占整车比重较大。根据中保研汽车技术研究院发布的零整比数据统计，乘用车动力蓄电池售后价格的零整比高达 30%~80%。由于新能源汽车发展时间短、增长速度快，制造企业的主要精力放在满足制造环节，其维修技术和方法的发展相对较为滞后，存在大量以换代修的模式，使其维修费用高昂，给汽车消费者及售后服务带来相应问题。因此，电池及电池系统维修保养产业发展前景十分广阔。

从政策红利看。国家大力支持新能源汽车产业高质量发展，将新能源汽车车辆购置税减免政策，从执行到 2023 年 12 月 31 日延长至 2027 年 12 月 31 日，延长 4 年。其中，2024 年 1 月 1 日至 2025 年 12 月 31 日免征车辆购置税；2026 年 1 月 1 日至 2027 年 12 月 31 日减半征收车辆购置税。《促进汽车动力电池产业发展行动方案》要求，通过中国制造 2025 专项资金、国家科技计划等，支持动力电池检测和分析能力建设。加强测试技术及评价方法研究，加快制定行业通用的

测试评价规程，完善企业自主检测、公共服务检测和国家认证检测相结合的评价体系。

十、相关内容链接

国家职业标准：暂缺。

相关政策文件：见表 4-12-01-03-3。

表 4-12-01-03-3　相关政策文件

发布或通过时间	发布或通过机构	文件名称
2020 年 10 月	国务院	《新能源汽车产业发展规划（2021—2035 年）》
2021 年 10 月	交通运输部	《绿色交通“十四五”发展规划》

供稿：南京工业职业技术大学　潘四普

煤提质工 L

职业编码：6-10-03-06

按照碳达峰碳中和的国家战略目标要求，煤炭正由单一燃料属性向燃料、原料方向转变。近几年，虽然我国煤炭分级分质利用工作取得了显著进步，但在理念认识、配套技术、人才培养、政策支持等方面仍面临诸多挑战，亟须通过优化人才结构、提升技能人才专业素质，推动煤炭清洁高效利用。在低价煤的综合利用方面国家出台了一系列的政策，也研究出很多低阶粉煤热解的技术，但是在人才培养方面比较滞后，煤提质工在市场和产业方面前景广阔。

一、煤提质工的一天

记录时间：2023 年 4 月 5 日　　记录人：辛亚峰

上午工作情况

8 点：

1. 监视 DCS 上温度、压力和液位等相关参数，根据工艺指标及时调整，将各指标控制在范围之内，确保产品合格，装置稳定运行。（调整工艺指标）

2. 按照岗位职责和巡检内容定期巡检，确保生产稳定运行。（按时巡检）

3. 检查原料煤中混入的煤矸石及杂物等情况，对杂物进行清理。（清理杂物）

4. 检查给煤机、称重给煤机、干燥螺旋输送机等设备的运行情况。（检查运行情况）

10点：

1. 检查干燥回转窑和反应回转窑的运行情况，并记录温度、压力等相关参数。（记录数据）

2. 检查干燥热风炉、反应热风炉火嘴火焰状态。（检查火焰状态）

3. 根据巡检的液位参数进行煤气排液操作。（排液操作）

4. 根据热风炉的运行情况调整烟气流量、烟气阀门开度等。（调整阀门开度）

下午工作情况

14点：

1. 检查除尘器、分离器的振动、声音等运行情况。（检查设备振动情况）

2. 检查焦油脱渣系统运行情况。（检查运行情况）

3. 检查焦油渣输送设备振动、声音等运行情况。（查看设备情况）

相关设备

16点：

1. 检查各储罐容器温度、液位等参数。（监视储罐指标）

2. 检查煤气除尘系统压差。（检查系统压差）

3. 巡检煤气洗涤塔压力、温度。（检查洗涤塔指标）

4. 检查焦粉输送设备及储仓温度、压力、料位是否正常。（检查输送设备指标）

二、什么是煤提质工

职业定义。煤提质工是指以煤为原料，操作干燥窑、热解窑、提质煤冷却器、急冷塔等设备，提高煤品质的生产人员。

定义解读。以低阶煤为原料，通过干燥窑除去煤中的水分，脱水后的煤进入热解窑进行干馏，干馏后提质煤进入提质煤冷却器降温，分离出煤气、焦油粉尘等制成提质焦粉。

关联职业。与煤提质工密切相关的职业有炼焦工和煤制油生产工。炼焦工是使用焦炉和焦炉机车等设备，生产焦炭及净化处理焦炉煤气的人员。煤制油生产工是从事原油馏程加工，分离出汽油、煤油、柴油等轻质油产品，并对重质油进行轻质化或用气态烃合成高辛烷值汽油的人员。

相应岗位。反应岗位、干燥岗位、油回收岗位、上煤岗位、出料岗位等。

三、煤提质工的主要工作职责

1. 贯彻执行公司和车间对安全生产的指令和要求，全面负责安全生产工作和人员管理。

2. 学习公司和车间各项规章制度和操作规程，制止违章行为。

3. 参加班组安全活动，坚持班前讲安全、班中检查安全、班后总结安全，经常开展事故预案演练。

4. 负责对新工人进行岗位安全教育。

5. 负责班组安全检查，发现不安全因素及时处理，并报告车间。发生事故立即报告，并迅速组织抢救。

6. 负责生产设备、安全装备、消防设施、防护器材和急救器具的检查维护工作，使其保持完好。正确使用劳动用品、用具和灭火器材。

7. 保持生产现场整洁，实现安全文明生产。

8. 参加交接班会，全面掌握车间所处的生产状态。

9. 负责操作筛分、输送设备，将煤送入干燥窑，调控温度、压力和水含量制成干燥煤。

10. 负责操作热解窑，将干燥煤输送至热解窑低温热解，调控温度和压力等工艺参数。

11. 负责操作冷却、分离等设备，分离煤气、焦油、粉尘等。

12. 负责操作脱硫设备，脱去煤气中的二氧化碳、硫化物。

13. 负责操作冷却系统，将提质煤活化，制成提质焦粉。

14. 负责检查维护生产设备，发现并处理生产中的异常现象和故障。

15. 负责记录生产数据并保存。

四、煤提质工的薪酬福利待遇

平均薪酬水平。以 2022 年收入数据为例，薪酬包含基本工资、绩效工资、工龄工资等，年平均薪酬约 10 万元。

与类似职业对比。与同区域、类似岗位作对比，煤提质工的薪酬较炼焦工相似职业高 10% 左右，详见表 6-10-03-06-1。

表 6-10-03-06-1　类似职业薪酬水平

职业名称	薪酬水平（元 / 年）
炼焦工	85000~90000
煤制油生产工	90000~95000

五、从事煤提质工工作需要具备哪些本领

该职业从业人员一是要了解煤炭的加工和处理工艺流程，包括煤炭的破碎、

洗选等工艺。熟悉各种煤炭处理设备的原理和操作方法，能够根据煤炭的特性选择合适的处理工艺，提高煤炭的质量和利用率。二是要熟悉煤炭燃烧、煤炭转化和煤炭气化等煤炭利用技术。了解煤炭燃烧的原理和控制方法，以及煤炭气化和煤制油等技术的基本原理。能够根据煤炭的特性和需求选择合适的煤炭利用技术，提高煤炭的利用效率，降低环境污染。三是要具备良好的数据分析和问题解决能力。能够分析和解读煤质分析结果，发现煤质问题并提出改进措施。能够应对煤炭处理和利用过程中的各种技术和操作问题，及时解决并优化工艺流程。四是要具备良好的团队合作和沟通能力。能够与不同专业背景的人员有效合作，协调各方利益。能够清晰表达自己的观点和建议，并与他人进行有效的沟通和协商。该职业需具备的知识和技能见表 6-10-03-06-2。

表 6-10-03-06-2　煤提质工需具备的知识和技能

职业功能	工作内容	知识和技能要求
煤提质煤收储	煤接收	能运用煤场机械设备保养知识、煤炭转运知识和煤质分析知识，能维持煤场机械设备运行秩序、对煤堆进行维护、优化煤场转运方式降低粉煤含量和判断煤的种类和质量
	煤提质煤输送	能运用给煤机、除尘器、皮带运输机和刮板输送机的说明书，检查和排除给煤机、除尘器、皮带运输机和刮板输送机等设备的故障
	提质煤储存	能运用可燃固体物料和提质煤仓储的安全知识，发现提质煤仓储存在的安全隐患并提出改进建议
煤热解过程控制	煤干燥	能根据螺旋输送机、称重式给煤机说明书、鱼鳞片密封结构原理和煤干燥水分控制知识，能排除螺旋输送机堵塞、称重式给煤机和鱼鳞片密封泄漏等故障，分析干燥煤水分高的原因并采取相应措施
	煤热解	能根据热解设备说明书及附属设施结构图，并运用提高传热效率方法和煤热解生产安全风险点，能发现热解设备存在的安全隐患，排除热解设备及其附属设施故障，提出改进传热效率的建议和预防措施
	提质煤冷却	能根据提质煤冷却器说明书，运用提质煤的物性和固体物料冷却知识以及提质煤突发安全事故处理方法，排除提质煤冷却器堵塞故障，并处理提质煤冷却器突发安全事故，针对存在的问题提出提质煤冷却器改进措施

续表

职业功能	工作内容	知识和技能要求
集中控制	生产组织	能运用工艺风险分析方法、生产管理知识和生产安全事故应急预案，进行工艺风险分析并根据生产系统实际情况组织开展事故演练
	生产过程控制	能运用工艺系统控制、物料平衡计算和热解设备故障处理方法，对进出物料进行平衡计算，分析各工艺指标超限原因并进行处理
烟气循环控制	热风炉加热	能根据点火操作规程和运用阻火器、火焰监测器等知识以及停电、停燃料气应急预案，进行点火操作、处理热风炉点火故障和处理停电停燃料气故障
	热烟气调节	能根据高温风机说明书，运用提质煤质量控制知识和热风系统应急预案，调节循环烟气温度、压力、氧含量等调整提质煤的质量，并进行紧急启、停、切换循环风机操作和进行热风系统事故处理
	烟气处理	能运用布袋除尘器的工作原理及设备结构图、脱硫工艺原理和应急预案，判断脉冲布袋除尘器，并处理停电、停水、停烟气等突发事故
焦油分离	焦油脱渣脱水	能根据离心分离机说明书和焦油脱渣脱水工艺流程，运用油水分离事故应急处理知识，分析并处理焦油分离设备出渣故障和影响焦油脱水效率低原因，并提出提高脱水效率的建议
	焦油输送	能根据焦油泵说明书和焦油泵事故应急预案，判断并处理泵振动、响声异常、轴承发热等故障，处理焦油分离装置的停电事故
热解煤气利用	煤气净化	能根据电捕焦油器和仓泵输送系统说明书，通过煤气的温度、压力等分析判断并处理煤气净化系统故障
	煤气增压	能根据真空泵说明书和真空度异常工况处理知识处理水环真空泵联锁停机、润滑油质量、油冷却器、振动、油压、油温等异常现象

续表

职业功能	工作内容	知识和技能要求
培训与指导	培训	能运用培训计划、教学大纲和专项技能培训教材的编写知识，制订培训计划、教学大纲，编写专项技能培训教材，能培养后备操作骨干
	指导	能运用技能培训方法和评价技能培训效果的知识，能系统地传授专业知识和技能，选择合理教学方式安排教学内容

六、煤提质工的专业教育现状

（一）相关专业

本科教育专业：化学工程与工艺、应用化学、能源化学工程、化工安全工程、化学工程与工业生物工程。

职业教育专业：煤炭综合利用技术、化学工艺、精细化工技术、分析检验技术、化工机械与设备。

（二）开设相关专业的院校（排名不分先后）

★ 相关院校：清华大学、天津大学、西北大学、四川大学、浙江大学、哈尔滨工业大学、南京理工大学、浙江工业大学、太原理工大学、中国矿业大学。

◆ 相关院校：宁波职业技术学院、银川科技学院、榆林职业技术学院、神木职业技术学院、中国石油大学（华东）理学院、山东化工职业学院、湖南化工职业技术学院。

七、煤提质工的就业创业信息

煤提质工主要在煤化工行业就业机会相对较多。以下是关于煤提质工的就业信息。

1. 煤化工企业和煤炭加工厂等都需要煤提质工进行提质改造工作。同时，环保部门、科研院校和煤炭相关的政府机构也可能招聘煤提质工进行技术研究和管理工作。

2. 煤提质工需要具备扎实的煤处理专业知识，熟悉煤炭处理技术和设备，具备环境保护意识和经济管理能力。同时，具备较强的团队合作能力、沟通能力和问题解决能力也是就业时的优势。

3. 煤提质工的薪资水平会受到地区、企业规模和个人经验等因素的影响。一般来说，煤提质工的起薪相对较高，且随着工作经验和职位晋升，薪资水平也会有所提高。

4. 随着国家对煤炭产业的提质改造和环境保护的要求越来越高，煤提质工作的需求会呈增长趋势。同时，随着科技的进步和技术的更新，煤提质工需要不断学习和提升自己的技术能力，才能更好地适应行业发展需求。

煤提质工主要就业企业有神木天元化工有限公司、榆林化学有限公司、乾元能化有限公司、神木富油能源科技有限公司、河南龙成集团有限公司等。

八、煤提质工的贯通发展

煤提质工的贯通发展主要包括以下几个方面：

1. 煤提质工需要不断改进和优化煤炭的提质工艺流程，以提高煤炭的品质和能源利用率。他们需要研究和掌握煤炭的热解、气化、液化等工艺过程，优化煤炭的生产流程，减少煤炭的浪费和污染。

2. 煤提质工需要关注和学习最新的煤提质设备技术，推动设备的更新换代，提高设备的效率和可靠性。他们需要了解和掌握各种煤炭提质设备的原理和使用方法，熟悉设备的操作和维护，以确保设备的正常运行。

3. 煤提质工需要关注和遵守环境保护的相关法律法规和政策，采取有效的措施减少煤炭的污染排放。他们需要推动煤炭提质工作与环境保护工作的有机结合，确保煤炭提质过程不会对环境造成负面影响。

4. 煤提质工需要关注和分析煤炭提质工作的经济效益，提出合理的经济评估和管理措施，以实现煤炭提质工作的可持续发展。他们需要合理安排煤炭提质工作的生产计划，提高生产效率，降低生产成本，提高经济效益。

煤提质工的职业贯通发展如图 6-10-03-06-1 所示。

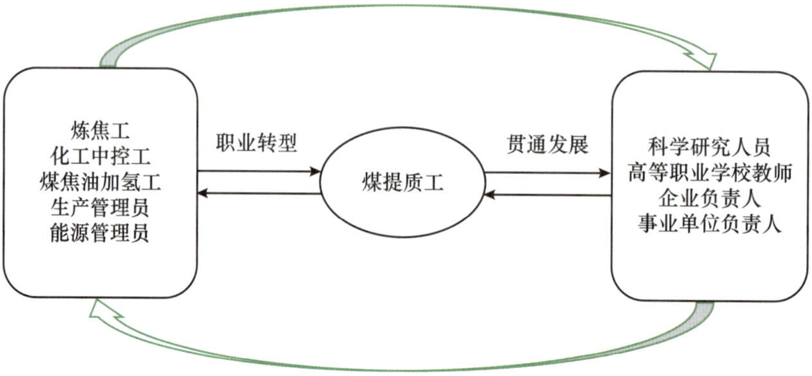

图 6-10-03-06-1 煤提质工的职业贯通发展图

九、煤提质工的发展前景

从市场供需看。中国是全球最大的煤炭生产国和消费国，煤炭作为主要的能源之一，仍然在国内能源结构中占据重要地位。然而，传统的煤炭利用方式存在着利用效率低下和环境污染等问题。煤提质工的出现，解决了煤炭资源日益紧缺和环境保护要求的矛盾，提升了煤炭资源的利用效率，降低了排放污染。因此，煤提质工在煤化工市场中有较高的需求，其发展前景广阔。

从产业发展看。随着煤炭行业的转型升级和技术创新，煤提质工在煤化工行业的产业发展中发挥着重要作用。煤提质工在煤化工和煤炭利用等领域具有专业技术和经验，可以为煤化工企业提供煤炭处理和利用的技术支持和解决方案。随着煤炭行业向高质量、低污染、高效益的方向发展，煤提质工在煤化工行业中的价值和地位将不断提升。

从政策红利看。国家积极推动煤化工行业的结构调整和绿色发展，在环保政策的引导下，对煤化工企业的煤质改进和煤炭利用效率的提升提供了政策支持。政府加大对煤提质工的培养和支持，推动煤炭行业向绿色、低碳、可持续的方向转型。这为煤提质工提供了政策红利和市场机会，为他们的职业发展带来了有利条件。

十、相关内容链接

国家职业标准：暂缺。

相关政策文件：见表 6-10-03-06-3。

表 6-10-03-06-3 相关政策文件

发布或通过时间	发布或通过机构	文件名称
2021 年 10 月	国家发展改革委、生态环境部、工业和信息化部、科技部、财政部、住房城乡建设部、交通运输部、农业农村部、商务部、市场监管总局	《“十四五”全国清洁生产推行方案》
2022 年 3 月	工业和信息化部、国家发展改革委、科技部、生态环境部、应急管理部、国家能源局	《关于“十四五”推动石化化工行业高质量发展的指导意见》
2023 年 6 月	国家发展改革委、工业和信息化部、自然资源部、生态环境部、水利部、应急管理部	《关于推动现代煤化工产业健康发展的通知》

供稿：神木煤化工产业有限公司　苏怀强

汽车零部件再制造工 L

职业编码：6-22-01-03

近年来汽车产业迅速发展，2021 年我国汽车保有量上升为 3.02 亿辆，比上年增长 7.5%。在汽车保有量不断增长的同时，国内汽车的使用年限也在不断增加，2021 年我国汽车的平均车龄达到了 6.5 年。我国汽车保有量和车龄的双增长带动了报废汽车数量增长，这为汽车零部件再制造的发展创造了条件。报废车辆是零部件再制造的上游行业，如果没有充分的拆解回用零部件的供应，再制造只会是无源之水、无本之木。汽车零部件再制造工在汽车零部件再制造过程中发挥着重要的作用，通过他们的努力，这些废弃零部件得以延长寿命，从而减少了资源的浪费和废弃物的产生。汽车零部件再制造产品的市场无限广阔，将是一个新兴的万亿级的市场，汽车零部件再制造工也必将是一个拥有光明未来的职业。

一、汽车零部件再制造工的一天

记录时间：2023 年 7 月 1 日　　**记录人：王某德**

上午工作情况

8 点：

1. 检查并清点工作台上的工具和设备，确保一切准备就绪。确认工作台上有扳手、螺丝刀、钳子、清洗剂、检测设备等必要工具。（检查、准备）

2. 根据工作指示和技术图纸，开始进行汽车零部件的再制造工作。今天的任务是处理来自一辆废弃汽车的发动机。（分析、检测、布置任务）

9 点：

使用扳手和螺丝刀拆卸发动机外壳和附件，小心地分离出可直接重复使用的部件和需要再制造的部件，包括活塞、连杆、气门、曲轴等。（拆解、分离）

10 点：

对于可重复使用的部件，使用清洗剂和刷子进行彻底的清洗，确保将所有污垢和油渍清除，使其恢复原有的光洁度。（清洗）

11 点：

对可再制造件进行评估，设计制定加工改造方案，对再制造件进行加工，使用检测设备对部件进行质量检查。（分析、评估、加工、质量检测）

下午工作情况

13 点：

根据之前的检查结果，对再制造件进行装配，对装配后的再制造产品进行检测，对检测合格的再制造产品进行标识、包装、运输和储存。（装配、检测、包装、运输、储存）

14 点：

继续处理其他可重复使用部件的修复工作。对于发现的损坏或磨损部分，使用适当的工具和技术进行修复。对活塞和气门，使用研磨工具进行修整，确保其表面光滑。（修复、检测）

15 点：

修复完成后再次进行质量检查，确保修复后部件符合质量标准。（质量检测）

16 点：

召集工程师在线研讨产品质量标准和修复方法。（研讨）

17点：

整理和清理工作区，确保工作台和工具的整洁有序。将已修复的部件妥善存放，并标记好待更换的部件，以便明天的工作。(整理、清理)

二、什么是汽车零部件再制造工

职业定义。汽车零部件再制造工是指使用设备或专用工装、手工工具，进行回收汽车零部件拆解、清洗、修复、加工、装调、检验的人员。

定义解读。汽车零部件再制造工需要使用各种设备、专用工具和手工工具来进行零部件的拆解、清洗、修复、加工、装调和检验等工作。这些工具可以帮助他们完成各种操作和处理过程。汽车零部件再制造工需要进行一系列的工序，包括拆解废弃零部件，清洗去除污垢，修复磨损或损坏的部件，进行加工处理以适应不同的要求，进行装配和调试，最后进行质量检验以确保零部件的性能和质量符合要求。

关联职业。与汽车零部件再制造工密切相关的职业有汽车生产线操作工、汽车饰件制造工、汽车零部件再制造工、零部件质检员、汽车零部件再制造修复工、汽车零部件再制造装调工、汽车发动机再制造装调工等。汽车零部件再制造工虽然与其他制造、工艺制作职业一样，都是通过设备或专用工装、手工工具对零部件进行拆解、组装，但与其他制造类职业的最大区别在于所处理的材料和工艺流程。在汽车零部件制造过程中，通常使用原始材料（金属、塑料等）来制造新的零部件，这涉及原材料的加工、成型、组装等工艺步骤。而在汽车零部件再制造过程中，工人通常会处理已经使用过的、损坏或磨损的零部件。他们会拆卸、清洗、修复和重新组装这些零部件，使其恢复到可使用的状态。这可能包括修复或更换零部件的特定部分，例如，更换磨损的轴承、破损的密封件等。此外，汽车零部件再制造工还需要进行质量检查和测试，以确保修复后的零部件符合质量标准和规范。他们还需要与供应商合作，采购需要替换的零部件。因此，与汽车零部件制造工相比，汽车零部件再制造工更加注重修复和再利用现有的零部件，而不是从头开始制造新的零部件。这有助于减少资源消耗和环境影响，并提供更经济高效的解决方案。

相应岗位。汽车零部件制造工、汽车生产线操作工、汽车饰件制造工、零部件质检员、汽车零部件再制造修复工、汽车零部件再制造装调工、汽车发动机再制造装调工、汽车回收拆解工、汽车维修工、数据分析员、项目经理、物流专员、市场营销专员、售后服务工程师等。

三、汽车零部件再制造工的主要工作职责

1. 零部件拆解：将废弃的汽车零部件进行拆解，将可再利用的部件分离出来，如发动机、传动系统、制动系统等。

2. 清洗和修复：对拆解后的零部件进行清洗，去除污垢和残留物，并进行必要的修复工作，如修复磨损的表面、更换破损的密封件等。

3. 加工和装配：对修复后的零部件进行加工和装配，确保其符合技术规范和性能要求。这可能涉及使用专用工具和设备进行加工和装配操作。

4. 调试和测试：对装配完成的零部件进行调试和测试，确保其正常运行和符合质量标准。这可能包括使用测试设备和仪器进行性能和功能测试。

5. 质量控制：负责执行质量控制程序，确保再制造的零部件符合质量标准和规范。这可能包括进行质量检验、记录检验结果和处理不合格品等工作。

6. 文档记录：记录再制造过程中的关键数据和信息，如零部件来源、修复过程、测试结果等。这有助于追溯和质量管理。

7. 安全与环保：遵守安全操作规程和环境保护要求，确保工作场所的安全和环境的保护。这可能包括正确处理废弃物和使用环保材料。

总的来说，汽车零部件再制造工的主要职责是通过拆解、清洗、修复、加工、装配和测试等工作，将废弃的汽车零部件转化为可再利用的零部件，实现资源的再利用和减少废弃物的产生。他们在实现可持续发展和环境保护方面发挥着重要作用。汽车零部件再制造工的主要工作职责如图 6-22-01-03-1 所示。

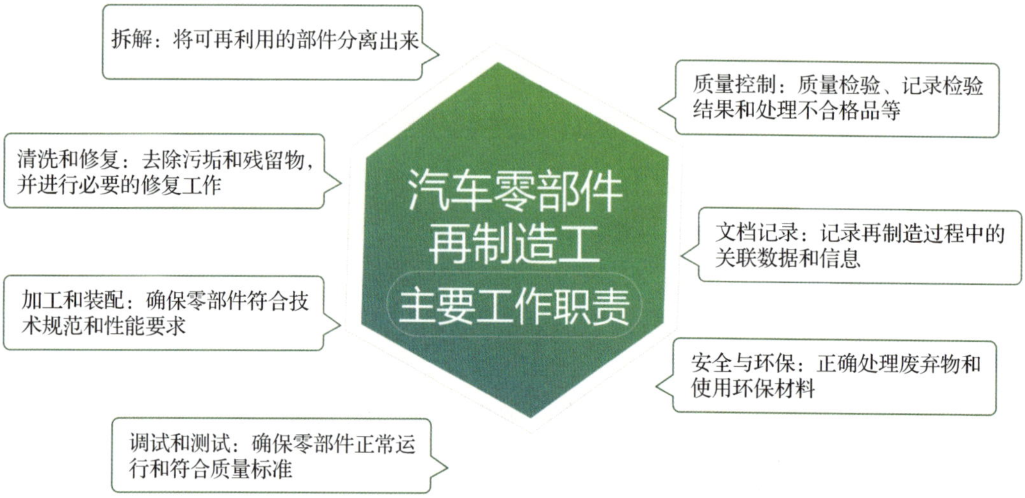

图 6-22-01-03-1　汽车零部件再制造工的主要工作职责

四、汽车零部件再制造工的薪酬福利待遇

平均薪酬水平。汽车零部件再制造工的薪酬水平高低与所在地区有关。某招聘平台 2023 年 5 月公示的数据显示，无经验的汽车零部件再制造工在一线城市或经济发展较快的城市，如北京、上海、广州等地的薪酬为 6000~9000 元 / 月（部分拥有 13 薪、14 薪），略高于其他城市（十堰为 4000~6000 元 / 月、苏州为 5000~7000 元 / 月）。有 1~3 年工作经验的汽车零部件再制造工每月的薪酬为 8000~15000 元。

与类似职业对比。根据相关数据，该职业薪酬一般要高于汽车零部件制造工、汽车维修工、零部件质检员等的薪酬，低于汽车零部件工程师等技术管理职业人员的薪酬，见表 6-22-01-03-1。

表 6-22-01-03-1　类似职业薪酬水平

职业名称	薪酬水平（元 / 月）
汽车零部件工程师	12000~15000
汽车生产线工人	4000~8000
汽车零部件销售	6000~10000

五、从事汽车零部件再制造工工作需要具备哪些本领

1. 技术功底。作为汽车零部件再制造工作者，需要具备扎实的技术功底。这包括对汽车零部件的结构和功能有深入的了解，了解其拆解、修复、加工、组装等工艺流程，并能够准确判断零部件的故障原因及修复方法。

2. 专业知识。掌握汽车工程领域的相关知识是必不可少的。了解不同类型的汽车零部件，掌握其性能参数、工作原理以及与其他部件的关联等知识，能够准确分析问题和提出解决方案。

3. 设备操作。再制造过程中需要使用一些特定的设备和工具，如拆装工具、焊接设备、涂装设备等。熟悉并掌握这些设备的操作方法和使用技巧，能够确保工作的高效运行。

此外，良好的沟通能力、解决问题的能力、团队合作精神和安全意识也是汽车零部件再制造工所需具备的技能和素质。从事汽车零部件再制造工作需要的专业知识见表 6-22-01-03-2。

表 6-22-01-03-2　从事汽车零部件再制造工作需要的专业知识

专业知识	具体内容
汽车工程知识	了解汽车的构造、原理和系统，包括发动机、传动系统、制动系统、悬挂系统等。对不同类型的汽车和其零部件有基本的了解
零部件知识	熟悉各种汽车零部件的类型、功能和工作原理，包括发动机零部件、传动零部件、电气零部件等。了解它们的组成和相互作用
拆装技能	具备汽车零部件的拆装技能，包括使用适当的工具和设备进行拆卸和组装。了解拆卸和组装的步骤、注意事项和安全规范
修复技术	掌握汽车零部件的修复技术，包括修复磨损、破损或存在故障的零部件。了解常见的修复方法和技巧，如焊接、磨削、涂覆等
清洗和保养	了解汽车零部件的清洗和保养方法，包括使用适当的清洗剂和工具进行清洗，以确保零部件的良好状态和性能
质量控制	了解质量控制的原则和方法，包括进行零部件的质量检查、测试和评估。了解质量标准和规范，并能够判断修复后的零部件是否符合要求

续表

专业知识	具体内容
供应链管理	了解供应链管理的基本原理和流程，包括与供应商的合作、零部件采购和交付的协调
环境保护和可持续性	了解环境保护的重要性，掌握再制造过程中的环保措施和可持续性实践。了解相关法律法规和标准

六、汽车零部件再制造工的专业教育现状

（一）相关专业

目前已有许多院校开设了与该职业相关的专业，涉及本科院校和职业院校。本科院校开设有机械工程、材料科学与工程、机械电子工程、材料成型及控制工程等专业。职业院校开设有汽车运用与维修、汽车工程技术、汽车服务工程技术、材料工程技术、机械设计制造及自动化等专业。

（二）开设相关专业的院校（排名不分先后）

★ 相关院校：清华大学、吉林大学、北京理工大学、西南交通大学、湖南大学、武汉理工大学、西安交通大学、大连交通大学、江苏大学、重庆大学、北京交通大学、哈尔滨工业大学等。

◆ 相关院校：浙江汽车职业技术学院、襄阳汽车职业技术学院、四川汽车职业技术学院、大连汽车职业技术学院、湖南汽车工程职业学院、咸宁职业技术学院、上海交通职业技术学院、武汉交通职业学院、河南职业技术学院、湖南交通职业技术学院等。

七、汽车零部件再制造工的就业创业信息

该职业从业人员主要集中在长三角、珠三角、京津冀鄂等汽车产业密集发展地区，如浙江、江苏、上海、北京等地区。其中长三角地区企业数量占整个零部件企业总数的 50% 以上，其次是珠三角地区，包括很多新兴的日系的零部件企业，其他零部件大省市主要围绕大型整车企业集团，如一汽集团所在地吉林、东

风集团所在地湖北、重汽集团所在地山东、长安集团所在地重庆等地。

吸纳汽车零部件再制造就业较多的用人单位主要有上海汽车集团、广东汽车集团、长城汽车集团、北京汽车集团、吉利汽车集团、东风汽车集团、华晨汽车集团、华润集团、中国航空工业集团等。

八、汽车零部件再制造工的贯通发展

该职业的发展路径主要有四条：一是管理路线，即从员工晋升到组长、主任、部长等单位中层，再晋升到项目经理、生产主管、质量管理经理等单位领导层，甚至往高级领导职务发展；二是专家路线，即不断提升技能水平，在职业等级上不断晋升，从操作工（初级、中级、高级）到工艺工程师（助理、高级），再到技术专家、技术总监，成为汽车零部件再制造领域的专家；三是复合型人才路线，即向其他行业跨越或职业转型，如通过学习相关知识和技能转型为产品研发工程师、质量管理内审员、供应链管理师、品质工程师等，与专业技术岗位横向贯通；四是创业路线，即基于个人资源能力进行创新创业。汽车零部件再制造工的职业贯通发展如图 6-22-01-03-2 所示。

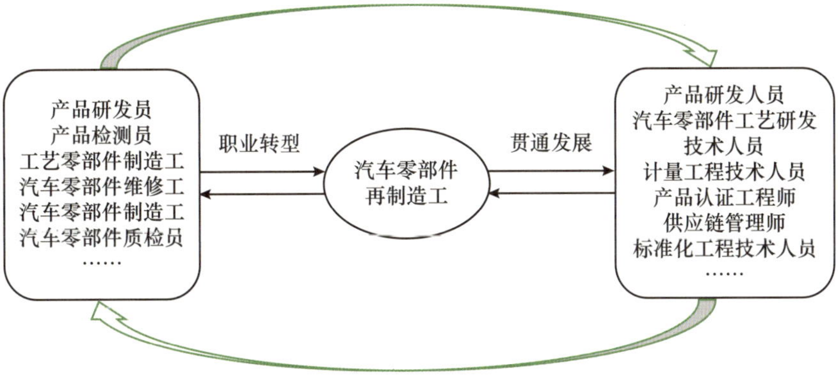

图 6-22-01-03-2　汽车零部件再制造工的职业贯通发展图

九、汽车零部件再制造工的发展前景

从市场供需看。汽车零部件再制造工有着广阔的市场前景。随着汽车保有量的增加和车辆更新换代的加快，对汽车零部件的需求也在不断增长。再制造可以有效利用废旧零部件，提供更经济、更环保的替代品，满足市场对于低成本、高质量零部件的需求。特别是在发展中国家和新兴市场，汽车再制造工种具有更大的发展潜力。

从产业发展看。汽车零部件再制造是一个具有良好发展前景的产业。再制造不仅可以延长零部件的使用寿命，减少资源浪费，还可以降低生产成本和能源消耗。随着环保意识的增强和可持续发展的要求，再制造产业将得到更多的政府支持和行业投资。同时，随着技术的不断进步和创新，再制造工艺和设备也将得到提升，进一步推动产业的发展。

从政策红利看。政府在促进汽车零部件再制造方面出台了一系列的支持政策。政府鼓励企业进行零部件再制造，通过税收减免、财政补贴等方式给予支持。此外，政府还加强了对再制造产品的监管和认证，提高了再制造产品的市场竞争力。政策的支持将为汽车零部件再制造工种的发展提供有力保障，并为从业人员提供更多的就业机会和发展空间。

十、相关内容链接

国家职业标准：暂缺。

相关政策文件：见表 6-22-01-03-3。

表 6-22-01-03-3　相关政策文件

发布或通过时间	发布或通过机构	文件名称
2019 年 4 月	国务院	《报废机动车回收管理办法》
2021 年 4 月	国家发展改革委、工业和信息化部、生态环境部、交通运输部、商务部、海关总署、市场监管总局、银保监会	《汽车零部件再制造规范管理暂行办法》

供稿：咸宁职业技术学院　杨彦伟

汽车回收拆解工 L

职业编码：6-22-02-02

汽车回收拆解是连接销售与制造的重要一环。汽车产业链是仅次于房地产的第二大产业链，上下游牵扯到钢铁、机械、橡胶、销售、维修等数十个行业门类，汽车回收拆解行业就业人数占据社会总就业人数的 1/6。同时，汽车当中含有大量钢材、有色金属、橡胶等材料，可循环再利用，符合国家可持续发展的战略要求。随着社会的发展，汽车回收拆解工的作用越来越重要。

一、汽车回收拆解工的一天

记录时间：2023 年 5 月 20 日　　**记录人：李某**

上午工作情况

8 点：

1. 整理资料，查看待办工作。（工作准备）

2. 参加团队工作会议，对前一天的项目与设备情况进行分析，对全天的工作进行部署。（工作部署）

9 点：

1. 检查入厂报废汽车发动机、散热器、变速器、差速器、油箱等总成部件的密封、破损情况，对于出现泄漏的部件，采用适当方式进行处理。（检查报废汽车）

2. 对报废汽车进行登记注册并拍照，将主要信息录入数据库，并在车身醒目位置贴上显示信息的标签。（登记报废汽车）

3. 将报废汽车的机动车登记证书、号牌、行驶证交公安机关交通管理部门办理注销登记。（协助办理注销登记）

4. 向报废汽车车主发放《报废汽车回收证明》及有关注销书面材料。（发放注销材料）

11点：

1. 拆除蓄电池，拆除液化气罐。（拆除）

2. 直接引爆安全气囊或者拆除安全气囊组件后引爆。（引爆）

3. 在室内拆解预处理平台使用专用工具和容器排空和收集车内的废液。（收集废液）

4. 用专门设备回收汽车空调制冷剂。（回收制冷剂）

下午工作情况

14点：

1. 根据车辆情况制定拆解手册。（制定拆解手册）

2. 按相关法规要求，选用专用设备，遵循一定的顺序，依次拆下报废汽车的各个模块、车轮、能有效回收的金属部件、大型塑料件、橡胶制品部件等，对报废汽车的车体和结构件等进行压扁或切割操作。（整车拆解）

整车拆解

3. 根据零部件性能，选用不同类别的清洁剂，对零部件进行清洗，使用各种专业密闭容器储存废液，防止挥发。（零部件清洗）

16 点：

1. 将拆下的可再利用零部件分类存储。（可再利用零部件分类存储）

2. 对拆解后的所有的零部件、材料、废弃物进行分类存储和标识。（其他部件分类存储）

3. 将固体废弃物交给符合国家相关标准的废物处理单位处理。（处置废弃物）

4. 将危险废物交由具有相应资质的单位进行处理处置。（处置危险废物）

18 点：

1. 记录工单、上传相关信息。（记录、上传）

2. 维护保养拆解设备，排除相关故障。（维护、排故）

报废汽车回收拆解作业流程如图 6-22-02-02-1 所示。

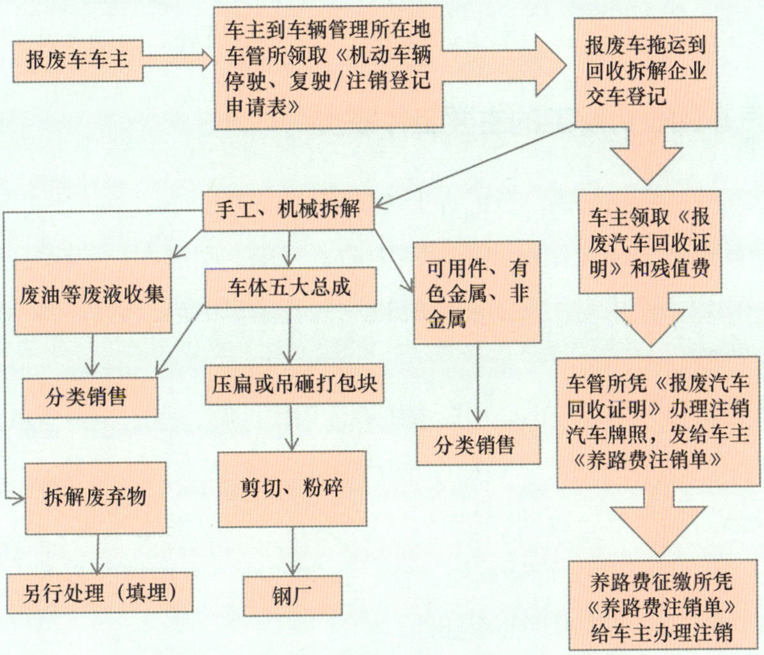

图 6-22-02-02-1　报废汽车回收拆解作业流程

二、什么是汽车回收拆解工

职业定义。汽车回收拆解工是指使用专用设备或工装、工具，回收报废汽车，评估残值，并进行报废车辆无害化处理和拆解的人员。

定义解读。使用专用设备或工装、工具，回收报废的汽车，对报废汽车进行残值评估，按照工艺流程拆除报废汽车的零部件和主要总成，并按材质种类分解存放。

关联职业。与汽车回收拆解相关联的职业有二手车鉴定评估师、机动车鉴定评估师、汽车估损师、汽车维修师、汽车维修工、汽车车身涂装修复工、汽车车身整形修复工、汽车机械维修工、汽车玻璃维修工、汽车电器维修工、汽车美容装潢工、汽车检测工、机动车检测维修士、机动车检测维修工程师等。汽车类职业岗位主要有技能类和专业类两大类。技能类包括生产、销售、服务等；专业类包括汽车工程技术、汽车运用工程技术等。比如汽车维修工就属于服务类岗位，需要使用工、夹、量具，仪器仪表及检修设备对汽车进行维护、修理和调试，其职业技能同样适用于汽车拆解工。

相应岗位。汽车回收工、汽车拆解工、汽车安全员等。

三、汽车回收拆解工的主要工作职责

1. 审核与评估报废车辆，登记并上传车辆信息。

2. 拆解前的预处理操作，如拆除蓄电池、气罐，引爆安全气囊或者拆除安全气囊组件后引爆，使用专用工具和容器排空并收集车内废液，用专门设备回收汽车空调制冷剂等。

3. 负责对报废汽车进行存储和拆解统筹，采集拆解过程的相关信息。

4. 对整车各个系统按照安装关系进行逆向拆解，依次拆下油箱、机油滤清器、玻璃、催化器及消声器、转向锁总成、停车装置、倒车雷达及电子控制模块；车轮（轮胎）；能有效回收的含金属铜、镁、铝的部件；能有效回收的大型塑料件；橡胶制品部件；有关总成和其他零部件。

5. 统筹拆解单车项目整体工作，对拆解小组业务指标负责。

6. 制订单车拆解计划，总结和分析每月小组工作情况，带领督促小组组员完成目标任务。

7. 对项目拆解内容全程监控，掌握工作进度，检查拆解图片、爆炸图、拆解质量并进行记录、汇总、上报。

8. 对拆解数据进行上传工作。

四、汽车回收拆解工的薪酬福利待遇

平均薪酬水平。汽车回收拆解工的薪酬水平高低与所在地区汽车保有量和回收量大小成正比。根据 2023 年 5 月招聘平台公示数据，一线城市和经济发展较快的城市如北京、上海、杭州等，汽车回收拆解工的薪资为 7000~15000 元 / 月，高于其他城市（武汉为 6000~10000 元 / 月，苏州为 6000~14000 元 / 月）。

与类似职业对比。根据 2023 年 5 月招聘平台公示数据，在北京地区，该职业的薪酬一般要高于汽车维修工、汽车销售员，略低于新能源汽车维修工，见表 6-22-02-02-1。

表 6-22-02-02-1 类似职业薪酬水平

职业名称	薪酬水平（元 / 月）
汽车维修工	6000~8000
汽车制造工	6000~7000
汽车销售员	6000~7000
新能源汽车维修工	8000~15000

五、从事汽车回收拆解工工作需要具有哪些本领

该职业从业人员需要具备的知识和技能有汽车工程知识、零部件知识、拆装技能、设备维护能力、团队合作能力、技术创新能力、环境保护意识等。该职业需要具备的知识和技能见表 6-22-02-02-2。

表 6-22-02-02-2 汽车回收拆解工需具备的知识和技能

职业功能	工作内容	知识和技能要求
报废汽车的检查与登记	报废汽车检查	了解汽车构造和汽车理论知识，能认识大部分常见车型。能根据汽车零部件的磨损预估其剩余使用寿命
	报废汽车登记	熟练应用办公软件和信息网络技术，良好的沟通与协调能力
报废汽车预处理	拆除组件	熟悉蓄电池、气罐及安全气囊的拆解方法与流程，能熟练使用预处理平台专用工具，具有良好的环保意识
	引爆组件	熟悉引爆相关组件的方法与流程，具有良好的安全意识
报废汽车存储	报废汽车存储	了解报废汽车存储的空间、高度、相关环境因素以及时间要求，具有良好的安全意识
报废汽车拆解	方案制定	掌握拆解作业的方法、原则和流程；掌握作业指导书的编写规范与流程
	整车拆解	掌握不同零部件的拆解要领；掌握发动机总成、变速器、动力转向系、悬架和振动器、车身、电气设备的拆解工艺和流程；能熟练运用电焊、气割、叉车等相关报废车拆解工具。能按要求安全、规范地拆解汽车，并按材质种类分类存放
	信息收集	能及时收集拆解信息，发现生产隐患，协调和解决影响生产的重大问题；良好的沟通和协调能力
分类存储及回收	零部件清洗	熟悉不同清洗剂的使用方法和适用范围，掌握不同零部件的清洗工艺，能合理处置清洗后的废液，具有良好的环保意识
	材料的分类和利用	能正确识别拆解后的黑色金属材料、有色金属材料、非金属材料，并进行分类存放
资料收集与管理	文件收集	熟悉各类相关资料的填写，了解拆解回收过程中各类技术文件内容，能对各类工程档案收集整理
	文件管理	熟悉相关技术文件的管理规程，负责技术及客户文档的保密、归档和移交

六、汽车回收拆解工的专业教育现状

（一）相关专业

目前，许多本科院校和职业院校都开设了汽车回收拆解相关专业。本科院校开设有车辆工程、汽车服务工程、汽车维修工程等专业；职业院校开设有汽车检测与维修技术、汽车电子技术、汽车造型与改装技术、汽车技术服务与营销等专业。

（二）开设相关专业的院校（排名不分先后）

★ 相关院校：清华大学、西安交通大学、吉林大学、北京理工大学、苏州大学、合肥工业大学、南昌大学、武汉理工大学、太原理工大学、海南大学等。

◆ 相关院校：咸宁职业技术学院、深圳职业技术大学、北京电子科技职业学院、邯郸职业技术学院、长春汽车工业高等专科学校、哈尔滨职业技术学院、常州机电职业技术学院、浙江工业职业技术学院、湖南工业职业技术学院、四川汽车职业技术学院等。

七、汽车回收拆解工的就业创业信息

我国报废汽车回收拆解行业始于 20 世纪 80 年代，近年来随着汽车产业的迅猛发展，汽车保有量快速增加，由此带动的汽车循环经济市场潜力巨大。国内具备资质的报废汽车拆解企业共有 500 余家，北京市具备资质的报废汽车回收拆解企业有 8 家。该职业从业人员主要分布在汽车制造类、汽车销售服务类和生态环保类等相关行业。

吸收汽车回收拆解工较多的企业有以下几类。

1. 汽车制造领域企业：中国第一汽车集团有限公司、上海汽车集团有限公司、东风汽车集团有限公司、吉利汽车集团有限公司、比亚迪（BYD）集团等。

2. 汽车销售服务领域企业：洛阳宏源汽车服务有限公司、东莞奥冠汽车服务有限公司、陕西省物流集团有限公司等。

3. 生态环保领域企业：顺尔茨环保（北京）有限公司、洛阳市寰保再生资源有限公司、美欣达集团等。

注：以上地区及机构排名不分先后，不代表相关实力排名。

八、汽车回收拆解工的贯通发展

该职业的发展路径主要有四条。一是管理路线，即从员工逐步上升为项目管理者。二是专家路线，即在职业等级上逐步晋升，成为高级技师。三是复合人才路线，即向其他行业跨越或职业转型，如学习、积累汽车工程相关设计知识，发展成为汽车设计工程师等；学习、积累相关环保与再生资源知识，发展成为再生资源项目负责人、环境保护工程师等。四是创业路线，即基于个人兴趣爱好进行创新创业。汽车回收拆解工的职业贯通发展如图 6-22-02-02-2 所示。

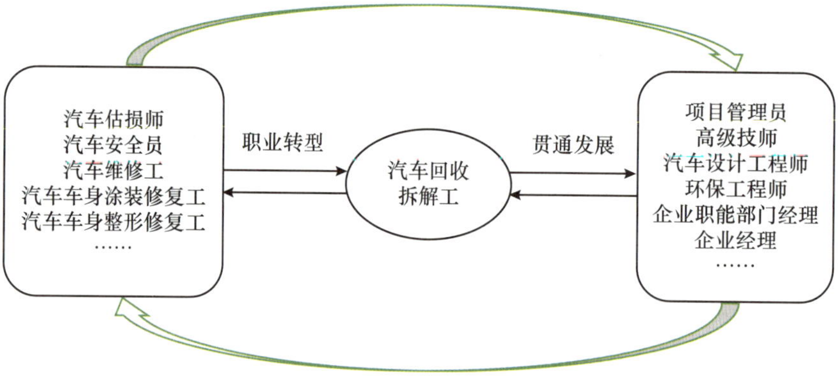

图 6-22-02-02-2　汽车回收拆解工的职业贯通发展图

九、汽车回收拆解工的发展前景

从市场供需看。报废汽车中含有大量可回收的金属和非金属材料，相比其他可再生原材料（废家电、废电脑、易拉罐），具有存量大、资源价值高、零部件可再制造应用等特点。报废汽车的材料构成中，废钢铁占 69%、废塑料占 6%、废有色金属占 5%、废橡胶占 5%、废玻璃占 4%，其他各种材料占比约为 11%。我国能源结构以煤矿产业为主，同时发展油气、水电、核电等多种能源，并逐步推进清洁能源的发展，加强能源节约和环保，以确保我国能源安全。报废汽车的回收拆解，符合我国创新、协调、绿色、开放、共享的新发展理念，有利于推动我国企业进行供给侧结构性改革。

从产业发展看。近年来，我国汽车工业迅猛发展，汽车保有量不断上升，需要报废拆解的汽车数量也随着报废汽车更新速度的加快而不断增加。报废汽车回收拆解和再生利用是节约资源、实现资源永续利用的重要途径，是我国节约资源、保护环境等基本国策的体现，是我国实现循环经济可持续发展的重要措施之一。目前报废汽车回收拆解规模大概为 70 亿元 / 年，业内人士预计，未来五年，汽车拆解市场规模有望达到 1100 亿元 / 年，其中五大总成拥有 700 亿元市场规模。尽管行业发展很快，但作为拆车厂核心技术人员的报废汽车拆解工人才数量极度匮乏。

从政策红利看。2019 年，国务院发布《报废机动车回收管理办法》，2021 年 6 月，工业和信息化部、科技部、财政部、商务部四部门印发《汽车产品生产者责任延伸试点实施方案》，并提出未来中国将引导汽车生产企业依法自建或合作共建报废汽车逆向回收利用体系，与报废机动车回收拆解企业、资源综合利用企业等加强信息共享，扩大再生材料、再制造产品和二手零部件使用，实现报废汽车拆解产物高值化利用，提高汽车资源综合利用效率。2022 年 7 月，经国务院同意，商务部会同工业和信息化部、住房和城乡建设部等 16 部门发布《关于搞活汽车流通　扩大汽车消费的若干措施》，提出鼓励老旧车辆淘汰更新、完善报废机动车回收利用体系两大方面的支持政策。

十、相关内容链接

国家职业标准：暂缺。

相关政策文件：见表 6-22-02-02-3。

表 6-22-02-02-3　相关政策文件

发布或通过时间	发布或通过机构	文件名称
2021 年 5 月	工业和信息化部、科技部、财政部 、商务部	《汽车产品生产者责任延伸试点实施方案》

续表

发布或通过时间	发布或通过机构	文件名称
2022 年 7 月	商务部、国家发展改革委、工业和信息化部、公安部、财政部、自然资源部、生态环境部、住房城乡建设部、交通运输部、文化和旅游部、人民银行、海关总署、税务总局、市场监管总局、体育总局、银保监会、国家能源局	《关于搞活汽车流通 扩大汽车消费的若干措施》

供稿：咸宁职业技术学院 卢珊